国家全球战略智库系列专题报告

金砖国家：为推动全球化而努力

国外智库论中国与世界（之三）

中国社会科学院国家全球战略智库

王灵桂 / 主编

BRICS: STRIVING FOR GLOBALIZATION

Special Report on China and the World by International Strategic Think Tanks (No.3)

社会科学文献出版社
SOCIAL SCIENCES ACADEMIC PRESS (CHINA)

编委会

前　言

中国为推动全球化而努力

王灵桂[*]

盛世恭逢盛事，十九大之后中国的首次重大主场外交活动，在南方美丽的海南岛博鳌会场拉开了帷幕。4 月 8 日至 11 日，以“开放创新的亚洲　繁荣发展的世界”为主题的博鳌亚洲论坛 2018 年年会在海南博鳌举行。奥地利总统范德贝伦、菲律宾总统杜特尔特、蒙古国总理呼日勒苏赫、联合国秘书长古特雷斯、国际货币基金组织总裁拉加德等出席年会，来自 50 多个国家的 2000 多位各界嘉宾与会。与会嘉宾就共同关心的议题进行深入探讨、交流，为凝聚亚洲共识，推动亚洲合作进一步走深走实、惠及全球并促进繁荣发展出谋划策。

盛音让盛世盛事更绽异彩。4 月 10 日 9：30，中国国家主席习近平应邀在论坛上做了以《开放共创繁荣　创新引领未来》为题的主旨演讲，对 40 年中国改革开放的伟大成就、重要经验和启示、世界意义和影响，以及在新的历史当口，中国将如何推动对外开放再扩大、深化改革再出发，代表中国做出了最权威的阐释，发出了饱含世界情怀和中国智慧的“东方呼唤”，见证了中国坚定维护世界经济全球化的“东方时刻”，发出了与世界各国共谋创新发展的“东方之约”。会议现场热烈的掌声数次响起，会场之外各国媒体、智库纷纷发表评论，习主席的主旨演讲得到了与会嘉宾和世界舆论的高度评价。有外媒评论说，习主席的主旨演讲是“具有历史性的、最受期待的演讲”，所提出的四项创新

---

* 王灵桂，中国社会科学院国家全球战略智库常务副理事长兼秘书长、研究员。

改革举措“是大胆的经济改革和市场开放新措施”，“像当年邓小平推行艰难的经济和金融改革那样，果断而有效”。

习主席的主旨演讲让世界安心、给世界经济定调，并开启新时代全球化的新征程。今年是中国改革开放40周年，为贯彻落实党的十九大的总体部署，下一阶段的改革开放之具体路径亟须进一步明确；在全球经济从世界金融危机泥潭中艰难走出的过程中，以经贸单边主义为特征的逆全球化，使萎靡的世界经济雪上加霜；“美国优先”政策正在高筑国际贸易壁垒，加收钢铝关税让包括欧日在内的地区和国家叫苦不迭，疲于应付；美国政府在频频向中国示好的同时，正在试图挑起大规模的中美贸易摩擦；等等。下一步，世界经济将走向何方？世界的眼光都聚焦于中国。习主席4月10日的主旨演讲，恰到好处地回答了世界各国和国际组织的疑惑、疑虑。受邀参加本次博鳌亚洲论坛年会的韩国首尔国立大学校长成乐寅说，“在建设开放型世界经济方面，中国正在努力做一些惠及他国的事。相信通过博鳌亚洲论坛，中国将进一步展现坚持走合作共赢道路的意愿”，“习近平主席在讲话中向世界传递更多信心，让世界看到了中国将采取的具体政策，增强了亚洲国家对未来发展的信心，相信韩国可以继续分享中国给世界带来的经济红利”。联合国秘书长古特雷斯表示，“繁荣是世界上的人们过上美好生活的基础，但是没有共同的繁荣不是基于一个公平世界的繁荣，是不能解决国家层面和人民层面的贫困问题的。当今世界八位富翁拥有的财富相当于全球较贫穷的一半人口的财富总和，因此当今世界有许多东西需要共享，才能使繁荣惠及所有人。因此人类命运共同体理念，共同繁荣、共同发展是公平的全球化的一个根本理念”。现在是中国历史上非常重要的时刻，中国改革开放四十年，实现了举世无双的经济增长和减贫，对全球经济发展也做出了非常重要的贡献。他在习主席主旨演讲后认为，相信“中国会帮助世界实现共同繁荣”，“中国改革开放40年成果显著，值得世界各国学习借鉴”。

中国改革开放40年发展成绩对世界各国人民具有很强的启示意义。过去的海南，是中国南方比较封闭落后的边陲岛屿。过去的博鳌，是海南岛上一个不为人知的渔村。30年前，中国政府在海南建省并筹办经济特区，今天海南已经成为中国最开放、最具活力的省份之一；17年前，中国政府在博鳌这个偏僻的渔村筹建论坛，今天的博鳌已经蜚声海内外，成为亚洲乃至世界上较具盛名的会议旅游胜地，成为与达沃斯齐名的世界级论坛所在地。正如习主席在主旨演讲中所指出的：海南省可谓是“因改革开放而生，因改革开放而兴”，“一滴水可以反映出太阳的光辉，一个地方可以体现一个国家的风貌。海南发展是中国40年改革开放的一个重要历史见证”，“历史，总是在一些特殊年份给人们以汲取智慧、继续前行的力量”。中国改革开放40周年形成的经验和智慧，既是中国人民的宝贵精神财富，也是世界人民走向富裕和平的有益启示。2018年是海南建省办经济特区30周年。改革开放以来，海南从一个较为封闭落后的边陲岛屿，发展成为中国最开放、最具活力的地区之一，经济社会发展取得巨大成就。

中国的发展和进步是中国人民自力更生、艰苦奋斗的结果。经过40年的改革开放，中国人民向全世界交出了一份漂亮的成绩单：中国已经成为世界第二大经济体、第一大工业国、第一大货物贸易国、第一大外汇储备国。40年来，按照可比价格计算，中国国内生产总值年均增长约9.5%；以美元计算，中国对外贸易额年均增长14.5%；中国人民生活从物品短缺走向充裕、从贫困走向小康，现行联合国标准下的7亿多贫困人口成功脱贫，占同期全球减贫人口总数70%以上；中国从加入WTO到共建“一带一路”，为应对亚洲金融危机和国际金融危机做出重大贡献，连续多年对世界经济增长贡献率超过30%，成为世界经济增长的主要稳定器和动力源，不断把人类和平与发展的崇高事业推向前进，等等。这些成绩，不是其他人赐予的，也不是从天上掉下来的，而是中国人民用自己的双手砥砺奋进取得的。特别需要指出的是，40年来，中国从经济全球化中获益，同时也为世界经济稳定和增长做出了卓越的贡献。正如习主席在主旨演讲中所指出的：“1978年，在邓小平先生倡导下，以中共十一届三中全会为标志，中国开启了改革开放历史征程。从农村到城市，从试点到推广，从经济体制改革到全面深化改革，40年众志成城，40年砥砺奋进，40年春风化雨，中国人民用双手书写了国家和民族发展的壮丽史诗。”中国人民的辛勤劳作，已经开始造福世界各国人民。就此，联合国秘书长古特雷斯评论说，“我相信中国对全球化的承诺、中国对自由贸易的承诺、中国对国际合作的承诺。尤其是就发展中世界而言，‘一带一路’倡议是上述承诺的最好体现，这可以使我们实现2030可持续发展议程，做到不让任何一个人掉队，进而改变全球不公正的发展状况；‘一带一路’倡议作为开展南南合作的良好典范，解决了目前许多封闭经济体难以解决的发展难题”。

中国的发展经验具有世界性的启示价值和借鉴作用。在40年改革开放的波澜壮阔的伟大进程中，勤劳勇敢的中国人民用自己的智慧和汗水，为世界各国提供了诸多有很强借鉴意义的经验和做法：40年来，中国人民始终艰苦奋斗、顽强拼搏，始终坚持聚精会神搞建设、坚持改革开放不动摇，持之以恒，锲而不舍；40年来，中国人民始终坚持立足国情、放眼世界，既强调独立自主、自力更生又注重对外开放、合作共赢，成功开辟出了一条中国特色社会主义发展道路；40年来，中国人民始终与时俱进，坚持解放思想、实事求是，实现解放思想和改革开放相互激荡、观念创新和实践探索相互促进，勇于自我革命、自我革新，不断完善中国特色社会主义制度，不断革除各方面体制弊端，充分显示了制度保障的强大力量；40年来，中国人民始终敞开胸襟、拥抱世界，坚持对外开放基本国策，打开国门搞建设，成功实现从封闭半封闭到全方位开放的伟大转折。这些成功经验，对世界各国，尤其是广大发展中国家具有很强的启示和借鉴意义，有助于它们通过学习中国经验，摸索和探寻符合自身特点的发展道路。正如习主席在主旨演讲中所指出的，“中国人民的成功实践昭示世人，通向现代化的道路不止一条，只要找准正确方向、驰而不息，条条大路通罗马”，“中国40年改革开放给人们提供了许多弥足珍贵的启示，其中最重要的一条就是，一个国家、一个民族要振兴，就必须在历史前进的逻辑中前进、在时代发展的潮流中发展”。柬埔寨政府顾问、澜沧江－湄公河合作柬埔寨秘书处负责人索西帕纳对此评论说，“解决全球发展问题，中国可能就是答案”。

中国将和世界人民一道选择开放前进之路，绝不走封闭后退之路。当今世界正在经历新一轮大发展、大变革、大调整，人类面临的不稳定、不确定因素依然很多；新一轮科技和产业革命给人类社会发展带来新的机遇，也提出前所未有的挑战；一些国家和地区的人民仍然生活在战争和冲突的阴影之下；气候变化、重大传染性疾病等依然是人类面临的重大挑战；等等。在这些重大战略和现实挑战面前，世界各国将面临重大发展选择。是走开放之路还是封闭之路？是走前进之路还是后退之路？是奔向光明还是退缩回关门闭户状态？面对复杂变化的世界，人类社会向何处去、亚洲前途在哪里？习主席在主旨演讲中高屋建瓴地指出，“回答这些时代之问，我们要不畏浮云遮望眼，善于拨云见日，把握历史规律，认清世界大势”，“当今世界，和平合作的潮流滚滚向前。和平与发展是世界各国人民的共同心声，冷战思维、零和博弈愈发陈旧落伍，妄自尊大或独善其身只能四处碰壁。只有坚持和平发展、携手合作，才能真正实现共赢、多赢”，“变革创新是推动人类社会向前发展的根本动力。谁排斥变革，谁拒绝创新，谁就会落后于时代，谁就会被历史淘汰”。为此，习主席提出了“五个面向”：面向未来，我们要相互尊重、平等相待，坚持和平共处五项原则，尊重各国自主选择的社会制度和发展道路，尊重彼此核心利益和重大关切，走对话而不对抗、结伴而不结盟的国与国交往新路，不搞唯我独尊、你输我赢的零和游戏，不搞以邻为壑、恃强凌弱的强权霸道，妥善管控矛盾分歧，努力实现持久和平；面向未来，我们要对话协商、共担责任，秉持共同、综合、合作、可持续的安全理念，坚定维护以联合国宪章宗旨和原则为核心的国际秩序和国际体系，统筹应对传统和非传统安全挑战，深化双边和多边协作，促进不同安全机制间协调包容、互补合作，不这边搭台、那边拆台，实现普遍安全和共同安全；面向未来，我们要同舟共济、合作共赢，坚持走开放融通、互利共赢之路，构建开放型世界经济，加强二十国集团、亚太经合组织等多边框架内合作，推动贸易和投资自由化便利化，维护多边贸易体制，共同打造新技术、新产业、新业态、新模式，推动经济全球化朝着更加开放、包容、普惠、平衡、共赢的方向发展；面向未来，我们要兼容并蓄、和而不同，加强双边和多边框架内文化、教育、旅游、青年、媒体、卫生、减贫等领域合作，推动文明互鉴，使文明交流互鉴成为增进各国人民友谊的桥梁、推动社会进步的动力、维护地区和世界和平的纽带；面向未来，我们要敬畏自然、珍爱地球，树立绿色、低碳、可持续发展理念，尊崇、顺应、保护自然生态，加强气候变化、环境保护、节能减排等领域交流合作，共享经验、共迎挑战，不断开拓生产发展、生活富裕、生态良好的文明发展道路，为我们的子孙后代留下蓝天碧海、绿水青山。就此，美国 FT 中文网评论说，“中国针对当前全球面临问题所贡献的中国思路、中国方案，正日益凸显其时代价值，显示出强大的国际影响力、感召力、塑造力”。

中国在准确把握世界发展大势的基础上积极顺应经济全球化的时代潮流。实践证明，过去 40 年中国经济发展是在开放条件下取得的，未来中国经济实现高质量发展也必须在更加开放的条件下进行。这是中国基于发展需要做出的战略抉择，同时也是在以实际行动推动经济全球化，造福世界各国人民。为此，习主席在主旨演讲中代表中国人民发出了掷地有声的宣示，宣布了扩大开放的四项重大利好政策：大幅度放宽市场准入；创造更有吸引力的投资环境；加强知识产权保护；主动扩大进口。习主席进一步宣布，“我刚才宣布的这些对外开放重大举措，我们将尽快使之落地，宜早不宜迟，宜快不宜慢，努力让开放成果及早惠及中国企业和人民，及早惠及世界各国企业和人民”。美国 FT 中文网就此评论说，“中国计划建立自由贸易港口，以此作为正在进行的改革开放的一部分”，“这些港口在政策制定方面享有比现有的自由贸易区更高的自由度，并且在市场准入方面更加开放”，“中国将开放其金融服务、保险、中介、医疗保健和其他部门”，也将创造一个商业环境，从而“在规则、机会和权利方面为民营、国有和外国公司提供平等待遇”。美国中美研究中心学者苏拉布·古普塔认为，中国已经成为全球增长的最大贡献者，在博鳌亚洲论坛年会上，“中国作为地区和世界经济稳定器的作用将得到进一步凸显。相信中国将继续承诺对世界经济多元化的支持”。

中国将和世界各国一道，努力将“一带一路”打造成顺应经济全球化潮流的最广泛国际合作平台。“一带一路”倡议是习近平主席植根中华民族优秀文化底蕴、深刻洞察国际发展潮流和趋势，高瞻远瞩提出的具有全球意义的“东方呼唤”。习主席首倡“一带一路”倡议 5 年来，中国已经同 80 多个国家和国际组织签署了合作协议，“一带一路”

倡议被多个国家写入国家发展战略或规划。其倡导的共商共建共享理念，已经成为当今国际社会，特别是广大发展中国家和亚洲国家普遍认同和肯定的、建立新型国家关系和经贸关系的基本遵循和原则。4 月 10 日，习主席在博鳌亚洲论坛主旨演讲中，面对到会的 2000 多位各国元首、政府首脑，国际组织负责人和与会嘉宾，再次向全世界呼吁，“把‘一带一路’打造成为顺应经济全球化潮流的最广泛国际合作平台，让共建‘一带一路’更好造福各国人民”。“一带一路”是中国的，更是世界的。在博鳌亚洲论坛的主旨演讲中，习主席真诚地向世界宣布，“共建‘一带一路’倡议源于中国，但机会和成果属于世界”。这个“东方呼唤”中包含的世界情怀和全球理念，再次淋漓尽致地展现了共商共建共享理念的普适意义，为构建和发展新时代的新型国家关系指明了前进方向和发展路径。“一带一路”是极富政治远见的阳光倡议。中国发展离不开亚洲和世界，亚洲和世界繁荣稳定也需要中国。面对一些国家对“一带一路”倡议的不理解、误解。习主席代表中国政府和中国人民郑重表示，在“一带一路”倡议建设中，“中国不打地缘博弈小算盘，不搞封闭排他小圈子，不做凌驾于人的强买强卖”。早在 2014 年 10 月 29 日，习主席在北京人民大会堂会见博鳌亚洲论坛理事会工作会议代表时就指出：我提出建设丝绸之路经济带和 21 世纪海上丝绸之路的倡议，目的是共同打造沿线区域经济一体化新格局。这次主旨演讲中进一步明确的“三不”原则，体现了中国的开放胸襟和博大愿景。“一带一路”倡议需要在不断推进中解决分歧、增加共识，扩大合作、形成合力。“一带一路”倡议自 2013 年提出以来，已经得到了世界上 100 多个国家和国际组织的支持，被写入多份联合国重要文件。自联合国安理会 2016 年 3 月通过包括推进“一带一路”倡议内容的第 S/2274 号决议后，第 71 届联合国大会第 A/71/9 号决议首次出现“一带一路”倡议，敦促各方通过“一带一路”倡议等促进阿富汗及地区经济发展，呼吁国际社会为“一带一路”倡议建设提供安全保障环境。决议得到 193 个会员国的一致赞同，体现了国际社会对推进“一带一路”倡议的普遍支持。但是，面对世界各国不同的利益诉求、迥异的国情、多样的文化构成，“一带一路”倡议的推进自然会有很多挑战和困难。因此，习主席在主旨演讲中，针对“一带一路”倡议中遇到的挑战和困难，指出“‘一带一路’建设是全新的事物，在合作中有些不同意见是完全正常的，只要各方秉持和遵循共商共建共享的原则，就一定能增进合作、化解分歧”。在推进中扩大共识，在合作中实现共赢，“一带一路”倡议是建立在寻求共同利益基础上的人类命运共同体建设，是有机的、现实的，而不是虚幻的、臆想的。也正因为如此，才需要各方以共赢为目标，以共商共建共享为理念，在解决分歧中不断寻找利益交会点，进而使“一带一路”倡议成为联系世界人民的现实纽带，把“一带一路”打造成为顺应经济全球化潮流的最广泛国际合作平台，让共建“一带一路”更好造福各国人民。正如法国前总理拉法兰所说，提出“一带一路”倡议是中国卓越领导能力的明证，欧洲必须行动起来，成为“一带一路”倡议的重要部分。巴基斯坦总理阿巴西认为，中国领导人提出的“一带一路”倡议极富远见，通过博鳌亚洲论坛这一具有地区和全球影响的平台，世界将更好地了解中国和“一带一路”倡议。欧洲议会欧中友好小组秘书长盖琳认为，人类的未来，必将是世界各民族超越种族和文化差异、因共同命运而聚集到一起并建立一个相互合作的世界。肯尼亚内罗毕大学国际经济学讲师盖里雄·伊基亚拉说，亚洲经济发展进入关键转型期，也迎来重要机遇期，亚洲各国只有增强互信、秉持人类命运共同体理念，才能推动构建亚洲命运共同体，更好地给世界带来可持续的经济繁荣。本届博鳌亚洲论坛专门设立和举行“一带一路：成功案例与经验分享”圆桌会，瓜达尔港、中欧班列等“一带一路”重大工程项目的相关政府和企业代表，在圆桌会上介绍了“一带一路”的具体实践、分享心得体会的做法，对化解分歧、扩大合作、增加共识起到极大的正面典型引领作用。

以“开放创新的亚洲　繁荣发展的世界”为主题的博鳌亚洲论坛2018年年会已经落下帷幕，习主席的主旨演讲将论坛的热度提升到了最高峰，习主席的政策宣示也成为论坛的热议焦点话题和主题。我们深信，习主席的主旨演讲，不但将深刻引领中国的发展，也将像火炬一样照亮世界经济的未来发展之路。正如博鳌亚洲论坛理事长、日本前首相福田康夫和各位致辞嘉宾在论坛开幕式上所说的，中国在40年的改革开放进程中，取得了让全世界人民举世瞩目的伟大成就。中国的发展成就和经验，不仅彻底改变了14亿人口的生活状况，也极大地促进了中国经济社会的快速进步，更将给世界各国在寻求符合自身特点的发展方面带来巨大机遇和有益借鉴；中国推出的一系列扩大开放的政策举措令世界感到振奋，表明未来中国将继续坚定推进改革开放，必将有力推动全球共同发展繁荣。

一年之计在于春。习主席在博鳌亚洲论坛的主旨演讲，将是中国开放创新新征程的起点，也将是事关世界经济前途和世界各国人民福祉的福音。

本书是“国际战略智库观察项目”2018年度的第三份报告。“国际战略智库观察项目”是中国社会科学院国家全球战略智库的重点课题之一。长期以来，我们本着“立足国内、以外鉴内”的原则，密切跟踪和关注境外战略智库对中国发展的各种评述，对客观者我们认真研究吸纳，对故意抹黑和造谣者我们一笑了之，这不失为一种接地气的研究路径和方式。汇总其科学成果适时发布，也不失为我们服务国内研究工作的一种探索和尝试，这也正是我们编写系列专题报告的初衷和目标，敬请各位前辈和方家批评指正。

是为序。

2018年4月11日

目　录

美国智库观点摘要 …………………………………………………… 1
不再积极：在米歇尔·特梅尔的领导下巴西外交政策步履维艰…… 1
金砖国家为推动全球化而努力………………………………………… 3
俄罗斯对欧洲安全秩序的挑战………………………………………… 5
俄罗斯，欧洲怀疑派以及意大利选举……………………………… 7
关于印度妇女和工作的五个主要经验……………………………… 9
应对亚洲基础设施挑战的成本将达到6.5万亿美元 ……………… 11
中国经济外交的演变方式 …………………………………………… 13
莫迪领导下印度的医疗卫生发展状况：未来两年的议程 ……… 14
为什么印俄能够建立友好关系 ……………………………………… 16
人民币可以挑战美元吗？ …………………………………………… 18
全球基础设施挑战以及二十国集团和金砖国家的作用 ………… 20
通过二十国集团推进兼容的基础设施建设 ……………………… 22
莫迪努力地缔造一个务实的外交政策 …………………………… 24
是时候拓展“海外”的含义了 ……………………………………… 25
网络周回顾：2017年9月8日 ……………………………………… 27
不断探索的特别代表：2018年将举行的10次全球峰会 ……… 29
世界银行董事会四项意见和一项建议 …………………………… 31
三边关系：印度的崛起如何破坏美国的对俄政策 ……………… 33
印度对美国的友好态度将有损俄罗斯与印度之间的关系 ……… 35
俄罗斯衰落：未来可能出现的三个情景 ………………………… 37
俄罗斯武装力量的形与实 …………………………………………… 39

俄罗斯联邦安全局试图在俄罗斯金融领域打造“数字主权” …… 40
俄罗斯致力于建立替代互联网 …… 42
客座评论
——截至2030年结束饥饿的主要任务 …… 43
城市影响力以及在不断变化的世界秩序中城市的定位 …… 44
在未来，城市可能会解决困扰世界最大国家的一系列问题 …… 46
21世纪的稳定：全球食品安全促进和平与繁荣 …… 48
加拿大智库观点摘要 …… 50
南非：民粹主义的下一个目标 …… 50
欢迎全球发展的新时代 …… 52
中国、印度、俄罗斯重申致力于可持续发展目标、气候变化合作 …… 53
金砖国家在能源效率方面开展合作 …… 55
金砖国家教育部部长同意深化合作 …… 56
金砖国家在劳工就业方面进行合作 …… 58
金砖国家承诺在可持续发展目标、气候变化等领域开展合作 …… 60
英国智库观点摘要 …… 62
在紧要关头巴西对全球发展做出贡献了吗？ …… 62
金砖国家领导人厦门会晤——中国对全球发展影响的转折点 …… 64
金砖国家峰会：一个领导更公平、更可持续世界的机会 …… 66
第二个关于全球食品供应链和竞争法的金砖国家竞争法论坛 …… 69
南非在撒哈拉以南非洲地区的经济参与、制约因素和未来前景 … 70
一个更广泛的圈子？发展中国家的循环经济 …… 73
评估南非的“拉马福萨时刻” …… 74
法国智库观点摘要 …… 77
低油价、制裁和结构性问题：俄罗斯石油和天然气部门的困境 … 77
比利时智库观点摘要 …… 79
一种替代秩序或者更多相同秩序的崛起？ …… 79
关税对医药产品的复合效应：估算新兴市场贸易保护主义的
实际成本 …… 85
“本地成分要求”的经济影响：以重型车辆为例 …… 91

大西洋两岸在全球化和中国因素上的分歧 …… 94
俄罗斯智库观点摘要 …… 96
俄罗斯－印度战略伙伴关系：我们达到顶峰了吗？ …… 96
金砖国家在太空领域开展合作 …… 97
金砖国家与非洲的阻力：繁荣发展还是垂死挣扎？ …… 99
俄罗斯与印度的合作伙伴关系提升到新高度 …… 100
上海合作组织扩张：俄罗斯－印度－中国加中亚？ …… 101
中东的不稳定以及威斯特伐利亚体系的衰退 …… 103
后西方世界和一个平行秩序的崛起 …… 104
从精英全球化到全面全球化 …… 106
适用于非洲的金砖国家扩大机制：致力于区域互联互通 …… 108
对好的事物予以支持，对不好的事物予以反对：回顾二十国集团峰会 …… 110
“金砖国家扩大机制”：另一种全球化趋势正在形成？ …… 112
“金砖国家扩大机制”如何成为通往全球化的另一条道路？ …… 118
金砖国家领导人厦门会晤将以经济为重点 …… 121
金砖国家领导人厦门会晤的启示 …… 123
俄罗斯、印度与中国之间的经济合作：新机遇 …… 127
南非有一位新总统：有何期待？ …… 128
南非：新总统和政治活动的变化 …… 130
推进俄罗斯在非洲的利益 …… 132
澳大利亚智库观点摘要 …… 134
中国对亚洲基础设施投资银行的意图 …… 134
赞赏东盟之举 …… 135
俄罗斯联邦的新外交政策概念 …… 136
洛伊国际政策研究所发布的全球外交指数：数字地图上全世界最重要的外交网络 …… 137
英国脱欧的战略性后果 …… 139
原则性参与：重建与斐济的防守关系 …… 141
二十国集团观察：杭州峰会和汉堡峰会 …… 142

特朗普总统和衰落的多边主义…… 143
是时候让不丹发声了…… 145
新加坡智库观点摘要…… 147
中国视角下的全球金融改革：少指责，多努力…… 147
中印安全讨论：二级逻辑…… 149
日本智库观点摘要…… 150
综合基础设施投资计划能否有助于更有效的公共支出？…… 150
德国智库观点摘要…… 152
中国应该加入“全球有效发展合作伙伴关系”吗？…… 152
南南合作的传奇结束了吗？…… 154
慕尼黑大学莱布尼茨经济研究所：世界经济环境大大改善…… 156
瑞士智库观点摘要…… 158
金砖国家新开发银行：从强调经济实力转向创新能力…… 158
为什么需要改变国际经济秩序…… 166
金砖国家的下一个10年——这种关系会持续下去吗？…… 168
印度对中国“一带一路”倡议的回应…… 172
意大利智库观点摘要…… 174
印度：莫迪带来的变化…… 174
瑞典智库观点摘要…… 184
贸易平等减少了非洲对援助的依赖…… 184
印度智库观点摘要…… 185
面对增长和融资风险：中国在全球能源领域促进金融发展的益处和风险…… 185
印度－俄罗斯防务合作：值得期待…… 187
探究印度与俄罗斯关系的现状…… 189
金砖国家是否应同中国一起呼吁建立网络主权？…… 191
是时候重申金砖国家的组织原则了…… 193
印度在洞朗对峙中巧妙地打出了“金砖牌”…… 195
中国举办的金砖国家领导人厦门会晤——有何期待？…… 197
金砖国家的第二个黄金十年：一切如初…… 202

金砖国家宣言：中国致力于为“一带一路”倡议寻求阿富汗和巴基斯坦地区的和平 …… 204
金砖国家领导人厦门会晤：印度迈出的重大一步 …… 206
加入金砖国家对印度来说并非取得胜利：为什么中国不会断绝其与巴基斯坦之间的关系 …… 208
《金砖国家领导人厦门宣言》中关于对恐怖主义的提及只是一个幌子 …… 210
金砖国家的过去与现在：揣摩言外之意 …… 212
金砖国家的困境 …… 216
探索印俄合作的新动力 …… 219
龙与象：中印关系表现出两极特征 …… 222
俄罗斯学者称印度－俄罗斯关系可以效仿印度－美国关系 …… 224
从印度的视角看金砖国家内部关于全球治理和国家利益之间的矛盾 …… 226
“南亚卫星计划”：巴基斯坦错失良机 …… 232
印度努力争取联合国安理会席位：这次有所不同吗？ …… 235
环孟加拉湾多领域经济技术合作倡议成立20年之际：希望和忧虑并存 …… 237
是一个耶路撒冷还是多个耶路撒冷？ …… 239
环孟加拉湾多领域经济技术合作倡议：印度的“邻国优先”政策和“东向行动”政策会在哪里“相逢” …… 240
印度国家应用经济研究所国家投资潜力指数 …… 242
中国走向多边主义的选择性 …… 243
不要对二十国集团抱太大希望 …… 246
俄罗斯外交部部长谢尔盖·拉夫罗夫于2017年12月11日在新德里维韦卡南达国际基金会发表了首次纪念卡达金的演讲 …… 248
俄罗斯－印度能源合作：贸易、联合项目和新领域 …… 250
修补与缅甸的关系是必要的 …… 252
印度和中国必须相互保持克制，以避免发生重大危机 …… 254

外科手术式的打击后，巴基斯坦为误读付出了代价…………… 256
谨防从洞朗对峙中得出错误教训………………………………… 257
丹麦智库观点摘要………………………………………………… 259
中国成为海湾地区的主要贸易伙伴：海湾阿拉伯国家合作委员会的
发展机遇和可能的限制…………………………………… 259
南非智库观点摘要………………………………………………… 264
非洲走核武器道路？…………………………………………… 264
金砖国家之外的生活？南非未来的外交政策利益………… 266
南非非洲人国民大会的外交政策“回到未来”？………… 273
南非国际事务研究所－乐施会圆桌会议：可持续发展和金砖国家
新开发银行………………………………………………… 275
莫迪的非洲之旅……………………………………………… 276
就南非而言，调整非洲对其在非洲大陆作用的看法正当其时…… 278
祖马领导下的南非外交政策：建立更强大的战略伙伴关系……… 280
促进南非与金砖国家的经济关系…………………………… 283
金砖国家战略：迈向 2018 年约翰内斯堡峰会 ……………… 287
巴西智库观点摘要………………………………………………… 289
在闭门会议背后……………………………………………… 289
金砖国家可持续发展指数…………………………………… 291
拉丁美洲经济环境改善，18 个季度后进入有利区带 ………… 294

后　记…………………………………………………………… 296

不再积极：在米歇尔·特梅尔的领导下巴西外交政策步履维艰

Maria Rodriguez – Dominguez *

原文标题： No Longer Activa e Altiva：Brazil's Foreign Policy Stumbles under Temer

文章框架： 由于外交政策的有效和认真落实，巴西很快成为卓越的区域领导者，并与其他国家一道致力于改变全球的力量平衡；巴西提议建立了金砖国家新开发银行，并致力于推动贸易策略的多元化，从而减少对美国的依赖；巴西新的外交政策旨在维护其国家利益并维持巴西与世界其他国家的联系；随着巴西在金砖国家中参与度的弱化，特梅尔政府正试图与美国保持步调一致。

观点摘要：

1. 10 年前，世界目睹了巴西这一大国的崛起。由于外交政策的有效和认真落实，作为南美洲巨头和世界国土面积第五大国家的巴西很快成为卓越的区域领导者，并与其他国家一道致力于改变全球的力量平衡。巴西的外交政策也被视为通过多边主义促进国家利益实现的有效工具。尽管存在很多不足之处，但由巴西发挥领导性作用的联合国海地稳定特派团（MINUSTAH）仍是该国迄今为止参与度最高的维和行动。巴西和其他地区大国和发展中国家一道呼吁联合国安全理事会进行改革，

---

* Maria Rodriguez – Dominguez，拉丁美洲事务委员会助理研究员。来源：半球事务研究所（美国智库），2017 年 11 月 8 日。

推动增加联合国安理会常任理事国和非常任理事国的数量，以更精准地反映政治现实。

2. 10多年来，巴西积极参与到金砖国家的活动中。该组织由中国、巴西、俄罗斯、印度和南非五个新兴市场国家组成。巴西提议建立了金砖国家新开发银行，并致力于推动贸易策略的多元化，从而减少对美国的依赖。因此，中国于2009年成为巴西最大的贸易伙伴。

3. 尽管在过去13年里巴西外交取得了积极的成就，但米歇尔·特梅尔政府宣布调整外交发展方向，发展更加注重贸易的“非意识形态”外交。据巴西外交部部长阿洛伊西奥·努内斯·费雷拉（Aloysio Nunes Ferreira）表示，巴西新的外交政策旨在维护其国家利益并维持巴西与世界其他国家的联系。从区域层面上看，巴西外交政策的调整尤为明显，特别是巴西在南方共同市场（Mercosur）和南美洲国家联盟（UNASUR）中发挥作用方面。

4. 随着巴西在金砖国家中参与度的弱化，特梅尔政府正试图与美国保持步调一致。例如，巴西外交部部长阿洛伊西奥·努内斯·费雷拉透露巴西政府打算与美国谈判签署双边贸易协定，而不经过南方共同市场进行贸易往来。费雷拉表示，作为美洲较大的两个国家，巴西和美国存在很多共同点，两国应该加强合作，建立互利互惠的议程。

金砖国家为推动全球化而努力

Andrew Hammond *

原文标题： BRICS Make the Case for Globalization

文章框架： 在2017年9月厦门举行的金砖国家领导人第九次会晤之前，中国和金砖国家其他四个大国就唐纳德·特朗普（Donald Trump）当选美国总统后出现的更大的保护主义危险发出了警告；占世界人口40%以上的金砖国家一直是推动全球总体收入平等的主要参与者；关于应该采取何种长期改革议程来解决这一问题，在世界大部分地区都颇有争议。

观点摘要：

1. 金砖国家各成员国（巴西、俄罗斯、印度、中国和南非）的贸易部部长于2017年8月2日在上海结束了为期两天的会议。在2017年9月厦门举行的金砖国家领导人第九次会晤之前，中国和其他四个金砖国家就唐纳德·特朗普（Donald Trump）当选美国总统后出现的更大的保护主义危险发出了警告。中国对市场自由化的主张在很大程度上反映了它已是全球化的一大受益者，自2014年以来，国际货币基金组织的数据显示，按购买力平价计算，中国的经济规模已经超过了美国。然而，对包容性增长的承诺是中国政府推动全球化进程的另一个重要原因。如今正处在世界各国与全球经济不平等斗争的一个潜在关键时刻，这个包容性增长的承诺和有关金砖国家的话题尤其切中要害。世界银行（WB）一项引人注目的研究表明，在大约两个世纪的时间里，全球总体收入差距（衡量经济不平等的指标之一）似乎正在缩小。

---

* Andrew Hammond，伦敦政治经济学院副教授。来源：大西洋委员会（美国智库），2017年8月3日。

2. 占世界人口40%以上的金砖国家一直是推动全球总体收入平等的主要参与者。特别是印度和中国的集体经济增长使大量人口摆脱贫困，仅在1981～2004年，中国就有6亿人口脱贫。然而，与此同时，在许多国家内部，收入不平等现象却日益加剧，并在政治上日益凸显。经济增长和收入不平等这种对立局面，就如地壳板块一样相互挤压。然而具体情况究竟如何还没有定论。在某种程度上，由于全球收入的数据来源不可避免地会出错，这就意味着结论也充满不确定性。

3. 但可以确定的是，发展中国家的总体情况已经显著改善，正如金砖国家过去一代人所表现的那样。其中最突出的受益者应是“新”中产阶级（据估计，这类人口占世界总人口的三分之一），如中国、印度等主要亚洲新兴经济体以及印度尼西亚等其他关键国家。全球经济的发展轨迹很可能会继续向“南”转移，在可预见的未来，许多关键的新兴市场可能仍将保持强劲的发展态势。然而，最近新兴市场的经济增长率似乎正在下降，并且近年来由其引起的全球转变可能也不会再次出现，国家内部不断增长的收入不平等趋势将继续存在。然而，关于应该采取何种长期改革议程来解决这一问题，在世界大部分地区都颇有争议。总的来说，两个世纪以来，金砖国家正在首次帮助推动全球收入平等运动。然而，在全球化的推动下，如果新兴市场的增速降低比预期更快，或者国家内部的收入不平等加剧，从而削弱促进包容性增长的努力，那么这一发展过程则可能会完全向相反的方向发展。

俄罗斯对欧洲安全秩序的挑战

Jeffrey Mankoff *

原文标题： Russia's Challenge to the European Security Order

文章框架： 俄罗斯正在努力从内部削弱自由欧洲，主要通过支持民粹主义、极右派以及反制度的政治力量。

观点摘要：

1. 俄罗斯正在努力从内部削弱自由欧洲，主要通过支持民粹主义、极右派以及反制度的政治力量。而在这方面夸大俄罗斯战略的有效性是错误的，欧洲自身存在诸多问题，如多年的经济停滞、不断涌入的移民、恐怖主义以及"英国脱欧"，这些都为俄罗斯的修正主义者提供"沃土"。俄罗斯修正主义和欧洲自身问题的交互作用形成了一种对欧洲制度的根本性挑战。

2. 至少要将一部分欧亚大陆扩展到苏联的边界之外，其部分目的在于凝聚非西方世界的大部分力量，反对西方成立的占主导地位的国际机构，这种主导机构不仅仅分布在欧洲，而且还分布于世界其他地区。作为这一进程的一部分，俄罗斯还支持创建新的、没有以西方为中心的国际机构，如上海合作组织（SCO）、金砖国家（BRICS，成员包括巴西、俄罗斯、印度、中国、南非）等。缺乏资源和具体的实施计划并不代表缺乏一个连贯的战略。

3. 这个新的欧亚集团迄今为止未能实现俄罗斯的愿望。就连俄罗斯最亲密的苏联时期的伙伴也不愿意走到俄罗斯希望的那条一体化道路上。特别是新的超国家机构已被证明不受欢迎，并且很难建立。欧亚国

---

* Jeffrey Mankoff，战略与国际研究中心俄罗斯和欧亚计划的副主任及高级研究员。来源：德国马歇尔基金会（美国智库），2016 年 9 月 29 日。

家之间的联系基本上是双边的。更令人恼火的是，俄罗斯希望将几个原苏联加盟共和国纳入欧亚集团，但这些国家仍然十分渴望与欧盟（EU）或者北大西洋公约组织（NATO）建立更紧密的联系：将俄罗斯作为亚美尼亚外部安全的担保者，以阻止亚美尼亚致力于签署有利于欧亚经济联盟（EEU）的协议，同时亚美尼亚继续与欧盟达成一致，并希望成立一个联合协定，而不仅仅是在名义上；乌克兰民众回应了铁腕前总统维克多·亚努科维奇（Viktor Yanukovych）放弃欧盟协议的决定。欧盟虽然在许多国家有很强的吸引力，但俄罗斯正试图争取自己的多边一体化项目。

俄罗斯，欧洲怀疑派以及意大利选举

Giovanna De Maio*

原文标题： Russia，Euroskeptic Parties，and Italian Elections

文章框架： 欧洲怀疑派“五星运动”对俄罗斯的主要思想魅力在于它强调国家利益和主权国家多边合作。

观点摘要：

欧洲怀疑派政党“五星运动”（M5S）对俄罗斯的主要思想魅力在于它强调国家利益和主权国家多边合作。该党认为，俄罗斯是意大利现有联盟的替代者，因为该联盟并没有充分解决难民危机，大多数意大利人认为，难民危机是一种存在的安全威胁。2015 年，“五星运动”在意大利议会上组织了一场名为“金砖国家：挑战美元化世界”的讨论，会上来自俄罗斯政党统一俄罗斯党（United Russia）的两名代表，即参议员克里莫夫（Andery Klimov）和杜马副议长谢尔盖·列兹尼亚克（Sergey Zheleznyak）（他是美国制裁名单上的一员）就这一主题发表讲话。第二年，“五星运动”国际关系发言人斯蒂法诺（Manlio Di Stefano）表示，俄罗斯是一个“通过尊重主权、人民自决权、公平均衡的全球化模式的原则，重建多极世界的友好国家”，他还补充说，意大利

---

* Giovanna De Maio，那不勒斯东方大学博士，德国马歇尔基金会跨大西洋博士后研究员；对俄罗斯和国际安全以及意大利外交政策进行研究，在论文中关注 2014 年乌克兰冲突对俄罗斯国内政治的影响；在莫斯科进行实地研究，并在美国布鲁金斯学会担任为期 5 个月的特邀研究员，在那里完成了对俄罗斯的欧盟能源安全问题的研究，还在华盛顿特区全球利益中心担任访问研究员，专注于研究意大利和德国对 2014 年乌克兰危机的态度。来源：德国马歇尔基金会（美国智库），2018 年 2 月 23 日。

不应该成为北大西洋公约组织（NATO）和欧盟的“奴隶”。在出席会议之前，斯蒂法诺强调了“五星运动”对“东欧军事化，谴责乌克兰国家政变”的反对，并强调了俄罗斯作为解决伊拉克、叙利亚和利比亚危机的伙伴的重要性。

关于印度妇女和工作的五个主要经验

Rohini Pande；Charity Troyer Moore；Jennifer Johnson *

原文标题： 5 Key Lessons about Women and Work in India

文章框架： 虽然印度女性工作的比例（27%）略高于巴基斯坦女性工作的比例（25%），但巴基斯坦的女性劳动力参与率正在增长，而印度的女性劳动力参与率正在下降；随着收入的增加，女性从低收入的粗活中解放出来，而通常在农业上，女性劳动力参与率下降。

观点摘要：

1. 虽然印度女性工作的比例（27%）略高于巴基斯坦女性工作的比例（25%），但巴基斯坦的女性劳动力参与率正在增长，而印度的女性劳动力参与率正在下降。孟加拉国在职妇女的比例是印度的三倍，而就女性劳动力参与率而言，印度在金砖国家中的排名最靠后，在二十国集团成员中，其排名为倒数第二，仅次于沙特阿拉伯。

2. 为什么会这样？在南亚地区，我们在国际妇女节对印度妇女工作状况的分析并没有提供明确的解释。随着收入的增加，女性从低收入

* Rohini Pande，经济学家，哈佛大学肯尼迪学院公共政策教授，研究、考察发展中国家非正式和正式机构的经济成本与效益，以及公共政策在影响变化中的作用。Charity Troyer Moore，拥有经济学硕士学位，农业、环境和发展经济学博士学位，哈佛大学肯尼迪学院政策设计印度研究中心主任；参与印度各种实体领导研究政策活动以确保研究内容是决策者面临的问题并进行政策设计和实现项目目的；研究、探讨如何使用技术来改善公共服务和治理、印度女性劳动力的低参与率的驱动力及潜在的解决方案、土地权利、社会保障项目。Jennifer Johnson，注册会计师，得克萨斯大学达拉斯分校管理学院高级讲师。来源：国际发展中心（美国智库），2016 年 3 月 8 日。

的粗活中解放出来，而通常在农业上，女性劳动力参与率下降。但是，随着经济的发展和教育水平的提高，越来越多的妇女进入劳动力市场。尽管越来越多的女性追求中等和高等教育，但大多数印度女性仍然处于辍学状态。自 2005 年以来，已有超过 2500 万名印度女性离开了劳动力市场。

应对亚洲基础设施挑战的成本将达到 6.5 万亿美元

Wataru Suzuki *

原文标题： Asia's Infrastructure Challenge Set to Cost ＄6.5 Trillion

文章框架： 亚洲需要更多的公路、铁路、发电站；投资 1000 亿美元的金砖国家新开发银行正式于上海成立，其将成为亚洲地区基础设施建设项目的资金提供者。

观点摘要：

1. 亚洲需要更多的公路、铁路、发电站。人口众多以及收入水平不断上升的国家正在制定“雄心勃勃”的基础设施发展目标，渴望利用中国领导的亚洲基础设施投资银行（AIIB，以下简称亚投行）获得新的资金来源。当然，制订宏大的计划是一回事，而实现这些计划则完全是另一个挑战。基础设施项目因工程延误和彻底的失败而臭名昭著。虽然这时候可能还会有大量资金浮现，但新兴经济体仍需争取投资。韩国副总理柳一镐在 2016 年 2 月 25 日的经济部长级会议上对此表示乐观。他表示：“亚投行将推动亚洲地区新的基础设施投资需求。”韩国计划利用这一需求：韩国政府最近成立了国有银行理事会和贸易保险公司，以帮助国有企业进行项目申请。孟加拉国财政部部长曼南（M. A. Mannan）同样对亚投行的发展表示满意。2016 年 2 月 23 日，他对立法者说：“我们需要更多资金来开展国家建设活动，亚投行会在这一方面帮助我们。”有担忧称，加入中国主导的机构将对孟加拉国与世界银行和亚洲开发银行这两个国际贷款机构的关系造成破坏，曼南对这一担忧

---

* Wataru Suzuki，日本经济新闻撰稿人。来源：国家亚洲研究局（美国智库），2016 年 4 月 7 日。

进行了驳斥。

2. 亚投行于2015年12月成立，被认为将改变区域基础设施发展的规则。这不是唯一一个提供资金的新机构。投资1000亿美元的金砖国家新开发银行正式于上海成立。金砖国家新开发银行行长瓦曼·卡马特（K. V. Kamath）于2月27日签署了设立银行总部的文件，并透露首批资金将于4月发放。日本瑞穗研究所（Mizuho Research Institute）表示，2015～2020年，亚洲地区将需要价值6.5万亿美元的基础设施投资。东亚和东南亚的电力投资预计将占37%。2013年印度尼西亚的发电量约为46000兆瓦，该国希望到2019年发电量再增加35000兆瓦。交通基础设施的改善同样成本高昂。到21世纪30年代，八个东南亚和南亚国家的城市铁路长度预计将增加四倍。泰国正在对价值超过89.8亿美元的四个铁路建设项目进行投标。印度计划在十多个城市兴建铁路。据统计，专家称亚投行、亚洲开发银行、金砖国家新开发银行以及其他类似的贷款机构对亚洲基础设施的投资不到其需求的5%。亚洲新兴经济体需要以某种方式获得资金。更好的道路、更加稳定的电力供应以及更加可靠的水源供应对刺激经济增长来说至关重要。基础设施发展的不足可能还会让一个国家陷入“中等收入陷阱”，即当人均收入水平达到一定程度之后经济增速放缓。

中国经济外交的演变方式

Timothy R. Heath *

原文标题： China's Evolving Approach to Economic Diplomacy

文章框架： 中国推出了一系列大型经济举措；中国意图实现“从贸易大国到贸易强国”的转变。

观点摘要：

1. 中国在2013年宣布成立亚洲基础设施投资银行（AIIB）获得了相当大的国际关注，但该银行的成立仅仅是近年来中国推出的一系列大型经济举措之一。2013年，中国宣布推出“一带一路”倡议（即丝绸之路经济带和21世纪海上丝绸之路）。同年，还组建了以巴西、俄罗斯、印度、中国和南非（BRICS）为基础的金砖国家新开发银行（NDB）。中国在2014年亚太经合组织（APEC）会议上推出的“亚太自由贸易区”（FTAAP）也受到媒体的广泛关注。

2. 2011年的《中国对外贸易白皮书》宣称中国意图实现“从贸易大国到贸易强国”的转变，虽然这被认为是“需要付出艰苦努力的长期进程”。本报告简要界定了中国成为“贸易强国”的雄心，宣布中国将减少对“低成本优势”的依赖，获得“综合竞争优势”。在其提出的政策中，本报告列举了战略性产业的国际合作、出口质量安全的改善、双边和区域自由贸易安排的扩大以及“全球经济治理机制的改革”等措施，并与中国参与诸如二十国集团和金砖国家等多边经济组织的峰会联系起来。

---

* Timothy R. Heath，兰德公司高级国际防务研究分析师，作为美国政府的中国专家，有16年以上的研究经验。来源：国家亚洲研究局（美国智库），2016年7月30日。

莫迪领导下印度的医疗卫生发展状况：未来两年的议程

Aparna Pande；Husain Haqqani *

原文标题： India's Health under Modi：Agenda for the Next Two Years

文章框架： 印度大部分关键指标都趋于平稳，尽管印度努力与其他金砖国家成员（巴西、俄罗斯、中国和南非）在世界舞台竞争，但是印度的指标与它们相比仍然较低，甚至低于印度的一些南亚邻国。

观点摘要：

据世界卫生组织统计，印度政府开支中只有 5.1% 用于医疗保健。印度大部分关键指标都趋于平稳，尽管印度努力与其他金砖国家成员（巴西、俄罗斯、中国和南非）在世界舞台竞争，但是印度的指标与它们相比仍然较低，甚至低于印度的一些南亚邻国。例如，在 2016 年联合国大会发布的全球医疗保健研究报告中（跟踪各国在实现可持续发展目标方面的表现），印度在 188 个国家中排名第 143，落后于其他金砖国家成员以及其邻国不丹、马尔代夫和斯里兰卡。为了实现国家医疗政策目标，莫迪政府需要动用大量资源。然而，这面临多种挑战，包括

---

* Aparna Pande，哈德森研究所印度和南亚未来倡议中心研究员、主任，伊斯兰教、民主和穆斯林未来世界研究员；主要研究领域是南亚，特别关注印度、巴基斯坦、阿富汗外交和安全政策。Husain Haqqani，哈德森研究所高级研究员，南亚和中亚研究中心主任；2008 年至 2011 年担任巴基斯坦驻美国大使，在全球反恐战争的关键阶段管理美巴伙伴关系；曾任国际关系中心主任，波士顿大学国际关系实践教授；研究重点包括：外交、穆斯林政治运动、国际新闻、跨文化关系、南亚、中亚、东南亚、中东和美巴关系。来源：哈德森研究所（美国智库），2016 年 11 月 11 日。

预算限制和人口不断增加。印度也面临合格医生和现代医院短缺、医疗保健基础设施不足、公共卫生习惯等问题。从现行制度向国家卫生政策概述的制度过渡将需要几年时间。但只要行政当局建立适当的基础，这个目标就是可以实现的。除了依靠政府资源和印度私营部门外，印度可以通过利用不断增加的外国投资来更快、更容易地实现其医疗保健目标。例如，印度需要考虑激励对医药行业的投资。莫迪政府似乎明白这一点，因为中央药物标准管理组织已经放松了对各种药物的价格控制，并放弃了以前严格的许可制度。由此，在印度经商就会相对容易，但这并没有使国际公司大力投资印度。印度法规的变化不应该仅仅是国家制度的逐步改进，印度还必须与其他国家竞争以吸引投资者。例如，在投资科研公司并保护它们的知识产权（IPR）方面，印度仍然无法做得像其他金砖国家成员一样好。

为什么印俄能够建立友好关系

Aparna Pande；Hannah Thoburn *

原文标题： Why the India – Russia Relationship Works

文章框架： 即使印度现在已经越来越接近西方国家，但仍然希望确保中国以及俄罗斯不会将其视为敌人或威胁；虽然俄罗斯在很大程度上被印度的西方朋友所排斥，但印度表示不会这样做。

观点摘要：

1. “印度人和俄罗斯人是兄弟”是苏联和印度友好之际留下的口号。尽管自那时以来很多事情都改变了，但两国一直在小心翼翼保持甚至加强合作，即使印度现在已经越来越接近西方国家，但仍然希望确保中国以及俄罗斯不会将其视为敌人或威胁。实际上，印度希望同时与苏联和美国保持良好的关系。印度开国总理贾瓦哈拉尔·尼赫鲁（Jawaharlal Nehru）对苏联社会主义感兴趣。与此同时，巴基斯坦成为美国的伙伴，导致印度与苏联关系更为密切。印度还将其自治的愿望解释为需要独立于西方，或与西方不同。所以尽管印度与美国经济和国防关系密切，建立了深厚的战略伙伴关系，但是印度仍然不想被称为美国盟友，认为将其称为合作伙伴更合适。印度加入金砖国家（由巴西、俄罗斯、印度、中国和南非组成）、二十国集团（G20）也反映了其参与非西方主导组织的愿望。最近关于乌克兰和叙利亚问题，俄罗斯与欧洲和美国

---

* Aparna Pande，哈德森研究所印度和南亚未来倡议中心研究员、主任，伊斯兰教、民主和穆斯林未来世界研究员；主要研究领域是南亚，特别关注印度、巴基斯坦、阿富汗外交和安全政策。Hannah Thoburn，哈德森研究所研究员，专注于俄罗斯、乌克兰、东欧政治和跨大西洋关系；曾在布鲁金斯学会研究外交政策，以及美国和欧洲问题；曾任耶鲁大学教学研究员，并在乌克兰南部当过两年和平队志愿者。来源：哈德森研究所（美国智库），2016 年 12 月 16 日。

立场对立，所以与俄罗斯的合作加强了印度的这一愿望。

2. 像苏联一样，俄罗斯一直通过现实政治的眼光看待印度。在冷战期间，印度是远离西方“轨道”的一个关键国家。今天，印度更是俄罗斯的产品市场和其在亚洲的重要合作伙伴。俄罗斯也认为印度是其军备销量不断增加的市场。在过去几年里，俄罗斯已经失去了一些长期的武器销售市场，但没有失去印度。在普京最近访问印度期间，俄印双方签署了几项防务协定，包括印度斯坦航空公司与俄罗斯国有武器生产商罗索博龙出口公司合资建造 200 架卡莫夫 226T 直升机。俄罗斯还同意为印度海军建造 S－400 防空导弹和隐身护卫舰。由于两国在实现外交政策目标方面都能互帮互助，所以这种关系似乎不太可能在短时间内消失。虽然俄罗斯在很大程度上被印度的西方朋友所排斥，但印度表示不会这样做。2016 年 10 月，印度总理纳伦德拉·莫迪在金砖国家峰会上赞扬了俄印双边关系，他表示，“我们在紧迫的国际和地区问题上的意见和立场趋同”。印度似乎不太可能忘记这些友谊时刻。

人民币可以挑战美元吗？

Christopher Smart [*]

原文标题： Could the Renminbi Challenge the Dollar?

文章框架： 考虑到中国经济的规模是其他四个金砖国家成员总和的两倍，所有这些国家的决策者大多根据中国的情况做出决定；金砖国家中包含差异很大的政治经济体；金砖国家可以在全球金融体系中取得一定的成功。

观点摘要：

1. 纽约市立大学亨特学院的辛西娅·罗伯茨（Cynthia Roberts）、西蒙弗雷泽大学的莱斯利·艾略特（Leslie Elliott Armijo）以及美国南加州大学的绍里·卡塔达（Saori N. Katada）则从中国和其他金砖国家成员（巴西、俄罗斯、印度、南非）关系的角度来对这一问题进行了讨论。考虑到中国的经济规模是其他四个金砖国家成员总和的两倍，所有这些国家的决策者在大多数情况下根据中国的情况做出相应决定。

2. 金砖国家中包含差异很大的政治经济体，其中包括巴西和印度这种拥有自由市场的民主国家，也包括俄罗斯和中国这种政府主导的市场经济体。虽然南非经济规模较小，但该国的加入为金砖国家带来了多样性。尽管存在分歧，但金砖国家自 2006 年以来便开始举行正式会议，

---

* Christopher Smart，卡内基国际和平研究院高级研究员，致力于全球金融市场和国际经济政策的互动；作为一名投资者和政策制定者，他在过去 30 年里致力于研究全球经济事务和外交政策的关键问题，这些问题包括从苏联解体到欧洲金融危机，再到 21 世纪围绕全球数据流的挑战；2013～2015 年，担任美国国家经济委员会和国家安全委员会主席特别助理，同时是美国前任总统在贸易、投资和广泛的全球经济问题上的主要顾问，在此之前，还曾担任财政部副助理部长长达 4 年。来源：卡内基国际和平研究院（美国智库），2018 年 2 月 2 日。

并在它们对西方的不满中找到了共同点，即对美国主导的全球金融规则和机构的不满。如果要找出将金砖国家联系起来的共同点，那么金砖国家就属于维护主权的“鹰派”，即它们不愿让发达国家干涉本国的内部事务。

3. 根据罗伯茨、莱斯利和卡塔达的说法，金砖国家可以在全球金融体系中取得一定的成功。金砖国家促进世界银行和国际货币基金组织内部进行有限的改革。金砖国家团结一致以抵制日益扩大的金融制裁，尤其是由美国主导的制裁。此外，金砖国家还建立了新兴的替代机构，如金砖国家新开发银行（NBD）和金砖国家应急储备安排，该举措旨在向成员国提供紧急流动性支持。金砖国家成员（尤其是俄罗斯和印度）利用该组织减弱了中国的一些地缘政治雄心。笔者表示，尽管金砖国家成员不希望过于迎合由西方主导的金融体系，它们有太多的利害关系而想要推翻这一体系。就中国而言，它将改变现有的地缘政治结盟，并在现有体系及其可能触及的范围内增强自身的国际影响力。与此同时，中国还将探索建立替代性支付体系并就资金流动达成协议。

全球基础设施挑战以及二十国集团和金砖国家的作用

Zia Qureshi *

原文标题： The Global Infrastructure Challenge and the Role of G20 and BRICS

文章框架： 全世界在基础设施方面的投资增加了一倍以上，以实现其在未来 15 年的经济增长和发展目标；虽然基础设施建设议程中大部分内容所提出的要求都是各国政府应承担的责任，但国家层面的各种行动也必须通过更加密切的国际合作来得到支持；金砖国家在新兴经济体领导力以及全球经济治理中的相互合作等方面起到了重要的支撑作用。

观点摘要：

1. 发展、环境的可持续性、基础设施建设以及经济增长是紧密相连的。全世界在基础设施方面的投资增加了一倍以上，以实现其在未来 15 年的经济增长和发展目标，这意味着世界将基础设施投资额提升到每年超过 6 万亿美元。能源和交通设施在基础设施需求中占主导地位。增加的投资需求（占比高达 75%）多出现在新兴经济体和发展中国家。以可持续的方法来发展这种全新的基础设施建设能力将使我们在对抗气候变化的斗争中成为游戏规则的改变者。该议程涉及基础设施建设和融资方式的重大转变，它包括逐渐通过公私合作的方式来扩大对公共和私营部门的投资；改革激励机制，引导新投资流向高效和可持续的基础设施项目；加强机构建设以确保投资的可行性和质量；通过公共和私人的融资方式来推动基础设施技术创新，以更好地应对气候风险和维持基础

---

* Zia Qureshi，经济学博士，美国布鲁金斯学会非常驻高级研究员。来源：美国布鲁金斯学会（美国智库），2017 年 12 月 2 日。

设施建设能力的可持续性。

2. 强有力的公共政策必须与新方法相结合以促进私人投资和融资。多于一半的增量融资需要从私营部门筹集。虽然这一议程中大部分内容所提出的要求都是各国政府应承担的责任，但国家层面的各种行动也必须通过更加密切的国际合作来得到支持，如联合行动、同伴学习以及技术和财政支持。通过单独或联合行动，以及通过为进行全球合作而巩固政策、金融和体制框架，二十国集团和金砖国家（成员包括巴西、俄罗斯、印度、中国和南非）在这一过程中发挥重要作用。

3. 金砖国家在新兴经济体领导力以及全球经济治理中的相互合作等方面起到了重要的支撑作用。因为增加的基础设施需求中的很大一部分来源于金砖国家成员国，所以金砖国家在基础设施建设议程中的作用尤其重要。仅中国在基础设施上的投资就已经多于北美和西欧的基础设施投资总和。金砖国家在基础设施投资中所占比重接近全球基础设施投资的一半。或者通过完善其内部的基础设施建设，或者通过在二十国集团和其他多边论坛上对基础设施建设提出强烈要求，金砖国家不断为基础设施建设提供新动力。金砖国家新开发银行（NDB）和亚洲基础设施投资银行（AIIB）是两家新的国际金融机构，用于重点支持基础设施投资。它们通过加强多边框架来应对全球基础设施建设中所面临的挑战，通过加强自身能力建设来满足更大的投资需求。新兴国际金融机构和现有的多边开发银行（MDBs）之间的合作对发挥协同作用是非常重要的，包括确保在实现基础设施目标时方法的一致性，即目标的实现不仅应注重数量，而且还应注重质量以及在环境方面的可持续性。

通过二十国集团推进兼容的基础设施建设

Gwynne Taraska; Pete Ogden; Nancy Alexander;
Howard Marano *

原文标题： Advancing Climate – Compatible Infrastructure through the G20

文章框架： 在认识到基础设施投资缺口的情况下，二十国集团（G20）已经扩大了基础设施建设规模；越来越多的机构也越来越重视基础设施建设。

观点摘要：

1. 在认识到基础设施存在投资缺口的情况下，二十国集团（G20）已经扩大了基础设施建设规模。例如，在2016年的杭州峰会上，二十国集团发起了“全球基础设施互联互通联盟倡议”以确立世界各地区和大洲的基础设施总体规划，并使其联系在一起，特别是在以下四个部门：能源、交通、水以及信息通信技术。每个区域总体规划都有自己的资金来源，如欧洲战略投资基金或“丝路基金”。为了实现这个目标，该联盟促进对价值十亿或万亿美元项目的资助、成立和实施，特别是通过民间合作。在峰会上，多边开发银行发布了一份公告，在2016年到2018年支持最低限额为3500亿美元的基础设施投资。过去几年，二十国集团成员的基础设施建设规模也在扩大。最近的举措包括成立中国主导的亚洲基础设施投资银行（AIIB，其于2015年正式运作），以及金砖国家新开发银行（NDB，由金砖国家于2014年建立，并且已批准1000

---

* Gwynne Taraska，美国发展中心能源政策副主任。Pete Ogden，美国发展中心高级研究员。Nancy Alexander，北美海因里希·伯尔基金会经济治理项目负责人。Howard Marano，美国发展中心研究助理。来源：美国发展中心（美国智库），2016年12月22日。

亿美元的调动资金)，以为基础设施和发展项目进行投资。

2. 越来越多的机构也越来越重视基础设施建设。例如，世界银行推出了全球基础设施基金，目的是提供一个平台以协调公私合营的基础设施发展。私营机构的合作伙伴和金融机构为该设施注资约 10 万亿美元。同时，非洲开发银行成立了“非洲未来 50 年基金”，其中目标资本为 30 亿美元，以支持整个非洲大陆的基础设施发展。一些发起开发银行的国家，包括中国、巴西、南非、阿尔及利亚、德国，也注重基础设施建设。

莫迪努力地缔造一个务实的外交政策

Sadanand Dhume *

原文标题： Modi Forges a Pragmatic Foreign Policy

文章框架： 自莫迪上任以来，由巴西、俄罗斯、印度、中国和南非组成的金砖国家可能已经失去了光辉。

观点摘要：

自莫迪上任以来，由巴西、俄罗斯、印度、中国和南非组成的金砖国家可能已经失去了光辉。但印度仍然认为其在金砖国家的成员身份提高了印度的威望，而且使其对俄罗斯和中国造成的影响较加入之前有所加强。印度于 2016 年 10 月在果阿邦举办第八届金砖国家峰会。

---

* Sadanand Dhume，美国企业公共政策研究所研究员，《华尔街日报》专栏作家。
来源：美国企业公共政策研究所（美国智库），2016 年 9 月 9 日。

是时候拓展“海外”的含义了

Alyssa Ayres*

原文标题： Time to Expand the Idea of “Abroad”

文章框架： 2014～2015 年，根据美国国际教育协会发布的最近年度开放门户报告，超过 30 万名美国学生出国留学；美国应该准备好“见证”更多美国学生前往金砖国家，或“灵猫六国”（CIVETS，哥伦比亚、印度尼西亚、越南、埃及、土耳其、南非），或 MIKT 国家（墨西哥、印度尼西亚、韩国、土耳其），以及任何其他新兴经济体留学。

观点摘要：

1. 2014～2015 年，根据美国国际教育协会发布的最近年度开放门户报告，超过 30 万名美国学生出国留学。英国、意大利和西班牙是 32% 的美国留学生的海外目的地。法国、中国、德国、哥斯达黎加和澳大利亚的比例加起来略高于 22%，然后是一些占比徘徊在 1%～2% 的国家。中国排名较靠前，是第五大热门目的地。南非排第 11 名，印度排在第 13 名，巴西排在第 16 名，俄罗斯只有 1187 名美国留学生，并没有进入前 25 名。这意味着所有金砖国家成员国（巴西、俄罗斯、印度、中国、南非）的美国留学生数量（27500 名）加起来都比西班牙（28325 名）的少。印度有 4438 名美国留学生，这个数字不及爱尔兰或哥斯达黎加的一半。印度的留学费用很低。多年来，印度的美国留学生

---

* Alyssa Ayres，美国外交关系学会印度、巴基斯坦和南亚高级研究员，研究领域包括印度、巴基斯坦、孟加拉国、南亚、南亚民族主义和政治运动、经济发展、脆弱国家、新兴市场、商业和外交政策。来源：美国外交关系学会（美国智库），2016 年 11 月 17 日。

人数稳步增加，2001～2002年，约有650名美国留学生选择印度作为目的地。与其他国家相比，印度留学生数量的增长与其日益提升的全球地位不符。印度的留学生数量与捷克共和国或墨西哥的留学生数量差不多。

2. 关于如何度过有限的留学时间，摆在学生面前的选择有很多。比起印度和其他较少被留学生选择的国家，西欧国家的一个学期中有更多的规划和项目。特别令人惊讶的是，很少有学生选择前往日本（全球最大的经济体之一，且拥有丰富的留学规划和项目）留学。但是，美国应该准备好见证更多美国学生前往金砖国家，或“灵猫六国”（CIVETS，哥伦比亚、印度尼西亚、越南、埃及、土耳其、南非），或MIKT国家（墨西哥、印度尼西亚、韩国、土耳其），以及任何其他新兴经济体留学。今年的国际教育周将以“通过国际教育赋予青年力量”为主题，美国青年将被允许去接触那些能够影响世界未来发展的国家。

网络周回顾：2017 年 9 月 8 日

Adam Segal *

原文标题： Cyber Week in Review：September 8，2017

文章框架：《华盛顿邮报》称，脸谱网向美国国会调查人员揭露了俄罗斯在 2016 年干涉美国大选的证据；巴西、俄罗斯、印度、中国和南非的领导人在金砖国家领导人厦门会晤结束时发表了年度公报，公报中包含了有关网络问题的内容。

观点摘要：

1.《华盛顿邮报》称，脸谱网（Facebook）向美国国会调查人员揭露了俄罗斯在 2016 年干涉美国大选的证据。在 2015 年中期至 2017 年，俄罗斯在其互联网“巨魔农场”的平台上投放了价值 10 万美元的广告来发布具有争议性的信息。脸谱网还补充说，这些引起争议的信息“跨越了意识形态的范围，涉及从非异性恋者、种族问题、移民到枪支权利等话题”，尽管这些信息并没有明确表示支持某一候选人。

2. 巴西、俄罗斯、印度、中国和南非的领导人在中国召开的金砖国家领导人厦门会晤结束时发表了年度公报。与往常一样，公报中包含了有关网络问题的内容。这些领导人强调了联合国在制定网络空间国家行为规范方面应发挥核心作用，并重申了制定一份普适的网络犯罪公约的要求（与 2001 年欧洲理事会在布达佩斯签署的网络犯罪公约形成对

* Adam Segal，美国外交关系学会数字和网络空间政策项目负责人，是安全问题、技术发展和中国内政外交政策方面的专家，也是外交关系委员会发起的独立工作组报告的项目负责人；旨在维护一个开放、全球化、安全、适应性强的互联网；其作品发表在《金融时报》《经济学人》《外交政策》《华尔街日报》《外交事务》等刊物中。来源：美国外交关系学会（美国智库），2017 年 9 月 8 日。

应）。这些都是金砖国家所坚持的基本立场，它们在此前的公报中也曾表达过类似的政策立场。在厦门会晤期间，俄罗斯和南非就网络安全问题达成协议。尽管该协议的文本尚未公开，但它很可能与俄罗斯和上海合作组织（SCO）所达成的协议以及2015年与中国签署的双边合作协议类似。

不断探索的特别代表：2018 年将举行的 10 次全球峰会

Stewart M. Patrick *

原文标题： Desperately Seeking Sherpas：Ten Global Summits to Watch in 2018

文章框架： 世界各国领导人将在 2018 年齐聚，召开 10 次关键性全球会议；南非将主办第十届金砖国家领导人会晤，此次会晤将在东道国南非和新兴经济体联盟发展的关键时刻召开。

观点摘要：

1. 美国总统唐纳德·特朗普（Donald J. Trump）外交政策的首要方针与国际合作的大环境相容吗？这一问题将在 2018 年变得更加突出，因为世界各国领导人将在 2018 年齐聚，召开 10 次关键性全球会议，其中包括将于 4 月 13 ~ 14 日在秘鲁首都利马举行的美洲国家首脑会议（即美洲峰会）、6 月 8 ~ 9 日在加拿大沙勒瓦地区举行的七国集团（G7）首脑会议、6 月 28 ~ 29 日在布鲁塞尔举行的欧盟峰会、7 月 11 ~ 12 日在布鲁塞尔举行的北大西洋公约组织首脑会议（即北约峰会）、在约翰内斯堡举行的金砖国家领导人会晤（日期待定）、9 月 18 ~ 25 日在纽约开幕的联合国大会、在巴厘岛举行的“我们的海洋”国际会议（日期待定）、11 月 30 日至 12 月 1 日在布宜诺斯艾利斯举行的二十国集团财长会议和央行行长会议、12 月 3 ~ 14 日在波兰卡托维兹举行的

---

* Stewart M. Patrick，美国外交关系学会全球治理项目高级研究员、国际体系与全球治理（IIGG）项目主任，研究领域包括在全球问题上的多边合作、美国对联合国等国际机构制定的政策，以及脆弱和后冲突国家带来的挑战，著有《主权之战：调和美国与世界的关系》。来源：美国外交关系学会（美国智库），2017 年 12 月 20 日。

《联合国气候变化框架公约》第24次缔约方大会。总体而言，这些会议将揭示美国2017年从多边主义中撤出究竟是一种反常现象，还是一种新常态的开始。

2. 南非将主办金砖国家（成员包括巴西、俄罗斯、印度、南非和中国）领导人第十次会晤，此次会晤将在东道国南非和新兴经济体联盟发展的关键时刻召开。在长达25年的种族隔离结束后，尽管南非是非洲大陆最富有的国家，但由于腐败活动的日益猖獗以及底层民众的大量存在，公众对南非总统雅各布·祖马（Jacob Zuma）及其执政党非洲人国民大会的幻想彻底破灭。与此同时，曾经雄心勃勃的金砖国家，由于各自政治制度、经济发展轨迹和战略利益的不同，也面临凝聚力问题的考验。金砖国家总人口占世界人口的40%，总财富占世界财富的四分之一，在影响力方面毋庸置疑。但不确定的是，金砖国家是否有一个共同的行动纲领以超越现有的西方自由秩序。

世界银行董事会四项意见和一项建议

Nancy Birdsall *

原文标题： Four Comments and a Suggestion for the World Bank Board

文章框架： 中国已经创建了自己的多边银行，还与金砖国家其他成员国（巴西、俄罗斯、印度、南非）合作创建了一家银行，这反映出中国渴望在全球治理中发挥更大作用，并对西方大国对世界银行的持续控制而感到沮丧。

观点摘要：

在很短的时间内，美国将世界首屈一指的发展机构（世界银行）的长期实用性、有效性和最基本的合法性置于风险之中。新兴市场和大型借款者正在聚拢，这并不奇怪。大多数较小和较贫穷的经济体对于美国毫无意义，美国只支持其认为有价值的贸易、安全和援助事宜。过去15年来，随着自身发展的成功，大型新兴市场越来越多地将世界银行视为一个相对较小的机构，世界银行可以提供低于市场利息的贷款，但不再是一个能够带来高质量建议以及稳定资金的可靠的中间机构；新兴市场可以通过向私人资本市场借贷，或在艰难时期向区域发展银行（它们在区域发展银行拥有更大的所有权）借款，从而更容易、更快地自筹资金进行投资。中国已经创建了自己的多边银行，还与金砖国家其他成员国（巴西、俄罗斯、印度、南非）合作创建了一家银行，这反映出中国渴望在全球治理中发挥更大作用，并对西方大国对世界银行的

---

* Nancy Birdsall，牛顿圣心学院文学学士，约翰·霍普金斯大学高级国际研究学院文科硕士，耶鲁大学博士；现任全球发展中心主席，高级研究员；研究内容包括发展经济学、全球主义与不平等、援助制度、国际金融机构、教育、拉丁美洲、气候融资。来源：全球发展中心（美国智库），2016年9月21日。

持续控制而感到沮丧。世界银行在一个不透明和不具竞争力的过程中选拔领导，不仅打击了其合法性和实用性，还对致力于对抗全球贫困的国际经济合作造成打击，第二次世界大战的结束使数十亿人受益，这些人中的大多数受益于世界银行在开放、自由的市场中不断增强的作用。

三边关系：印度的崛起如何破坏美国的对俄政策

Ricky Gandhi *

原文标题： The Trilateral Relationship：How India’ s Rise Undermines U. S. Policy towards Russia

文章框架： 印度和俄罗斯都有成为世界强国的愿望；印度的经济影响力日益增大，加上对国防的兴趣与日俱增，使得印度成为世界第五大军事开支国；美国需要为适应多极世界做准备。

观点摘要：

1. 印度和俄罗斯都有成为世界强国的愿望。双方都希望在各自势力范围内发挥作用，强烈反对外国干涉别国内政。它们也希望在联合国（UN）等全球论坛上有更大的影响力，同时也推动建立能够反映自己经济和战略重点的新型国际机构。因此，俄印两国在经济和国防领域的合作有时会破坏美国的目标，特别是在美国对俄政策方面。例如，金砖国家可以为两国提供替代国际货币基金组织（IMF）和世界银行的方案。该组织由巴西、俄罗斯、印度、中国和南非组成，于 2014 年创建了金砖国家新开发银行，以帮助其实现这一目标。到目前为止，金砖国家新开发银行向成员国的各种项目发放了超过 15 亿美元的贷款。然而这与世界银行 2016 年对各种新项目发放的 610 亿美元贷款相比黯然失色，但这标志着金砖国家新开发银行希望摆脱传统西方主导机构的影响。金砖国家也对与美国相抵触的地缘政治问题表明了立场，例如谴责西方对

---

* Ricky Gandhi，现任美国劳工统计局经济学家，也是美国安全项目初级助理研究员，研究兴趣包括俄罗斯外交政策、俄印关系对美国外交政策的影响。来源：全球利益中心（美国智库），2017 年 4 月 26 日。

俄罗斯的制裁和对中东的军事干预。

2. 印度的经济影响力日益增大，加上对国防的兴趣与日俱增，使得印度成为世界第五大军事开支国。虽然美国近年来增加了对印度的武器出口，但在2015～2016年，俄罗斯近三分之二的武器都出口到印度。从长远来看，印度可能会继续通过供应商的多样化来改善其武器平台。对俄罗斯来说，这意味着更多的竞争和在印度市场份额的损失。然而，在短期内，俄罗斯在印度国防部门的首要地位似乎是稳固的。几个原因说明了这一点。首先，虽然美国供应商拥有技术优势，但俄罗斯的产品通常成本较低。其次，美国的国防交易往往带有更多的限制和要求，印度认为这是对其主权的侵犯。再次，由于美国国会拥有随时修改或阻止武器销售的能力，因此美国被认为是“不可靠”的供应商。最后，美国对于出口的控制严重加剧了冷战期间印度在购买量上的压力。虽然自那时起美国就放松了对于武器出口的控制，但认为美国制度烦琐和不透明的看法仍然存在。

3. 美国需要为适应多极世界做准备。其中一部分涉及改进已有机构，如国际货币基金组织和世界银行，以更好地适应发展中国家。这也意味着美国不应把像金砖国家这样的新组织视为威胁，而是将其视为合作的机会，以改进现有的机构。美国也应协助各国发展强有力的机构和民主治理。这样做会增加美国的信誉和提升软实力，同时限制俄罗斯的覆盖面，因为俄罗斯无法提供这些好处。

印度对美国的友好态度将有损俄罗斯与印度之间的关系

Sasha Riser - Kositsky *

原文标题： India's Embrace of U. S. Will Dampen Moscow - New Delhi Ties

文章框架： 出于对中国崛起的共同担忧，印度与美国的关系日益密切；印度坚持金砖国家新开发银行的每个成员国应该做出平等贡献，确保中国不能通过巨额的财政承诺在这一机构中发挥主导作用。

观点摘要：

1. 2017 年 6 月，印度总理纳伦德拉·莫迪与俄罗斯总统普京在圣彼得堡国际经济论坛上进行了会晤。然而，热情的言辞和友好的姿态并不会掩盖这样一个事实，即出于对中国崛起的共同担忧，印度与美国的关系日益密切，而印度和俄罗斯这两个冷战时期的亲密伙伴之间的关系正在疏离。2017 年夏天，印度总理莫迪对美国进行了国事访问，并与美国总统特朗普进行了会晤，这是莫迪自 2014 年上任以来第五次访问美国。寻求友国和伙伴关系来与中国日益增长的世界影响力进行竞争已经成为印度外交发展的重大推动力。由于 2016 年中国否决了印度在联合国的提议，阻止印度加入核供应国集团以及中国支持的中巴经济走廊途经印巴有争议的领土，中国成为印度方面关注的主要对象。与此同时，印度有针对性地拒绝派代表参加于 2017 年 5 月中旬举办的“一带一路”国际合作高峰论坛。

2. 随着印度与美国关系的日益密切和对中国不断增强的全球性作

---

* Sasha Riser - Kositsky，政治风险咨询公司欧亚集团（Eurasia Group）南亚分析师。来源：全球利益中心（美国智库），2017 年 5 月 18 日。

用的担忧，印度方面已经开始远离不结盟运动和金砖国家等多边机构，这些机构旨在挑战西方国家的主导地位。印度坚持金砖国家新开发银行每个成员国应该做出平等贡献，确保中国不能通过巨额的财政承诺在这一机构中发挥主导作用。这最终限制了金砖国家新开发银行与世界银行和国际货币基金组织等机构进行竞争的能力。

俄罗斯衰落：未来可能出现的三个情景

Anton Barbashin *

原文标题： Russia in Decline：Three Possible Scenarios for the Future

文章框架： 维持权力仍然是俄罗斯采取行动的主要动机，这将导致俄罗斯把公开的冲突和战争作为在国内实施严格的政治、社会和经济限制的借口。

观点摘要：

不断加剧的经济危机将导致俄罗斯认识到群众抗议政权的可能性很大，俄罗斯边界的不稳定性加剧。维持权力仍然是俄罗斯采取行动的主要动机，这将导致俄罗斯把公开的冲突和战争作为在国内实施严格的政治、社会和经济限制的借口。要明确的是，这样的行动不利于支持普京继续执政的目标。北约成员国有能力在几个月内摧毁俄罗斯经济（不包括使用核威胁的方法），即通过对俄罗斯出口（特别是石油和天然气）实行禁运，破坏“环球同业银行金融电讯协会”（SWIFT）系统以损害银行业，并限制俄罗斯的粮食进口，而这将导致俄罗斯粮食短缺和经济全面瘫痪。俄罗斯可以在最近的邻国（理论上是摩尔多瓦和白俄罗斯）领土上煽动北约对俄罗斯的袭击，借机说服俄罗斯国内民众，防止与北约公开战争的唯一办法是乌克兰的“抢先罢工”。无论是以多方面运动的形式，还是公开使用军队，俄罗斯都可以发动一场运动，以全面控制其西部的非北约成员国。战争状态将允许俄罗斯在全国范围内

---

* Anton Barbashin，政治分析师，《交叉项目》（Intersection Project）执行编辑和编委会成员，波兰－俄罗斯对话与理解中心（位于华沙）分析师，曾担任莫斯科后工业研究中心研究员，他的文章在《外交》、《美国利益》、《国家利益》、《外交官》和《莫斯科时报》等刊物上发表。来源：詹姆斯敦基金会（美国智库），2016 年 7 月 6 日。

进行逮捕运动，逮捕运动针对绝大多数反对派人士、抗议领导人和独立企业代表。“战争模式”将允许俄罗斯采取前所未有的措施压制所有异议，对社会以及官僚结构进行更严格的管理。这样的模式将在短时间内保证国民的从属地位，但不会产生长期的、制度化的结果。更加具有侵略性的外交立场将导致俄罗斯与其最亲密的盟友、中国和其他金砖国家成员关系进一步疏远。伊朗石油解禁具有高风险和不稳定性，实际上将加速俄罗斯衰落进程，有可能使俄罗斯突然崩溃，而不是逐渐恶化。

俄罗斯武装力量的形与实

Roger McDermott *

原文标题： Image and Reality in Russia's Armed Forces

文章框架： 此次金砖国家领导人峰会就俄罗斯而言是一次外交胜利，因为它表明俄罗斯在国际上并没有受到孤立。

观点摘要：

在印度果阿举行金砖国家领导人会晤期间，俄罗斯与印度高调签署了双边武器协议，包括联合生产“卡－226”型直升机以及向印度提供 S－400 防空系统。关于出售 S－400 防空系统的细节并不多，但俄罗斯显然从这一国防协议中获益，此次金砖国家领导人峰会就俄罗斯而言是一次外交胜利，因为它表明俄罗斯在国际上并没有受到孤立。

* Roger McDermott，俄罗斯和中亚国防和安全问题专家，詹姆斯敦基金会欧亚军事高级研究员。来源：詹姆斯敦基金会（美国智库），2016 年 10 月 25 日。

俄罗斯联邦安全局试图在俄罗斯金融领域打造“数字主权”

Gregory Gleason [*]

原文标题： FSB Seeks to Forge “Digital Sovereignty” in Russia’s Financial Sector

文章框架： 许多俄罗斯高层官员对数字货币态度的转变既受到经济因素的推动也受到政治因素的推动；俄罗斯当局多次试图“推翻”或至少规避美元在国际上的使用。

观点摘要：

1. 许多俄罗斯高层官员对数字货币态度的转变既受到经济因素的推动也受到政治因素的推动。俄罗斯当局长期以来一直试图撤销美元作为国际参考货币的地位。早在 2003 年，俄罗斯就宣称要用欧元取代美元。一名俄罗斯国会议员甚至还曾提出一项立法（俄罗斯杜马没有通过），即持有美元不仅非法，而且还会被没收。

2. 从那以后，俄罗斯当局多次试图“推翻”或至少规避美元在国际上的使用。一系列货币互换协议，诸如中国与俄罗斯在 2014 年达成的中俄货币互换协议，签署该协议的目的是在不以美元结算的情况下进行双边金融交易。于 2015 年 7 月生效的《关于建立金砖国家应急储备安排的条约》，在金砖国家（由主要发展中经济体巴西、俄罗斯、印度、中国和南非组成的政治组织）成员之间提供非美元替代品以应对国际货币基金组织（IMF）的融资调整。俄罗斯和中国还签署了一项双边协议，通过将其货币与黄金的价值联系起来，以支持本国货币。2016

---

* Gregory Gleason，欧洲安全研究中心安全研究项目教授，新墨西哥大学荣誉教授。来源：詹姆斯敦基金会（美国智库），2017 年 9 月 11 日。

年9月，国际货币基金组织将人民币纳入特别提款权（SDR）篮子后，俄罗斯当局开始推广由中国或俄罗斯管理以黄金为基础的加密货币。以黄金为基础的新型数字货币是在欧亚经济联盟中被讨论最多的政策创新之一。但并不是所有欧亚一体化的支持者都认为哈萨克斯坦总统努尔苏丹·纳扎尔巴耶夫（Nursultan Nazarbayev）一直是国际货币的倡导者，也并不认为他也会使用以区块链技术支持的加密货币。俄罗斯联邦安全局清楚地认识到，控制网络货币的演变是实现所谓“数字主权”的手段。

俄罗斯致力于建立替代互联网

Gregory Gleason *

原文标题： Russia Seeks to Build Alternative Internet

文章框架： 许多俄罗斯消息人士称，俄罗斯正在努力打造一个新的、独立的互联网，以使其与金砖国家更加紧密地联系在一起。

观点摘要：

许多俄罗斯消息人士称，俄罗斯正在努力打造一个新的、独立的互联网，以使其与金砖国家（成员包括巴西、俄罗斯、印度、中国和南非）更加紧密地联系在一起，同时给予俄罗斯政治当局所称的"数字主权"更大的控制权。11 月下旬，《俄罗斯商业咨询日报》（RBK）报道了俄罗斯联邦安全理事会（SCRF）最近一次会议的会议记录，该会议强调了全球互联网日益脆弱所造成的国家安全威胁。公开的俄罗斯联邦安全理事会网站信息证实，俄罗斯就网络安全问题举行过一次高级别会议，但并没有详细说明具体内容。然而，俄罗斯国家宣传媒介今日俄罗斯电视台（RT）引用联合国安全理事会成员代表的话说，"西方国家正在不断增强其在信息空间领域进行进攻性作战的能力，并加强了作战行动相关准备，这对俄罗斯安全构成严重威胁"。今日俄罗斯电视台还指出，俄罗斯总统弗拉基米尔·普京（Vladimir Putin）将 2018 年 8 月 1 日定为创建替代互联网的最后期限。建立一个可替代的互联网将允许俄罗斯和金砖国家成员的政府对其领土内电子通信的地址和路径进行控制，因此会引发许多复杂的问题。建立一个不连贯的、竞争激烈的网络空间对全球互联网现有惯例的潜在破坏就是其中之一。

---

* Gregory Gleason，欧洲安全研究中心安全研究项目教授，新墨西哥大学荣誉教授。来源：詹姆斯敦基金会（美国智库），2017 年 12 月 13 日。

客座评论
——截至 2030 年结束饥饿的主要任务

Homi Kharas；John W. McArthur *

原文标题： Guest Commentary：Targeting Efforts to End Hunger by 2030

文章框架： 在食品和营养安全领域投资更多的国家往往饥饿水平较低。

观点摘要：

在食品和营养安全领域投资更多的国家往往饥饿水平较低。根据“马拉博协定”，非洲撒哈拉以南的许多国家承诺提高农业支出；“结束农村饥饿”计划考量着这些国家将如何兑现这些承诺，并将它们与世界上其他国家进行比较。由于每个国家都有食品和营养安全投资来源，所以本报告根据农村人口规模增加了几种可利用资源：国内政府对农业以及食品和营养安全的支出；官方发展援助（FDA）以及其他资助食品和营养安全的官方来源，包括金砖国家（BRICS）；外商直接投资农业；美国私营非政府慈善机构。

---

* Homi Kharas，芝加哥全球事务委员会高级研究员兼副主任。John W. McArthur，布鲁金斯学会全球经济与发展高级研究员。来源：芝加哥全球事务委员会（美国智库），2016 年 4 月 19 日。

城市影响力以及在不断变化的世界秩序中城市的定位*

原文标题：Urban Influence and the Position of Cities in an Evolving World Order

文章框架：民族国家并不是国际秩序的唯一参与者，这一点变得越来越清晰，多边组织、跨国公司、跨国倡议网络以及城市正在对全球政策和全球治理发挥多元影响力；2014 年金砖国家新开发银行的成立是新兴经济体利用其经济优势不仅从经济上而且从政治上参与国际项目的最佳例证。

观点摘要：

民族国家并不是国际秩序的唯一参与者，这一点变得越来越清晰。多边组织、跨国公司、跨国倡议网络以及城市正在对全球政策和全球治理发挥多元影响力。从跨国公司在国际贸易谈判中发挥的作用到跨国倡议网络应对全球气候变化来看，民族国家不再是全球政策和全球治理的唯一参与者。而跨国企业、城市以及民族国家对全球治理的影响力在一定程度上基于其经济实力。传统上，民族国家的经济产出以国内生产总值（GDP）衡量，而跨国公司和城市同样使用这一标准来衡量其经济实力。通过对这三类经济实体对比后发现，一些城市在全球经济中的参与度比许多民族国家和跨国公司更高。一个国家的实力和影响力往往与其经济实力相关。例如，1975 年成立的七国集团（G7）就由当时世界上较发达的 7 个经济体组成，这 7 个国家定期聚集到一起进行政策协调，致力于实现共同目标。2016 年关于美国外交政策的民意调查显示，71% 的受访者认为经济实力而非军事实力是影响一个国家整体实力和国

* 来源：芝加哥全球事务委员会（美国智库），2016 年 10 月 6 日。

际影响力的最重要因素。另外，亚洲四小龙（中国香港、新加坡、韩国、中国台湾），金砖国家（巴西、俄罗斯、印度、中国和南非）以及“薄荷国家”（墨西哥、印度尼西亚、尼日利亚和土耳其）同样表明，经济实力的上升会促进政治影响力增强。尤其是，2014 年金砖国家新开发银行的成立是新兴经济体利用其经济优势不仅从经济上而且从政治上参与国际项目的最佳例证。

在未来，城市可能会解决困扰世界最大国家的一系列问题

Noah Toly *

原文标题： In the Future, Cities May Finally Solve Problems That Have Stumped the World's Biggest Nations

文章框架： 通过大规模的城市化建设和不断增长的经济实力，城市可能会重塑未来的世界秩序；在经济规模方面，今天的顶级城市已经与民族国家、跨国公司一并成为全球事务的三大主要参与者；与国家一样，城市以及城市群同样能够利用经济杠杆来实现全球治理目标；七国集团以及其他有政治影响力的新兴国际组织，如金砖国家最初都是利用其经济优势来获得政治影响力的。

观点摘要：

1. 在接下来的七天里，来自世界各地的人们将在基多汇集，参加联合国住房与城市可持续发展大会。国家元首、市长、企业领导人和民间社会代表将参加这次会议，共同探讨城市改变地球的方式。通过大规模的城市化建设和不断增长的经济实力，城市可能会重塑未来的世界秩序。在经济规模方面，今天的顶级城市已经与民族国家、跨国公司一并成为全球事务的三大主要参与者。芝加哥全球事务委员会研究发现，在全球较大的 100 个经济实体当中，有 42 个是城市。而在 2010 年世界银行的调查中，全球较大的 100 个经济实体当中城市只占了 34 个。长期以来，城市是全球经济的中心，它促进了人员、商品、资源和财富的流

---

* Noah Toly，芝加哥全球事务委员会高级研究员。来源：芝加哥全球事务委员会（美国智库），2016 年 10 月 13 日。

动和聚集，当前，城市正在以更快的速度积累经济实力。

2. 但当东京和纽约的城市 GDP 能与加拿大、西班牙以及土耳其的 GDP 相竞争时，这对它们的政治影响力又意味着什么呢？与国家一样，城市以及城市群同样能够利用经济杠杆来实现全球治理目标。七国集团以及其他有政治影响力的新兴国际组织，如亚洲四小龙（中国香港、新加坡、韩国和中国台湾）、金砖国家（巴西、俄罗斯、印度、中国和南非）以及“薄荷国家”（墨西哥、印度尼西亚、尼日利亚和土耳其）在最初都是利用其经济优势来获得政治影响力的。如果许多城市的经济规模与一些有影响力的民族国家相当，那么就有理由相信，城市享有同样的机会对全球经济活动施加影响，而不仅仅局限在自己的范围之内。

3. 然而，由于环境和政治挑战会对经济现状的稳定构成威胁，因此城市在此基础上发挥影响力的同时也会面临风险。但面对这些威胁，城市抓住机遇进一步扩大了其在世界范围内的影响力。我们可能现在还无法得知城市将如何影响全球力量的动态发展，但可以肯定的是，城市不会支持一个在环境和政治方面充满了不确定性的世界秩序。城市面临两个选择，一方面，城市可能会引导经济产出，创造一个在环境和政治方面具有稳定性的世界秩序；另一方面，如果城市不这么做的话，当前的经济状况可能会是不可持续的。不管城市做出哪种选择，大范围的改变都将发生。

21 世纪的稳定：全球食品安全促进和平与繁荣*

原文标题： Stability in the 21st Century：Global Food Security for Peace and Prosperity

文章框架： 除了传统捐助者之外，新兴的世界领导者——中国、巴西和印度也正在全球农业发展和食品安全问题上发挥越来越重要的作用；2014 年，巴西、俄罗斯、印度、中国和南非（金砖国家）共同成立了金砖国家新开发银行，其总部于 2016 年在上海建立，同年在南非设立了首家区域办事处。

观点摘要：

1. 除了传统捐助者之外，新兴的世界领导者——中国、巴西和印度在全球农业发展和食品安全问题上也正在发挥越来越重要的作用。中国在非洲发挥的作用是多方面的，其中在某些方面发挥的作用并不能被很好地理解，但其在这一地区的参与度仍然较大。中国是许多非洲国家公路和发电站等基础设施项目的主要投资国，并对非洲国家的农业政策提出建议。中国政府已经在 23 个国家建立了农业示范中心，旨在为非洲农民提供培训、技术以及市场渠道。每年有超过 1000 名非洲学生接受中国赞助的农业项目培训。2007 年，中非发展基金会成立，这是中国首个针对非洲的投资基金会，目标投资额为 50 亿美元。随着 2015 年 12 月中国国家主席习近平高调到访南非，参加第六次中非合作论坛，中国在这一地区的重要性更加凸显。在访问期间，中国与南非签署了多项商业协议并提供了大量新增拨款、贷款、出口信贷以及投资基金。

2. 除中国外，巴西、印度以及其他新兴国家同样在帮助非洲进行

* 来源：芝加哥全球事务委员会（美国智库），2017 年 3 月 1 日。

一系列农业项目并提供基础设施投资。例如，2006 年，巴西农业研究合作中心在加纳开设了非洲办事处。该研究中心主要着眼于农业发展项目，例如为加纳、津巴布韦、塞内加尔、肯尼亚和莫桑比克等国提供更多的食物。除了双边努力外，2014 年巴西、俄罗斯、印度、中国和南非（金砖国家）共同成立了金砖国家新开发银行，其总部于 2016 年在上海建立，同年在南非设立了首家区域办事处。

南非：民粹主义的下一个目标

Arman Sidhu*

原文标题： South Africa：Populism's Next Target

文章框架： 西里尔·拉马福萨（Cyril Ramaphosa）于2017年12月接任祖马成为南非非洲人国民大会主席，随后接任祖马担任南非总统；拉马福萨指出发展采矿业和旅游业是振兴南非经济的关键，正是由于这两个产业的发展，南非才能和中国与印度一样加入金砖国家。

观点摘要：

1. 在雅各布·祖马辞职的消息从总统办公室传出之后，南非非洲人国民大会（ANC）副总书记杜阿特在祖马发表演讲后的新闻发布会上称赞，祖马是南非非洲人国民大会中最守纪律的成员。而在祖马担任南非总统期间，南非经济管理不善、失业问题突出、犯罪率上升、腐败问题也十分严重。西里尔·拉马福萨（Cyril Ramaphosa）于2017年12月接任祖马成为南非非洲人国民大会主席，随后成为南非总统。

2. 拉马福萨和南非非洲人国民大会因国内严重的失业现象以及中低社会阶层对经济发展前景的担忧而面临民粹主义者的谴责。在首次发表的国情咨文中，拉马福萨试图平息南非人的愤怒。他公布了其施政目

---

* Arman Sidhu，美国亚利桑那州菲尼克斯的美国教育家和政治类文章作家，曾在《外交家》、《政治经济周刊》、《外交政策杂志》等期刊上刊文。来源：地缘政治监控中心（加拿大智库），2018年3月1日。

标，包括通过实施最低工资标准、提供临时的就业项目和免费的高等教育来缓解失业现象。拉马福萨还指出发展采矿业和旅游业是振兴南非经济的关键，正是由于这两个产业的发展，南非才能和中国与印度一样加入金砖国家。

欢迎全球发展的新时代

Catherine Tsalikis *

原文标题： Welcoming a New Era of Global Development

文章框架： 亚洲基础设施投资银行（AIIB）与金砖国家新开发银行（NDB）是由于“感知”到布雷顿森林体系的缺陷，作为对这种缺陷的直接回应而被推出的。

观点摘要：

亚洲基础设施投资银行（AIIB）与金砖国家新开发银行（NDB）是由于“感知”到布雷顿森林体系的缺陷，作为对这种缺陷的直接回应而被推出的，而布雷顿森林体系在过去七十年里一直处于北美和欧洲国家的控制之下。而这些变化就中国而言并不简单。它们反映了全球力量新而广泛的来源，并将解决许多世界上较有影响力的新兴经济体的顶级优先事项。所以加拿大在这种问题上最终面临一个非常简单的选择：我们是否想要成为一个帮助设计新的全球秩序集团的一员，并在这个集团中发挥领导作用，还是更喜欢在一个安全的距离被动地观望？如果我们选择帮助设计，那么如何确保我们可以带来必要的影响，使我们的声音被听到？一个很棒的方法是为低收入国家和新兴经济体如此在意的问题提供明确的指导。

---

* Catherine Tsalikis，获得多伦多大学学士学位，伦敦政治经济学院硕士学位；加拿大国际委员会官方媒体《开放加拿大》（OpenCanada. org）高级编辑；此前，在多伦多加拿大广播公司（CBC）和加拿大电视台（CTV）、天文杂志（Sky News）和英国查塔姆研究所工作。来源：加拿大国际委员会（加拿大智库），2016 年 1 月 25 日。

中国、印度、俄罗斯重申致力于可持续发展目标、气候变化合作

Catherine Benson Wahlén *

原文标题： China, India, Russia Reaffirm Commitment to SDGs, Climate Change

文章框架： 部长一致认为，在尊重各国人民自主选择发展道路和社会制度的同时，需进一步加强在全球和地区问题上的合作；俄罗斯联邦、印度和中国外长呼吁在各个层面不断努力，以实现可持续发展目标，而且要考虑到国家的能力、发展水平和现实情况，并尊重各国的政策和优先事项；在气候变化、海洋法律和治理方面需努力；部长们还强调了巴西、俄罗斯、印度、中国和南非（金砖国家）在促进可持续发展、消除贫困和不平等以及应对新兴挑战方面所发挥的作用以及其他一些问题。

观点摘要：

1. 2016 年 4 月 19 日，中国、印度和俄罗斯外交部部长重申致力于落实 2030 年可持续发展议程以及其可持续发展目标（SDGs）和《巴黎气候变化协定》。部长们一致认为，在尊重各国人民自主选择发展道路和社会制度的同时，需进一步加强在全球和地区问题上的合作。

2. 俄罗斯联邦、印度和中国外长第 14 次会议于 2016 年 4 月 18 日在俄罗斯莫斯科举行。部长们呼吁在各个层面加强努力，以实现可持续发展目标，而且要考虑到国家的能力、发展水平和现实情况，并尊重各

---

* Catherine Benson Wahlén，人类发展、人类居住和可持续发展专家。来源：可持续发展国际研究所（加拿大智库），2016 年 4 月 20 日。

国的政策和优先事项。正如《亚的斯亚贝巴行动议程》（AAAA）所述，他们强调了重振全球可持续发展伙伴关系的作用，强调了调动财政资源、能力建设以及向发展中国家转让环境无害技术的必要性。

3. 就气候变化而言，部长们表示赞赏《联合国气候变化框架公约》（UNFCCC）第21届缔约方会议（COP 21）取得的成果，并表明其准备“积极、建设性地工作”，以确保《巴黎气候变化协定》的及时生效和实施。在海洋法律和治理方面，部长们表示，他们致力于根据《联合国海洋法公约》（UNCLOS）的原则，维护海洋的法律秩序，并呼吁有关各方通过谈判解决所有相关争议。

4. 部长们还强调了巴西、俄罗斯、印度、中国和南非（金砖国家）在促进可持续发展、消除贫困和不平等以及应对新兴挑战方面所发挥的作用。在此背景下，他们对金砖国家新开发银行的成立表示欢迎。部长们还谈到了其他一些问题，如联合国进行全面改革的必要性，包括联合国安理会，以提高发展中国家的能力并增强发展中国家的代表性；和平与安全；利用信息通信技术（ICT）的安全问题。

金砖国家在能源效率方面开展合作

Stefan Jungcurt *

原文标题： BRICS Countries Cooperate on Energy Efficiency

文章框架： 在2017年6月9日召开的金砖国家媒体高端论坛上，能源效率成为讨论的焦点；联合国环境规划署与丹麦技术大学联合发布了两份报告，根据对节能汽车等具体技术的改进，对金砖国家成员国印度和中国进行了评估。

观点摘要：

1. 在2017年6月9日召开的金砖国家（包括巴西、俄罗斯、印度、中国和南非）媒体高端论坛上，能源效率成为讨论的焦点。在相关新闻中，有两份报告强调了金砖国家成员国印度和中国在提高能源效率方面的潜力。2017年6月5日，目前担任金砖国家轮值主席国的中国，在北京召开了金砖国家节能和提高能效工作组第二次会议。据国际能效合作伙伴关系组织（IPEEC）的报道，金砖国家成员国重申了它们在能源效率、资源节约和应对气候变化方面取得进展的承诺。

2. 金砖国家的能源部部长们在联合声明中承诺，各国会提高自然资源的利用效率；促进能源效率技术开发以减少化石燃料的使用；通过战略储备、可再生能源和能源效率的联合研究以加强能源安全合作；为金砖国家新开发银行（NDB）创造投资机会，特别是在可再生能源和能源效率领域。联合国环境规划署（UNEP）与丹麦技术大学（DTU）联合发布了两份报告，根据节能汽车等具体技术的改进，对金砖国家成员国印度和中国进行了评估。

---

* Stefan Jungcurt，编辑，聚焦于农业、气候变化减缓项目和可持续能源。来源：可持续发展国际研究所（加拿大智库），2017年6月19日。

金砖国家教育部部长同意深化合作

Delia Paul *

原文标题： BRICS Education Ministers Agree to Deepen Cooperation

文章框架： 2017 年 7 月 5 日，金砖国家（巴西、俄罗斯、印度、中国和南非）各成员国教育部部长在北京举行会议，承诺深化教育合作；金砖国家领导人还强调了教育与实现其他可持续发展目标之间的协同效应。

观点摘要：

1. 2017 年 7 月 5 日，金砖国家（巴西、俄罗斯、印度、中国、南非）各成员国教育部部长在北京举行会议，承诺深化教育合作。此次会议讨论了有关教育改革、促进教育公平、加强素质教育、组织学生交流等问题。《北京教育宣言》重申了金砖国家对实现可持续发展目标（SDG）的承诺。在《北京教育宣言》中，部长们分享了他们在实现可持续发展目标方面的经验和做法，通过营造更有利的政策环境以更好地实现这一目标。与此同时，从金砖国家共同关注的优先事项出发，他们还提出了全球性的教育政策。部长们还重申了他们对金砖国家网络大学（支持建立金砖国家大学联盟的倡议）的支持。部长们同意在语言教育方面进行合作，支持高等教育学术工作的开展，促进教师交流，发展职业技术教育与培训联合项目（TVET），增加学生获得奖学金的机会，组织青年营活动。这次会议使他们有了探讨进一步开展教育合作的机会。

2. 金砖国家教育部部长会议于 2017 年 7 月 4～5 日在北京举行。

---

* Delia Paul，减贫、权利和治理等专题专家。来源：可持续发展国际研究所（加拿大智库），2017 年 7 月 11 日。

2013年的金砖国家教育部部长会议在法国巴黎举行；2015年的会议是在俄罗斯莫斯科举行的；2016年的会议则是在印度新德里举行的。中国教育部部长陈宝生对《北京教育宣言》表示欢迎，并指出将于2017年9月在中国厦门举行金砖国家领导人会晤。中国国务院副总理刘延东强调了人文交流对加强金砖国家伙伴关系的重要性。金砖国家领导人还强调了教育与实现其他可持续发展目标之间的协同效应。2017年7月7日，在德国汉堡举行的二十国集团（G20）峰会期间，金砖国家领导人在非正式会议上同样强调了教育在实现可持续发展目标方面的作用。他们还说，教育改善了全球经济环境，促进了创新和技术的应用，创造了更多的就业机会，推动了经济的多元化发展。

金砖国家在劳工就业方面进行合作

Leila Mead *

原文标题： BRICS Countries to Cooperate on Labor, Employment

文章框架： 2017 年 7 月 27 日，金砖国家各成员国在第三次金砖国家劳工就业部部长会议上就劳动和就业政策问题进行了讨论；全球未来工作委员会将于 2019 年向国际劳工组织百年大会做报告，会议相关讨论和结果有助于可持续发展目标的实现。

观点摘要：

1. 2017 年 7 月 27 日，金砖国家各成员国（巴西、俄罗斯、印度、中国和南非）在第三次金砖国家劳工就业部部长会议上就劳动和就业政策问题进行了讨论。与会者强调了各成员国分享经验和良好做法以及各国行为协调一致的重要性，同时还强调了技能驱动型发展和可持续社会保障的重要性。部长们强调，金砖国家应开展合作，确保稳定就业，促进就业和包容性增长，增强技能以减轻贫困状况。这次会议讨论的重点是未来对相关工作的管理，以及通过技术创新来缓和并减轻贫困状况。会议还进一步强调了金砖国家为促进社会安全合作和建立劳动研究机构网络所采取的步骤。

2. 国际劳工组织（ILO）总干事盖伊·莱德（Guy Ryder）在会议致辞中重申了国际劳工组织对金砖国家（占全球总人口的 48%，占全球经济总产量的 21%）进行支持的承诺。中国人力资源和社会保障部部长尹蔚民表示，科技的进步以及经济和人口的变化给全球劳动力市场带来了挑战，这要求国际社会通过合作来应对这一问题。他强调，金砖

* Leila Mead，气候变化和可持续能源问题专家。来源：可持续发展国际研究所（加拿大智库），2017 年 8 月 8 日。

国家应该在社会保障体系、劳动力市场文化交流和未来合作机制等方面共同努力，中国也打算通过职业培训来提高就业质量。随着高级别全球未来工作委员会的成立，2017 年 7 月 26 ~ 27 日在中国重庆召开的金砖国家劳工就业部部长会议议程也进入了第二阶段，本次会议议程符合 2030 年可持续发展议程以及国际劳工组织发起的“未来工作百年倡议”。全球未来工作委员会将于 2019 年向国际劳工组织百年大会做报告，会议相关讨论和结果将有助于可持续发展目标的实现。

金砖国家承诺在可持续发展目标、气候变化等领域开展合作

Elena Kosolapova*

原文标题： BRICS Commit to Cooperate on SDGs，Climate Change

文章框架： 2017 年 9 月 5 日，金砖国家（巴西、俄罗斯、印度、中国和南非）领导人协商一致通过了《金砖国家领导人厦门宣言》；在本次会晤上，金砖国家就气候变化，农业发展，工业、能源和教育等领域的合作进行了探讨；《金砖国家领导人厦门宣言》是 2017 年 9 月 3 ~ 5 日在中国厦门举行的金砖国家领导人第九次会晤的成果。

观点摘要：

1. 2017 年 9 月 5 日，金砖国家（巴西、俄罗斯、印度、中国和南非）领导人协商一致通过了《金砖国家领导人厦门宣言》（以下简称《厦门宣言》），该宣言重申了金砖国家的承诺，即致力于全面落实 2030 年可持续发展议程，致力于加强金砖国家成员间合作以应对气候变化，扩大绿色融资，同意在预防空气和水污染、管理废弃物、保护生物多样性等领域采取具体行动，推进成果导向型合作。

2. 在气候变化问题上，金砖国家领导人呼吁各国根据共同但有区别的责任原则和各自能力，全面落实《巴黎气候变化协定》，并敦促发达国家向发展中国家提供资金、技术和能力建设支持，以增强其减缓和适应气候变化的能力。在农业问题上，金砖国家同意加强五个重点领域的合作，包括粮食安全与营养、农业适应气候变化、农业技术合作与创

---

* Elena Kosolapova，气候变化和生物多样性政策领域专家。来源：可持续发展国际研究所（加拿大智库），2017 年 9 月 12 日。

新、农业投资贸易以及农业信息技术，以为实现可持续发展目标（SDGs）做出贡献。金砖国家领导人重申了其致力于工业领域合作的承诺，涉及产能和产业政策、新型工业基础设施与标准、中小微企业等，共同抓住新工业革命带来的机遇，加速金砖国家工业化进程。同时强调创新是推动中长期经济增长和全球可持续发展的重要动力，同意就实现教育领域可持续发展目标分享经验和实践，认识到提高城市环境可持续发展能力的重要性。在能源方面，致力于加强金砖国家能源合作，并承认清洁和可再生能源应让所有人负担得起，还承诺致力于建设开放、灵活和透明的能源大宗商品和技术市场，并携手推动化石能源的更高效利用及天然气、水电和核能更广泛的应用，为低排放经济、更好的能源获取及可持续发展做出贡献。

3.《厦门宣言》是2017年9月3~5日在中国厦门举行的金砖国家领导人第九次会晤的成果。此次会晤的主题为“深化金砖伙伴关系，开辟更加光明未来”，并在金砖国家经济务实合作、全球经济治理、国际和平与安全、加强人文交流合作等方面达成共识。会晤涉及60多项金砖国家合作成果文件、“厦门行动计划”、2017年金砖国家会议清单以及有待进一步探讨的建议。

英国智库观点摘要

在紧要关头巴西对全球发展做出贡献了吗？*

原文标题： Is Brazil's Contribution to Global Development at Stake?

文章框架： 全球有效发展合作伙伴关系第二届高级别会议将在内罗毕召开；巴西对全球可持续发展的贡献处于下滑状态，这是一件令人遗憾的事，但该国的发展轨迹可以被全球南部的其他国家有效借鉴；巴西从21世纪中期至晚期以积极的外交政策向南发展，成为全球瞩目的中心；由米歇尔·特梅尔（Michel Temer）总统领导的新的保守党政府宣布了外交政策上的重大转变；即使巴西仍然是金砖国家的一员，但该国的反霸权软实力似乎也可能消失；巴西对多边主义、南方团结和合作的承诺“岌岌可危”，这可能会损害该国对全球可持续发展的贡献。

观点摘要：

1. 本周，全球有效发展合作伙伴关系第二届高级别会议将在内罗毕召开。随着新一届政府对寻求多边主义和国际发展没有什么兴趣，作为一个南部大国以及全球发展参与者，巴西是否正在逐渐衰落？巴西先前多次参加这样的会议。然而，它倾向于展示持怀疑态度的观察者身份，因为它热衷于维护自己的南方身份，并被认为从由霸权主义北方主宰的空间中分离。新政府很可能会对这个政策空间持不情愿的态度，出于不同的原因，它对多边主义和国际发展几乎不感兴趣。

2. 在过去十年里，巴西常被政府和外部观察人士描绘成一个崛起

---

* 来源：发展研究所（英国智库），2016年11月28日。

的大国，或者是处在不断变化的地缘政治秩序中的一个南部新兴国家。这种情况发生在经济繁荣的背景下，这有助于“提振”该国的外交事务。南方身份的建构，也反映了巴西的一种特殊的政党政治格局。在巴西，主要的工人党（PT）在外交政策中扮演了一个反霸权角色，对南方国家进行更广泛的“参与”，而远离北方的传统合作伙伴。然而，最近，巴西的南部身份似乎正在逐渐消失，原因是国内政治、经济状况以及该国在南南合作（SSC）中的平庸表现。巴西对全球可持续发展的贡献处于下滑状态，这是一件令人遗憾的事，但该国的发展轨迹可以被全球南部的其他国家有效借鉴。

3. 巴西从21世纪中期至晚期以积极的外交政策向南发展，成为全球瞩目的中心。尽管致力于“多边主义”以及参与多边主义论坛，如金砖国家以及印度、巴西和南非三方机制（IBSA）等，但巴西的外交政策强调了该国通过外交、合作和商业等方式对国际发展做出独特贡献。此外，其在国内广受赞誉的政策和创新活动也被认为适合其他发展中国家。

4. 在迪尔玛·罗塞夫（Dilma Rousseff）总统任期内，随着经济下滑给政府带来了巨大压力，外交政策的活跃程度有所下降。与此同时，巴西的海外企业一直在艰难应对不断恶化的商业环境，并因与腐败丑闻的联系而进一步削弱。腐败丑闻导致了罗塞夫最近的下台。由米歇尔·特梅尔（Michel Temer）总统领导的新的保守党政府宣布了外交政策上的重大转变。南方身份的言论如今已完全消失，取而代之的是与传统的北方国家结盟，比如与特朗普领导下的美国结盟，以及专注于商业和双边主义。

5. 虽然金砖国家最近的迹象表明，中国与印度之间的距离越来越远，但是中国和印度仍被视为战略伙伴，而且一些人在谈论巴西退出该组织这一事件。即使巴西仍然是金砖国家的一员，该国的反霸权软实力似乎也可能消失。

6. 至于非洲，新成立的外交部将其视为一个巨大的、不断扩大的市场，对巴西有着明显的利益。事实上，新任农业部部长最近指出，巴西不能免费将其农业技术推广到非洲。巴西对多边主义、南方团结和合作的承诺“岌岌可危”，这可能会损害该国对全球可持续发展的贡献。

金砖国家领导人厦门会晤
——中国对全球发展影响的转折点*

原文标题： BRICS Summit a Turning Point for China's Influence on Global Development

文章框架： 2017年9月3~5日，来自巴西、俄罗斯、印度、中国和南非的领导人在中国厦门举行了金砖国家领导人第九次会晤；中国举办的第九次金砖国家领导人厦门会晤可能是全球发展的一个转折点。

观点摘要：

1. 2017年9月3~5日，来自巴西、俄罗斯、印度、中国和南非的领导人在中国厦门举行了金砖国家领导人第九次会晤。此次会晤的主题为“深化金砖伙伴关系，开辟更加光明未来”，随着中国继续推动加强金砖国家间合作（以应对全球挑战），全球发展和经济增长成为金砖国家领导人厦门会晤的重要议题。中国已经谈到了下一个“金色十年”和“金砖国家扩大机制”，并邀请了来自其他5个国家的领导人。在一些人看来，中国将继续努力加强其对全球发展合作的影响力，而美国却正在大幅削减其对外援助的项目经费。

2. 苏塞克斯大学崛起力量及全球发展中心的研究员兼主任顾晶（Jing Gu）说：“中国举办的第九次金砖国家领导人厦门会晤可能是全球发展的一个转折点。尽管特朗普总统已计划大幅削减其对外援助预算，但习近平主席承诺将出资数十亿美元用于援助和投资。中国带头发起了许多国际倡议以支持其建立亚洲基础设施投资银行（AIIB）和金砖国家新开发银行（NDB）的承诺，还提出了‘一带一路’倡议，这

---

* 来源：发展研究所（英国智库），2017年9月5日。

一倡议涵盖贸易、能源、金融和文化等领域。对非洲以及其他低收入国家来说，只有其自己的政府才能够确定国家发展重点并使之与国家发展战略相结合，那么这些在发展方面的大规模投资对它们来说是极为有利的。”

金砖国家峰会：一个领导更公平、更可持续世界的机会

Paul Steele *

原文标题： BRICS Summit：An Opportunity to Lead a Fairer More Sustainable World

文章框架： 随着美国日益注重向内发展，欧洲受到经济和政治挑战的困扰，许多发展中国家面临内部和外部威胁，而金砖国家已成为最具发展前景和具有环境议程的国际组织；随着美国总统唐纳德·特朗普的就任和美国影响力的下降，金砖国家有机会填补日益增大的政治真空；金砖国家最具体的成功就是其建立金砖国家银行的速度，现在该银行被称为金砖国家新开发银行（NDB）；希望金砖国家能借此机会，展现其“更公平”“更可持续”的世界领导力。

观点摘要：

1. 在本周举行的金砖国家峰会之前，国际环境与发展研究所（IIED）首席经济学家指出了巴西、俄罗斯、印度、中国和南非领导人能够填补日益增长的全球政治真空并促进可持续发展的两大关键途径。随着美国日益注重向内发展，欧洲受到经济和政治挑战的困扰，许多发展中国家面临内部和外部威胁，而金砖国家已成为最具发展前景和具有环境议程的国际组织。在一个日益不可预测的世界中，巴西、俄罗斯、

---

* Paul Steele，专门研究环境、气候和减贫之间联系的经济学家，有超过 20 年在国际组织和政府机构工作的经验，这些组织包括联合国开发计划署、欧洲联盟、世界银行和世界自然保护联盟，以及英国和斯里兰卡政府机构。来源：国际环境与发展研究所（英国智库），2017 年 9 月 3 日。

印度、中国和南非的伙伴关系正在推动其他国际组织及其成员支持开放贸易并实施可持续发展目标和《巴黎气候变化协定》。但随着金砖国家财富和权力的增长，以及各成员国长达近 10 年的伙伴关系，它们有机会走得更远。

2. 2017 年的峰会（9 月 3 ~5 日在中国厦门举办）是该组织展示其领导力的一个机会，旨在通过增加对最不发达国家的支持，实现更公平、更可持续发展的目标，并通过投资由可再生能源主导的可持续基础设施对环境可持续性做出重大承诺。金砖国家的人口几乎占世界人口的一半，经济总量占全球经济总量近四分之一。自从 10 多年前该组织首次面世以来，其成员国经济产出翻了一番。后来，这种伙伴关系逐渐具备后超级大国世界的政治和经济特征。直到 1 年前，金砖国家在其年度峰会上发表的许多宣言都可以被视为空洞的“陈词滥调”，缺乏一些能使其采取有效措施的机制。但随着美国总统唐纳德·特朗普上台和美国影响力的下降，金砖国家有机会填补日益增大的政治真空，由于全球治理目前如此薄弱，金砖国家对国际问题的关注是其主要优势之一。在有关贸易、发展和环境问题的全球多边议程中，金砖国家成员成为较强大的新兴经济体，占据举足轻重的地位。

3. 金砖国家最具体的成功就是其建立金砖国家银行的速度，现在该银行被称为金砖国家新开发银行（NDB）。这家银行拥有 1000 亿美元的初始资本（基于每个成员国的平等贡献），相当于世界银行的一半，未来还可能进一步增加。金砖国家新开发银行已经为清洁能源提供了相当于绿色气候基金两倍的资金。其最初的贷款使环境可持续性成为一个重要的优先事项，在 2016 年的 15 亿美元贷款中，有 80% 的资金用于可再生能源。其中包括南非和印度的清洁能源贷款，而中国则使用绿色债券。尽管金砖国家新开发银行发布的“2017—2021 总体策略”承诺继续将重点放在环境可持续性上，但由于金砖国家这些资本密集型的能源项目只对贫困有间接影响，因此进展更为缓慢。事实上，目前还不清楚这些项目是否真的实现了这一目标。到目前为止，它们都没有使最不发达国家获益。这可能会发生改变，因为金砖国家新开发银行计划将增加更多的成员，其中可能包括一些世界上较贫穷的国家。

4. 随着即将在中国召开的金砖国家领导人会晤，现在是时候使金砖国家新开发银行向前快速发展，并真正展现其在迈向一个“更公平”“更可持续”世界中的领导能力了。该组织的领导人可以在首脑会议上做出两项重大承诺。首先，根据经济合作与发展组织的数据，工业化国家现在对最不发达国家的援助越来越少。金砖国家需要呼吁工业化国家扭转这一趋势，并通过承诺将金砖国家新开发银行至少 20% 的贷款预留给最不发达国家，作为其重点关注新兴经济体的一部分。其次，建设以可再生能源为重点的可持续性基础设施：在其“2017—2021 总体策略”中，金砖国家新开发银行承诺 2/3 的贷款应该用于“可持续性基础设施”。这是一个强有力的开端，而且金砖国家领导人将朝着这一方向向前迈进。金砖国家新开发银行行长卡马斯（K. V. Kamath）已经表示，该行 60% 的资金可能用于投资开发可再生能源。维持可再生能源开发和生产的贷款目标，必须成为金砖国家领导人的正式承诺。此次峰会是一个做出这些承诺的机会，因为中国尤其渴望成功，并将通过这一峰会在世界舞台上进一步发挥自己的作用。希望金砖国家能借此机会，展现其“更公平”“更可持续”的世界领导力。

第二个关于全球食品供应链和竞争法的金砖国家竞争法论坛*

原文标题： Second BRICS Competition Law Forum on Global Food Supply Chains and Competition Law

文章框架： 金砖国家竞争法论坛与来自金砖国家以及其他国家的竞争当局密切合作，并召集来自法律与经济/市场社会学的国际学者，此次会议将成为金砖国家新倡议的一部分；食品供应链一般被认为由三个主要层次构成：农业生产、工业加工及批发或零售。

观点摘要：

1. 金砖国家竞争法论坛与来自金砖国家以及其他国家的竞争当局密切合作，并召集来自法律与经济/市场社会学的国际学者，以测试我们的想法并将已编辑好的关于“全球食品价值链和竞争法”的书籍提交给国际出版社。此次会议将成为金砖国家新倡议的一部分。金砖国家竞争法和政策联合研究平台将在圣彼得堡举行的金砖国家竞争监管部门负责人的会议上正式启动。

2. 食品供应链一般被认为由三个主要层次构成：农业生产、工业加工及批发或零售。然而，经仔细研究，食品供应链变得更加复杂，涉及许多其他的阶段和环节，以商品或服务投入的形式增加了供应链的价值。食品工业严重依赖于稀缺资源，如可耕地、水和基因资源（有限的生物多样性）。在供应链的每一个层面上，公司和其他组织都执行提供商品或服务的具体活动。此外，在同一水平上，可能会有一个或多个公司进行相同或互补的活动，在其活动阶段增加特定的价值。

---

* 来源：宪法单位（英国智库），2016 年 5 月 18 日

南非在撒哈拉以南非洲地区的经济参与、制约因素和未来前景

Dianna Games*

原文标题： South Africa's Economic Engagement in Sub – Saharan Africa Drivers, Constraints and Future Prospects?

文章框架： 自 1994 年以来，由执政党非洲国民大会领导的政府试图利用南非在撒哈拉以南地区的长期经济主导地位来增强该国在非洲大陆的政治影响力；2014 年，尼日利亚经济出现了重大转变，其国内生产总值远远超过南非的 3700 亿美元；自 1994 年以来，南非已经大大增加了其外交代表的数量，到 2017 年年中，它在 44 个非洲国家设有大使馆和高级委员会；南非自身受益于许多即将到来的投资者的需求。

观点摘要：

1. 自 1994 年以来，由执政党非洲国民大会（ANC）领导的政府试图利用南非在撒哈拉以南地区的长期经济主导地位来加强该国在非洲大陆的政治影响力，并利用其相对较高的全球一体化水平、强大的机构和多元化经济推动南非成为非洲在国际论坛上的主要代表。南非在非洲国民大会的领导下，始终把非洲作为其外交政策目标的中心。2010 年，南非作为一个主要的新兴经济体加入了金砖国家（其他成员国为巴西、

---

* Dianna Games，是非洲一家专注于非洲商业咨询的顾问公司负责人，也是非洲商业问题、趋势和发展的专业评论员；自 2003 年以来，一直担任南非《商业日报》关于非洲问题的专栏作家，还是比勒陀利亚大学戈登商学院动态市场中心研究员；撰写了许多关于非洲商业问题的报告，其中包括为南非国际事务研究所撰写的一系列报告。来源：英国查塔姆研究所（英国智库），2017 年 11 月 2 日。

俄罗斯、印度和中国)。此外，南非着眼于获得联合国安理会常任理事国席位，其也将自己定位为二十国集团（G20）的非洲代表，并在全球范围内将自己定位为通往非洲大陆的门户。然而，南非的经济实力和较高的国际形象并没有在非洲其他地方转化为政治影响力。的确，南非的重点是成为南半球一个有影响力的国家，这不仅削弱了它在非洲大陆的地位，还“加强”了批评家的相关看法，即南非认为自己比其他非洲国家优越，以及它没有优先考虑与非洲大陆的其他关键国家结成联盟。此外，南非声称它将利用其在国际社会中的代表身份来推动对非洲问题的更好认识，但这在其他非洲国家中遭到了一些怀疑，这些国家并不认为南非是非洲大陆的领导者。

2. 2014 年，尼日利亚经济出现了重大转变，其国内生产总值（2013 年为 5100 亿美元）远远超过南非的 3700 亿美元。尽管南非的经济更加多样化，人均国内生产总值也更高，但尼日利亚因国内生产总值显著提高而成为非洲最大的经济体。2016 年南非的人均国内生产总值为 5200 美元，而尼日利亚的人均国内生产总值为 2200 美元。与此同时，其他金砖国家成员，特别是中国，也同其他非洲国家建立了直接的政治和贸易联系。然而，由于一些成员国遭受重大的经济、政治挑战，这一组织的影响力和地位最近已经受到削弱。

3. 自 1994 年以来，南非已经大大增加了其外交代表的数量，到 2017 年年中，它在 44 个非洲国家中设有大使馆和高级委员会。在 2015 年期间，南非总统或副总统对其他非洲国家或组织进行了 21 次正式访问。南非也是区域维和行动的贡献者，目前向联合国驻刚果（金）稳定特派团（MONUSCO）派遣了一支国防军队，它过去还为布隆迪、中非共和国和乍得等国家的和平做出贡献。自 1994 年南非重新加入联合国以来，它曾分别于 2007 年 8 月和 2011 年 12 月两次当选为联合国安理会非常任理事国。南非是二十国集团和金砖国家中唯一的非洲成员，是第一个与欧盟建立战略经济伙伴关系的非洲国家，根据《非洲增长和机遇法案》（AGOA），南非也是向美国出口产品最多的非洲国家。

4. 南非自身的商业利益受益于许多即将到来的投资者的需求，这些投资者在非洲缺乏经验、影响力范围和商业网络，它们需要利用南非的资产、技术和服务来支持其扩张计划。这不仅适用于金砖国家的合作伙伴，也适用于印度尼西亚、韩国、土耳其和阿根廷等新兴经济体。新投资者的出现当然也意味着竞争加剧，尤其是在建筑业、信息通信技术（ICT）业和零售业等行业，南非的先发优势正在受到削弱。此外，中国企业也不受股东和协议的约束，其国内的劳动法允许企业采取低成本的商业模式（通过雇用本国工人），这往往使这些企业在对撒哈拉以南非洲项目竞标时比南非（和其他国家）的公司更具竞争力。

一个更广泛的圈子？发展中国家的循环经济

Felix Preston；Johanna Lehne *

原文标题： A Wider Circle? The Circular Economy in Developing Countries

文章框架： 主要国家和区域组织可以采取更多行动促进国际合作，共同分享经验并且应对潜在风险。

观点摘要：

主要国家和区域组织可以采取更多行动促进国际合作，共同分享经验并且应对潜在风险。考虑到欧盟在循环经济（CE）议程上的领导地位，欧盟可能将发挥关键作用。欧盟委员会正在积极探索循环经济在新兴和发展中经济体中发展的机会，其已派出代表团前往中国、南非和智利，并将在来年与各国开展更多的工作。金砖国家在发展循环经济方面也有宝贵的经验和能力，这些在中非合作论坛和金砖国家领导人会晤中都得以体现。印度建立了印度资源专家组（InRP），帮助政府制定资源效率综合战略。如上所述，中国拥有完善的循环经济框架，包括《中华人民共和国循环经济促进法》和《循环经济发展战略及近期行动计划》。

---

* Felix Preston，英国查塔姆研究所研究员。Johanna Lehne，英国查塔姆研究所能源、环境和资源部门副研究员。来源：英国查塔姆研究所（英国智库），2017年12月5日。

评估南非的“拉马福萨时刻”

James Hamill *

原文标题： Assessing South Africa's "Ramaphosa Moment"

文章框架： 南非恢复经济稳定和良好治理，就该国吸引投资的前景和解决其两个最紧迫的国内挑战（灾难性的失业率在2017年底达到27.7%；教育系统也面临危机）而言至关重要；拉马福萨认识到，需要从金砖国家伙伴国和传统的西方经济伙伴那里获取最大利益，而不是在南非外交关系中采取粗暴和自毁的“两极化”；管理南非与各国的关系需要非常高超的治国才能和外交政策的灵活性。

观点摘要：

1. 一位使该国处于自1994年之后经济最低点的令人耻辱的总统的任期结束自然是南非人民希望看到的事情。南非新任总统西里尔·拉马福萨（Cyril Ramaphosa）在2月16日的第一次国情咨文讲话中，非常迅速地为这种乐观和复兴新情绪注入了动力。在一次令人振奋的演讲中，他表示决心恢复国家的民主信誉，并解决（和希望扭转）已成为雅各布·祖马（Jacob Zuma）时代特征的问题：制度化腐败、裙带关系以及掠夺性精英对国家机构的夺取。对于这个姗姗来迟的过渡时期，国际社会明显感到宽慰。南非在祖马的统治下，被认为走向灾难的单行线：南非的形象因陷入腐败、近乎持续的丑闻、刑事司法系统的政治化以及被评级机构视为垃圾级的信用而严重受损。

2. 南非恢复经济稳定和良好治理，就该国吸引投资的前景和解决

* James Hamill，英国莱斯特大学历史、政治和国际关系学院讲师。来源：英国国际战略研究所（英国智库），2018年2月20日。

其两个最紧迫的国内挑战（灾难性的失业率在2017年底达到27.7%；教育系统也面临危机）而言至关重要。新任总统的国情咨文在国家外交和其世界地位方面基本保持沉默。尽管如此，国家外交关系的两个关键领域为拉马福萨可能的外交政策方向提供了一些提示：南非在全球中的角色，尤其是与金砖国家和西方国家的关系；南非在非洲大陆的作用。

3. 在塔博·姆贝基（Thabo Mbeki）和祖马的领导下，南非的外交关系模式是一种更加意识形态化的教条模式，并且明显向中国和俄罗斯的立场倾斜，与西方之间的关系则更加紧张。拉马福萨自2017年12月成为南非非洲人国民大会领导人以来对曼德拉遗产的不断援引表明，他的外交政策将更为成熟、微妙，避免对抗性的反西方言论，并在一些领域与西方国家进行合作。与祖马不同，拉马福萨似乎对经济和国际经济外交有着清晰的理解，他在世界银行、国际货币基金组织（IMF）或世界经济论坛的会议上，都有着自己独到的见解。他还意识到，需要从金砖国家伙伴国和传统的西方经济伙伴那里获取最大利益，而不是在南非外交关系中采取粗暴和自毁的“两极化”。

4. 迄今为止，金砖国家成员国所获得的收益相对较少，而且在很大程度上是象征性的，南非在金砖国家中的作用可能会受到更严格的审查。虽然金砖国家在全球政治高层中占有一席之地，但它很少推动国内社会和经济的转型。拉马福萨可能会在金砖国家内部寻求更多的回旋余地，同时修复与西方的关系，南非与西方的关系在姆贝基和祖马的统治下急剧恶化。然而，其中有两大障碍。首先，金砖国家成员可能对该组织持一种默认的忠诚期望，而且对该组织立场的坚持可能超过其他外交政策考虑。其次，如其外交政策讨论文件和会议决议所证明的那样，南非非洲人国民大会内部的反西方情绪仍然存在，许多人希望南非的外交政策继续停留在“反帝国主义”和“南南团结”的话题中，并对拉马福萨的资本主义取向持怀疑态度。

5. 与此同时，任何试图与美国建立更紧密关系的努力都可能由于特朗普因素而严重复杂化。拉马福萨似乎不能太接近一个粗暴蔑视非洲的总统，但拉马福萨对国家治理的古怪态度又意味着政策可能会随一时兴起而改变。然而，他也无法承受与美国的动荡关系。管理这些关系需要非常高超的治国才能和外交政策的灵活性。这在祖马的统治下是不可想象的，至少在拉马福萨的统治下是可能的。

低油价、制裁和结构性问题：俄罗斯石油和天然气部门的困境*

原文标题： Low Oil Prices, Sanctions and Structural Problems: The Tribulations of Russia's Oil and Gas Sector

文章框架： 2014 年和 2015 年，油价下跌导致不可预测的经济波动，俄罗斯经济经历了“震荡期”；俄罗斯正在寻找西方机构的替代品，以寻求合法化。

观点摘要：

1. 2014 年和 2015 年，油价下跌导致不可预测的经济波动，俄罗斯经济经历了“震荡期”。为了解决这种情况，从 2014 年下半年开始，俄罗斯政府决定利用俄罗斯央行（CBR）控制下的储备基金处理预算赤字，实现收支平衡，向银行和选定的国有企业提供财政援助并限制支出。储备基金开始大幅减少，到 2014 年底，减少了大约 1.6 万亿卢布，占总额的 32.4%。资本外流现象在 2015 年继续存在。这种情况引发了两个问题：储备基金的使用速度有多快？能否通过更广泛地使用外汇（FX）储备来“管控”联邦预算赤字？根据俄罗斯财政部在 2015 年末进行的计算，当时估计，在 2018 年上半年结束时，储备基金可能会用尽，这一迹象表明，在过去几年里，俄罗斯没有积累足够的资产。然而，在这个问题上，有两个因素应该铭记在心。首先，到 2012 年底，由于高油价，俄罗斯的外汇储备有所增加。然而，在 2013 年第三季度，俄罗斯的外汇储备开始减少，“对其他金砖国家成员（中国除外）的贸易顺差逐渐减少”。其次，俄罗斯财政部通过俄罗斯央行抛售外汇得到

* 来源：法国战略研究基金会（法国智库），2017 年 7 月 26 日。

了一定收益。因此，虽然这并没有导致外汇储备的价值发生重大变化，但俄罗斯财政部的外汇储备资产比例有所下降。

2. 俄罗斯正在寻找西方机构的替代品。这必须克服许多障碍。这一过程涉及设立机构，以加强金砖国家与更广泛的新兴经济体之间的合作，例如设立金砖国家新开发银行（提供以其成员国国家货币计价的贷款）；设立亚洲基础设施投资银行（不仅以美元提供贷款，还以其他货币提供贷款）；设立金砖国家应急储备安排（应对潜在的短期国际收支压力）；到 2025 年，在欧亚经济联盟框架内建立一个共同金融市场，同时宣布在欧亚经济联盟成员国之间的交易中实现“去美元化”的目标。尽管如此，从俄罗斯的角度来看，这些新机构的目标应该是将俄罗斯正在进行的变革制度化，并使俄罗斯在国际层面推动“多中心世界”的政策合法化。

一种替代秩序或者更多相同秩序的崛起？

Balazs Ujvari *

原文标题： The Rise of an Alternative Order or More of the Same?

文章框架： 随着全球治理体系越来越不代表21世纪变化的现实，新兴大国在寻求重塑世界秩序方面变得更加积极主动；一些国际机构经历了改革（主要是象征性改革），尤其是在2008～2009年金融危机之后；财富和权力从北方和西方国家（即发达国家）向东方和南方国家（即发展中国家）转移，为新兴大国塑造迄今为止由美欧主导的国际秩序提供了基础；鉴于最近涌现的新的多边结构（源自新兴大国），上述关于权力关系改变对世界秩序影响的理性辩论变得更加重要；尽管在2015年7月（在亚投行运营半年之前）开始运营，但有关总部位于上海的金砖国家新开发银行的争议远没有亚投行那么激烈；亚投行和金砖国家新开发银行都没有对现有的多边开发银行采取竞争性的态度；金砖国家应急储备安排的目标是提供一个框架，通过提供流动性支持，并利用预防手段来应对实际或潜在的短期国际收支压力；新兴大国在国际舞台上采取主动行动，表明了它们希望其经济实力在国际上得到更好反映的愿望，从而更有机会根据自己的喜好和需求来塑造体制，而不需要挑战其基本原则。

---

* Balazs Ujvari，毕业于欧洲学院，专攻欧盟国际关系和外交，艾格蒙特皇家国际关系研究所和欧洲政策中心联合研究员，曾在巴黎的欧盟安全研究所工作。来源：艾格蒙特皇家国际关系研究所（比利时智库），2017年6月29日。

观点摘要：

1. 随着全球治理体系越来越不代表 21 世纪变化的现实，新兴大国在寻求重塑世界秩序方面变得更加积极主动。本报告主要讨论了新兴大国最近提出的三种多边结构，并探讨了这些秩序是新兴的替代国际秩序还是国际自由主义的重新崛起。更具体地说，本报告评估了亚洲基础设施投资银行（AIIB，以下简称亚投行）、金砖国家新开发银行（NDB）和应急储备安排（CRA）的发展情况。笔者认为，这些机构不是寻求超越现有的机构，而是基于它们的最佳实践来补充现有机构。

要使全球治理体系保持其相关性和合法性，就必须不断对其进行调整，以反映现实中不断变化的权力关系。然而，这说起来容易做起来难。当前国际体系在很大程度上仍反映了二战后的权力关系，即所谓的布雷顿森林体系，如国际货币基金组织（IMF）和世界银行。然而，近几十年来，全球政治经济格局发生了重大变化。七国集团（G7）在全球经济总量中所占的份额（按购买力平价计算）从 2000 年的 44% 下降到 2015 年的 31%。同一年，巴西、俄罗斯、印度、中国和南非（金砖国家）经济总量占全球经济总量的比重从 2003 年的 18% 增长到 2016 年的 31%。在过去两年中，这一动态已有所减弱，全球消费疲软、大宗商品价格暴跌以及一系列其他经济和政治问题导致金砖国家成员（俄罗斯和巴西）陷入衰退，同时中国和南非经济增长放缓。尽管如此，上述经济实力的转变在很大程度上仍未反映在全球治理中。

2. 的确，一些国际机构经历了改革（主要是象征性改革），尤其是在 2008～2009 年金融危机之后。金砖国家目前都已成为金融稳定委员会和巴塞尔银行监管委员会等重要国际金融机构的成员，而且国际货币基金组织和世界银行的投票权也有所增加。这些改革的主要受益者是中国，中国目前是这两大机构中第三大具影响力的成员，同时也是欧洲复兴开发银行（EBRD）的一部分。然而，总体而言，这些国际机构改革的规模和速度让新兴大国感到失望，这使全球治理出现新动态：建立新的多边机构。这里有三个例子值得一提。金砖国家新开发银行和中国发起的亚投行代表了新的发展资金来源，这两家银行都是建立在现有多边开发银行（MDBs）经验的基础之上的。此外，金砖国家建立的应急储备安排旨在加强全球金融安全网，通过向其成员提供一种框架，提供流动性支持，并利用预防手段应对短期国际收支问题，这一角色与国际货币基金组织非常相似。

3. 财富和权力从北方和西方国家（即发达国家）向东方和南方国家（即发展中国家）转移，为新兴大国塑造迄今为止由美欧主导的国际秩序提供了基础。然而，对于21世纪新权力关系中出现的那种政治秩序，人们会产生疑问。一方面，一些人提到新兴的“狭隘秩序”，他们认为，这一新兴秩序正在逐渐取代自由主义的国际秩序及其关键的标志，其中包括开放、自由市场、民主化以及由国际机构和多边主义等规范支持的以规则为基础的国际关系。新兴大国（尤其是中国）将利用它们日益增长的经济实力，按照自己的议程来制定全球秩序。另一方面，那些认为自由秩序主要倡导者（美国和欧洲）在世界事务中的相对衰落不应等同于自由主义国际秩序本身的衰弱。因此，对塑造国际秩序的努力，并不是要对制度的基本原则和规则提出质疑。相反，新兴大国只是寻求在这一秩序中获得更多的权威和领导力。由于认识到从国际规则、惯例和诸如世界贸易组织和世界银行等机构获得的利益，中国、印度和巴西等国现在打算更好地反映其在体系中增加的经济实力（包括在多边机构中获得更大的投票权），以便有更好的机会制定更符合自身利益的议程。换言之，金砖国家近年来的经济成就与自由国际主义的世界政治组织紧密相连，这就是为什么它们的兴趣在于保护这一体系。因此，世界不仅没有出现可行的替代自由主义国际秩序的新办法，而且恰恰相反，非西方大国的崛起代表了当前秩序的一个新选区。

4. 鉴于最近涌现的新的多边结构（源自新兴大国），上述关于权力关系改变对世界秩序影响的理性辩论变得更加重要。这些新机构已经采纳了许多原则和思想，这些原则和思想是为自由主义国际秩序和已建立的全球/区域治理机构提供的。因此，亚投行、金砖国家新开发银行和应急储备安排可以被视为补充，而不是与亚洲开发银行（ADB）、世界银行和国际货币基金组织等机构竞争。在这三项新举措中，最具分析性的关注焦点集中在亚投行，这是一个由中国单方面提出且主导的多边开发银行，2016年1月开始运作，有57个创始成员（包括14个欧盟成员国）。对中国建立该银行（其使命主要是为实体基础设施和可持续发展融资）动机的怀疑最初引发了西方广泛的担忧。尽管该行从一开始就宣称要“精简、廉洁、绿色”，但观察人士（尤其是美国和日本的观察人士）担心，亚投行将采取宽松的社会和环境政策（因此将传统的多边开发银行的标准置于下行压力之下）。此外，还有人担心，中国将利用否决权（26.06%），通过实质性决策（占总票数的75%），从而进一步推动中国的国内政策目标（例如解决工业产能过剩问题，为国有企业创造商机）。然而，可以说，亚投行的发展证明，这些指控都是错误的。事实上，西方各国政府之间就亚投行与现有多边开发银行的政策和标准的密切一致达成了一项日益广泛的协议。

5. 尽管在2015年7月（在亚投行运营半年之前）开始运营，但有关总部位于上海的金砖国家新开发银行的争议远没有亚投行那么激烈。关于这一点，至少有两个原因。首先，该行是包括巴西在内的所有金砖国家的五方倡议，对可持续发展和绿色增长有着坚定承诺。其次，到目前为止，金砖国家新开发银行还没有向新成员开放，因此，它在成员国资格方面没有在西方国家产生分歧。由于该银行在短期内没有扩容计划，因此西方国家也不太关注该机构不断发展的贷款政策。拥有500亿美元初始资本基础的金砖国家新开发银行专注于为可持续发展和可持续基础设施项目融资。金砖国家新开发银行将可持续发展视为一个至关重要的目标，并寻求将其60%的年度贷款用于“快速、灵活和高效”的可再生能源项目。金砖国家新开发银行的环境与社会框架（ESF）与亚投行一样，非常重视高度的社会和环境表现、性别平等、包容性和可持续发展，以及自然资源的保护。环境与社会框架鼓励国际良好的环境和社会实践，并认识到维护政策和遵守标准的重要性，这与国际良好实践相一致。与此同时，与亚投行相似的是，该框架优先使用受惠国的社会和环境管理体系（法律和法规），以及企业制度（政策）。

虽然非政府组织在金砖国家新开发银行的环境与社会框架下参与公共磋商时发现了缺点（例如，缺乏明确的标准来评估国家制度是否充足；当国家体系和金砖国家新开发银行标准产生分歧时，没有更适合的解决标准；以及煤炭项目尚未被正式排除），但事实上，金砖国家新开发银行与亚投行类似，似乎在促进强调现有多边开发银行功能的规则和惯例。此外，为了交换支持基础设施发展的知识和资源，金砖国家新开发银行还与一些已建立的发展金融机构签署了谅解备忘录，例如拉丁美洲开发银行和世界银行。到 2017 年 5 月初，金砖国家新开发银行董事会已经批准了 7 个项目。其中 6 个项目涉及可再生能源部门和一条主要区域道路的升级。

6. 2017 年 4 月 1 日，金砖国家新开发银行理事会还批准了接纳新成员的条款、条件和程序。最初的计划是，在为期两年的最初运营阶段之后，该银行将放宽成员国资格。这里必须予以补充，即使进行了扩容，金砖国家新开发银行仍将是由金砖国家主导的机构。金砖国家新开发银行和现存的多边开发银行之间的两个主要区别可能是，总部位于上海的金砖国家新开发银行不打算将其贷款业务与借款国家的政策变化联系起来，而且它主要使用当地货币贷款。虽然许多人认为后一种政策是一种有意识的努力，以挑战硬通货的“流行”，但其主要是为了让借款国的融资成本更低。

因此，总而言之，有理由认为，亚投行和金砖国家新开发银行都没有对现有的多边开发银行采取竞争性态度。首先，它们模仿了这些现有机构的基本运作模式：通过国际债券市场利用来自成员国的实收资本，从而获得额外的成本、效益高的资本，并将这些资金以长期的低利率向借款人发放。其次，这两家银行的目标是消除那些阻碍借款人从多边开发银行寻求融资的缺陷：广泛而繁重的贷款审批流程；对客户国家陌生的财务管理系统的使用；严格的环境和社会保障措施的实施，以及国内已有类似机制的独特采购过程。

7. 2014 年 7 月，金砖五国正式签署应急储备安排协议。应急储备安排的目标是提供一个框架，通过提供流动性支持并利用预防手段来应对实际或潜在的短期国际收支压力。在应急储备安排初始承诺互换规模为 1000 亿美元，中国为 410 亿美元；俄罗斯、巴西和印度各占 180 亿美元；南非占了 50 亿美元。相比其他类似的机制，如国际货币基金组织（7800 亿美元）和《清迈倡议》（2400 亿美元），金砖国家应急储备安排的规模不大。

8. 总之，上面讨论的三个多边机构并没有证明这是全球治理中平行机构的兴起。相反，这些机构采纳了指导国际金融机构建立的大多数原则，并展示了其创始人对多边主义的承诺，多边主义是国际自由秩序的关键组成部分之一。新兴大国在国际舞台上采取主动行动，表明了它们希望其经济实力在国际上得到更好反映的愿望，从而更有机会根据自己的喜好和需求来塑造体制，而不需要挑战其基本原则。

关税对医药产品的复合效应：估算新兴市场贸易保护主义的实际成本

Matthias Bauer*

原文标题： The Compounding Effect of Tariffs on Medicines：Estimating the Real Cost of Emerging Markets' Protectionism

文章框架： 即使是较低的进口关税，也会对医药产品的最终零售价格产生重大影响，而这反过来又会影响到药品对于购买者的可负担性；我们呼吁所有低收入和中等收入国家加入“零对零”药物协议中，这一行动不仅有助于大幅削减药物成本，减少政府开支，还有利于为中低收入国家的低收入患者获得医药产品创造更好的条件；除了南非、土耳其和尼日利亚以外，金砖国家和薄荷四国的医药产品进口关税仍然很高；大多数金砖国家和薄荷四国政府直接购买或报销病人的医药产品发票；与解决中低收入国家药物分销问题所需要付出的政治努力不同，消除所有进口药物的关税是一个容易实现的目标。

观点摘要：

1. 即使是较低的进口关税，也会对医药产品的最终零售价格产生重大影响，而这反过来又会影响到药品对于购买者的可负担性。当对“可负担性药品”的知识产权和制药厂商的商业行为进行争论时，进口关税和国家贸易保护主义却被掩盖在政治利益之下。本报告概述了世界

---

* Matthias Bauer，英国赫尔大学工商管理学士学位，欧洲国际政治经济研究中心高级经济学家，曾担任国际政治经济协调员、德卡银行和瑞士联合银行业务发展顾问，研究领域包括国际贸易、市场经济、欧洲市场一体化、欧洲财政事务和资本市场政策。来源：欧洲国际政治经济研究中心（比利时智库），2017 年 9 月 18 日。

主要低收入和中等收入国家（金砖国家和薄荷四国）出口药品的关税壁垒，并研究对消费者产生影响的最终医药产品价格。我们预测，每年受来自医药产品进口关税和低效率的贸易便利化双重经济压力影响最严重的国家是中国（62 亿美元），其他中低收入国家也受到不同程度的影响，俄罗斯（28 亿美元）、巴西（26 亿美元）、印度（73.7 亿美元）、墨西哥（66.3 亿美元）、土耳其（29 亿美元）、印度尼西亚（25.1 亿美元）、南非（17.7 亿美元）以及尼日利亚（6 万美元）。对巴西和印度来说，药品的关税使其最终销售价格比原医药产品出厂价格增长了 80%。由于大多数的金砖国家和薄荷四国（由墨西哥、印度尼西亚、尼日利亚、土耳其组成）政府直接购买医药产品或报销病人大部分医药产品的费用，所以由关税引起的药品最终价格的总和往往超过这些政府的海关部门最初征收的税收收入。虽然对药品征收进口关税会给政府、纳税人和患者带来巨大损失，但这实际上为全国的医药产品分销商提供了额外收入。这可能会引起一种基于政治利益的经济形式的出现，在这种经济形式中，海关部门和药品分销商同时都是高进口关税下的受益方。

2. 我们呼吁所有低收入和中等收入国家加入“零对零”药物协议中，这一行动不仅有助于大幅削减药物成本，减少政府开支，还有利于为中低收入国家的低收入患者获得医药产品创造更好的条件。与旨在解决药品分销中当地矛盾的政策相比，包括解决教育水平低下、高度腐败问题，缺乏医疗咨询能力或缺乏国内创新能力的政策，取消医药产品进口关税显得并不那么重要。药品分销问题的解决将加强低收入患者获得医药产品的机会，并有助于中低收入国家公民更好地维护其自身的健康权。出于各种原因，为维持稳定的关税收入，促进有争议的国家产业政策的发展等，但低收入和中等收入国家尚未签署这项协议。然而，关税和非关税壁垒（NTBs）提高了医药产品的最终价格，从而导致医药产品成本的增加，同时也限制了低收入患者的药品使用。笔者还分析了医药产品关税和低效的海关手续是如何导致医药产品进口价格上涨的。笔者的目标是估算从国外进口的医药产品的实际规模。笔者的研究结果显示，在许多金砖国家和薄荷四国的经济体中，名义关税和非关税贸易壁垒仍然很高，而这些壁垒导致了高倍数的初始关税附加费，并且正在显著地提高医药产品的价格。笔者的这一估算产生于现有的研究数据基础之上，并增加了新的元素，真实地显现了金砖国家和薄荷四国的高关税给医药产品进口国带来的沉重的财政负担。调查结果呼吁这些国家签订一项新的自由贸易协定以全面降低中低收入国家医药产品的成本，从而为这些国家的患者提供更便捷的药物获取条件。

3. 世界贸易组织的研究数据显示，金砖国家和薄荷四国制药业的关税仍然很高。中国的医药产品加权平均关税率（代表着总进口水平的有效保护率）为4.2%，印度尼西亚为4.4%，俄罗斯为4.3%，墨西哥为2.6%。巴西和印度的加权平均关税率较高，分别为10.1%和10%，与此同时，尼日利亚、南非和土耳其的医药产品进口已达到零关税。随着贸易保护主义的发展，在过去十年里，尼日利亚和墨西哥的医药产品平均进口关税从2013年的7.1%下降到2017年的2.6%，与此同时，中国、印度尼西亚、巴西和印度的医药产品进口关税却几乎没有降低。从表面上看，医药产品的进口关税只占医药产品成本的一小部分，似乎只会略微增加进口医药产品的价格，实则多个加价比例添加到进口药品的基本出厂价之上之后，即使是在低进口关税的前提下，最终也会导致高昂的医药产品销售价格。在过去20年里，金砖国家和薄荷四国间的医药产品交易量大幅增加。2007～2016年，全球医药产品贸易总额增加了33%，同比之下，金砖国家和薄荷四国间的医药产品贸易总额却增长了98%。因此，在全球医药产品市场中，有很大一部分医药产品都要被征收关税，笔者的研究数据分析结果显示，在国家医药产品分销链中，医药产品的上游价格涨幅最大。除了南非、土耳其和尼日利亚以外，金砖国家和薄荷四国的医药产品进口关税仍然很高。在南非、土耳其和尼日利亚成功取消医药产品进口关税的同时，其他金砖国家成员和薄荷四国国家成员仍对进口的医药产品征收高达15%的关税。除了在边境合规程序以及文件要求方面存在普遍效率低下的问题之外，对于大量“应用关税细目”的管理导致了外国医药产品生产商和医药产品进口商在医药产品分类问题方面与非透明行政程序和政府自由裁量权进行斗争。分析研究表明，在低效的贸易便利化程序框架下的低名义进口关税和关税等值额也会显著地提高金砖国家和薄荷四国医药产品的最终销售价格，这些金砖国家和薄荷四国成员中的一些医药产品批发商和次级医药产品批发商将医药产品进口关税的复合效应扩大到了整个医药产品的供应链上。根据不同国家的具体特点，医药产品进口关税的复合效应也不同，以医药产品进口国消费者（病患）总体的经济负担为例，土耳其消费者（病患）总体的经济负担占医药产品进口价值的6%～11%，巴西和印度消费者（病患）总体的经济负担占医药产品进口价值的39%～80%。研究结果表明，中国医药产品消费者（病患）的潜在总储蓄将是最高（总计高达62亿美元）的，其后依次为俄罗斯（总计达28亿美元）、巴西（总计达26亿美元）、印度（总计达7.37亿美元），到目前为止，经济负担这一议题还未被纳入关于获得可负担性医药产品的公共辩论中，与此同时，金钱还可以用于其他目的，创建额外的经济活动以及提供广泛的就业。例如，假设一国年平均收入为10000美元，据估算，医药产品进口关税和贸易低效率所带来的负担相当于中国的62万个工作岗位。同样，假设印度的中低技能技工年平均收入为1500～3000美元，据估算，印度医药产品进口关税的负担相当于印度当地25万～50万个工作岗位（尽管印度当前的医药产品进口量还相对较低）。

4. 大多数金砖国家和薄荷四国政府直接购买医药产品或报销病人的医药产品费用。我们无法解释政府直接购买或报销医药产品发票项目的特殊性，例如，价格控制、免征关税和销售税（俄罗斯、南非、墨西哥和尼日利亚不向医药产品征收销售税），由医药产品的进口关税附加费导致医药产品的最终价格总额远远超过了政府海关部门最初所收取的医药产品进口税收总额，这可能会引发更为严重的问题，例如，是不是纳税人和医药产品消费者的净负担会给国家贸易保护主义带来预期之外的后果，或行业政策的制定是否会为低收入病患获取医药产品带来不利影响。在任何情况下，这些国家的患者都可以从自己的口袋里掏出更少的钱来购买医药产品，或者在政府的医疗保健项目上获得更低的税收和保险费。还有一个重要的现象引起决策者们的注意，在全国分销链中运作的企业普遍存在低效率和反竞争行为，这极大地强化了医药产品进口关税的复合效应。国家在医药产品分销链中存在的反竞争行为会赋予初创公司维持高比例加价的权力，医药产品进口关税将使医药产品分销商获取永久的经济补贴，因为进口关税增加了医药产品的上游价格，而这个加价也影响着医药产品的最终价格以及下游经销商们的收入。这可能会引起政治利益性经济模式的出现，在这种经济模式下，政府海关部门和医药产品分销商都是医药产品高进口关税的受益方——这对于维护病患自身的健康权以及政府医疗保健计划的实施都是不利的，这一经济模式也会有效地将医药产品税收收入重新分配给政府海关部门和医药产品分销商。矛盾的是，加价规则中规定了医药产品分销商所能收取的医药产品加价比例的上限，而这一规定反过来又可能会加强医药产品进口关税的复合效应。研究结果显示，金砖国家和薄荷四国将从加入“零对零”药物协议中获益。迄今为止，只有 34 个发达国家经济体签署了这一协议。零关税的贸易模式应该适用于所有的处方药、所有未成品（包括抗生素、维生素、激素和生物碱）以及用于生产药品和疫苗的化学半成品。关于后者，与现下流行的观点相反，金砖国家和薄荷四国中的六个国家仍然对疫苗进口征收关税，没有实现疫苗进口的零关税（疫苗的进口关税分别为：巴西 3.8%、中国 3.0%、印度 10.0%、印度尼西亚 2.2%、墨西哥 3.9% 和俄罗斯 3.4%）。因此，由于需要大量的进口疫苗，疫苗进口关税的征收势必会加重金砖国家成员和薄荷四国成员的财政负担。与医药产品类似，获得可负担性进口疫苗的经济负担至今还没有成为公民公开争论的议题。为公民提供获取进口疫苗的便利条件以及降低进口疫苗消费者的经济负担，不仅仅是医药产品制造商、医药产品进口商以及医药产品分销商的责任，也是各国政府的责任。

综上所述，与解决中低收入国家药物分销问题（如对医生和医疗顾问教育的缺乏、对医药产品加成价格管控的不足、药物分销链上存在的严重腐败问题以及国内创新和生产能力的不足）所需要付出的政治努力不同，消除所有进口药物的关税是一个容易实现的目标。如果可以实现医药产品的进口零关税，这就将增加低收入病患获得医药产品的机会，并有助于促进低收入和中等收入国家的公民实现其健康权。2016 年，中国进口医药产品的加权平均关税率为 4.2%，医药产品进口总额则为 140 亿美元。虽然中国政府征收的医药产品进口关税总额为 5.96

亿美元，但中国医药产品消费者的财政负担总额高达 43.6 亿美元。就中国而言，医药产品进口关税的复合效应范围为从占医药产品进口价值的 15.2%（低成本、零关税贸易）到 44.2%（高加价、零关税贸易、提高贸易便利化效率）。换句话说，目前中国的进口医药产品仍需在边境缴纳医药产品进口关税，导致中国的医药产品消费者仍需额外支付占医药产品进口价值 44.2% 的医药产品进口附加费。

“本地成分要求”的经济影响：以重型车辆为例

Hanna Deringer；Fredrik Erixon；Philipp Lamprecht；
Erik van der Marel *

原文标题： The Economic Impact of Local Content Requirements：A Case Study of Heavy Vehicles

文章框架： 发达国家和发展中国家实行“本地成分要求”以促进对当地生产资料的使用，并为扶持国内工业企业服务；欧洲国际政治经济研究中心在金砖国家“当地成分要求”数据库中收集了影响重型车辆部门的“本地成分要求”，并将这种影响分为三个不同的维度——不同的类型、范围和影响程度；随着时间的推移，“本地成分要求”可能会导致国内市场的竞争更少、创新更少、产品品种更少，这加剧了“本地成分要求”的负面影响。

观点摘要：

1. 在很长一段时间内，各国越来越倾向于实行“本地成分要求”（LCR）。发达国家和发展中国家实行“本地成分要求”以促进对当地

---

* Hanna Deringer，欧洲国际政治经济研究中心政策分析师，研究重点是贸易政策问题，并且对非关税措施（或监管贸易壁垒）和监管合作领域有特别的研究兴趣。Fredrik Erixon，瑞典经济学家和作家，欧洲国际政治经济研究中心主任，2006 年与拉齐恩·萨丽（Razeen Sally）教授共同创立该中心。Philipp Lamprecht，欧洲国际政治经济研究中心高级经济学家，曾任经济合作与发展组织贸易和农业局外部顾问，专门负责分析服务贸易项目。Erik van der Marel，欧洲国际政治经济研究中心高级经济学家，专长领域是服务贸易、服务贸易政策的政治经济影响、俄罗斯的贸易模式、全要素生产率（TFP）和包括发展中国家贸易政策在内的贸易监管。来源：欧洲国际政治经济研究中心（比利时智库），2018 年 1 月 23 日。

生产资料的使用，并为扶持国内工业企业服务。阿根廷、巴西、中国、印度、印度尼西亚、俄罗斯、沙特阿拉伯和美国都经常实行“本地成分要求”。印度是实行“本地成分要求”程度最深的国家，接着是巴西。尽管“本地成分要求”可能在短期内带来与具体政策目标相关的收益，但随着时间推移，“本地成分要求”的破坏性影响将甚于短期收益。这项研究评估了机动车辆子部门，即重型车辆部门实行“本地成分要求”的经济影响。

2. 欧洲国际政治经济研究中心（ECIPE）在金砖国家“本地成分要求”数据库中收集了影响重型车辆部门的“本地成分要求”，并将这种影响分为三个不同的维度：不同的类型、范围和影响程度。该数据库被用作评估金砖国家实行“本地成分要求”的经济成本。总体而言，目前已经确定了 72 种不同类型的“本地成分要求”，巴西和俄罗斯采取的“本地成分要求”措施较多，它们都采取了 20 项“本地成分要求”措施，接着是印度采取了 15 项“本地成分要求”措施，中国采取 13 项“本地成分要求”措施。南非只采取 4 项“本地成分要求”措施来影响重型车辆行业。分析发现，大多数“本地成分要求”与政府采购、财政支持和商业运营以及出口政策有关。另外，研究发现与财政支持和商业运营相关的“本地成分要求”通常具有较大的影响力。为了实现本研究的目的，本报告通过分析重型车辆从价税等值（AVE）来评估“本地成分要求”的负面影响。巴西和俄罗斯对其重型车辆部门实行了对市场扭曲程度最严重的“本地成分要求”。

3. 研究表明“本地成分要求”对金砖国家经济的影响至少有三种。首先，“本地成分要求”对金砖国家的重型车辆贸易产生了负面影响。据估计，已知的“本地成分要求”使巴西和俄罗斯限制进口重型车辆，这两个国家的重型车辆进口量分别减少 21% 和 12%，而其他金砖国家成员的重型车辆进口量则下降了 3.7% ~9.3%。尽管影响程度较低，但“本地成分要求”也会减少金砖国家的重型车辆出口量。其次，“本地成分要求”大大提高了进口重型车辆的价格，导致企业生产成本和消费价格上涨。在俄罗斯和巴西，重型车辆行业中间产品的价格估计会分别上涨 2.9% 和 4.8%。预计俄罗斯和巴西的重型车辆的消费价格将上涨0.2% ~5.4%。最后，本报告研究显示，虽然“本地成分要求”增加了目标行业的产出，但这只是以降低其他密切相关行业的生产为代价的。例如，虽然金砖国家重型汽车行业产量增长率为0.2%（中国）至10.37%（俄罗斯），但是俄罗斯和巴西的其他运输设备和机械生产量减少了0.16% ~0.37%。虽然受“本地成分要求”保护的行业产出增加是很自然的，但分析表明，这种增加带来的利益远不及其副作用。“本地成分要求”提高了受保护产品的价格和需要购入这些受保护产品的价格，在此，本报告所指的对象为重型车辆。结果，实行“本地成分要求”增加了每个买家的支出，这对其他行业的销售和产出形成了抑制作用。最终消费者以及公司必须重新调整消费结构，以购买更昂贵的车辆和车辆部件。随着时间的推移，“本地成分要求”可能会导致国内市场的竞争更少、创新更少、产品品种更少，这加剧了“本地成分要求”的负面影响。

大西洋两岸在全球化和中国因素上的分歧

Jeanne Metivier; Mattia Di Salvo; Jacques Pelkmans *

原文标题： Transatlantic Divergences in Globalisation and the China Factor

文章框架： 就外商直接投资（FDI）而言，欧盟和美国与新兴经济体（金砖国家成员）建立联系是非常重要的；欧盟在其他金砖国家成员的外商直接投资也远超美国；总的来说，贸易和外商直接投资的全球化是欧盟创造就业机会的源泉，而不是对欧盟就业机会的威胁。

观点摘要：

1. 就外商直接投资（FDI）而言，欧盟和美国与新兴经济体（金砖国家成员）建立联系是非常重要的。2008 年，欧盟和美国对中国的外商直接投资立场发生了重大变化。就流入中国境内的外商直接投资而言，2008 年欧盟在中国的投资额持续上涨并超过了美国。在境外，中国在 2007～2008 年对外国经济体进行投资。然而在 2008～2012 年，中国在欧盟的直接投资已增长到一个更高的比例，远远高于中国在美国的投资。因此，中国与欧盟之间相互依赖的经济关系远比中国与美国之间的经济关系要密切，同时有迹象表明，这种情况已进一步加剧。事实上，根据欧盟统计局的数据，在 2015 年底，欧盟对中国的直接投资额达 1684 亿欧元（约为 1868 亿美元）。然而，根据中华人民共和国商务部的数据，美国对中国的直接投资额（750 亿美元）还不到欧盟的一半。2015 年底，中国对欧盟的直接投资额为 349 亿欧元（约为 387 亿

* Jeanne Metivier，欧洲政策研究中心副研究员。Mattia Di Salvo，欧洲政策研究中心研究助理。Jacques Pelkmans，欧洲政策研究中心高级研究员。来源：欧洲政策研究中心（比利时智库），2017 年 5 月 30 日。

美元)，而中国对美国的直接投资额达 410 亿美元，后者的数额是有争议的。然而，美国商务部经济分析局的报告却显示，中国对美国的直接投资额远比中华人民共和国商务部报道的少。根据美国商务部经济分析局的数据，截至 2015 年底，中国对美国的直接投资额只有 208 亿美元。

2. 还有资料显示，欧盟在其他金砖国家成员的外商直接投资也远超美国。只有将中国也算在内的情况下，欧盟和美国对金砖国家的对外投资才显得更加平衡（只限 2012 年，并且只有在使用联合国贸易和发展数据库提供的数据时）。事实上，除了俄罗斯地理、能源和政治方面的原因外，欧盟和美国对金砖国家的外商直接投资额存在显著差异：2012 年，欧盟对巴西的外商直接投资额是美国对巴西的 4 倍，欧盟对印度的外商直接投资额是美国的 2. 5 倍，而欧盟对南非的外商直接投资额甚至是美国的 10 倍。这不禁让人再次怀疑，欧盟也许是比美国更强大的全球化力量。

3. 通过发掘由发达国家和欠发达国家所组成组织的比较优势可以发现，全球化的部分内容是区域性的。对美国来说，区域性全球化主要体现在北美自由贸易区（NAFTA），包括对墨西哥的投资。而欧盟的区域性全球化则主要体现在欧盟对其成员国以及中欧和东欧一些国家的投资上。欧盟（现包括 28 个成员国）的区域性全球化程度要远远高于美国北美自由贸易区的区域性全球化程度。在过去 10 年中，不仅原欧盟 15 国对中欧国家的对外直接投资额是美国对墨西哥对外直接投资额的数倍，而且欧洲区域性全球化的趋势也正在逐步加强，但那时美国对墨西哥的外商直接投资额一直没有变化。实际上，比较欧盟和美国对金砖国家的外商直接投资额可以看出，其结果是惊人的，因为欧盟在金砖国家的投资额是美国的数倍。一份有美国内就业情况对比的资料显示，美国的“得分”远远低于任何一个欧盟成员国。总的来说，贸易和外商直接投资的全球化是欧盟创造就业机会的源泉，而不是对欧盟就业机会的威胁。

俄罗斯－印度战略伙伴关系：我们达到顶峰了吗？*

原文标题： Russia-India Strategic Partnership：Have We Hit a Plateau?

文章框架： 俄罗斯石油公司在金砖国家峰会上宣布，与大宗商品交易巨头托克签署协议，购买印度埃萨石油公司价值大约130亿美元的石油。

观点摘要：

印度一直对购买俄罗斯石油和天然气表现出浓厚兴趣，但物流上具有现实困难，加上印度可以通过购买石油和天然气来满足欧洲的能源需求，这意味着俄罗斯供应商在开发此类项目方面没有任何好处。然而，在这种情况下忽视印度市场是缺乏远见的：其能源价格低，且印度正在加紧进口石油，其经济发展比其他国家更快，包括中国。俄罗斯石油公司在金砖国家峰会上宣布，与大宗商品交易巨头托克签署协议，购买印度埃萨石油公司价值大约130亿美元的石油。作为交易的一部分，托克将获得瓦迪纳炼油厂49%的股权，就规模而言，瓦迪纳炼油厂是印度第二大炼油厂，并且还拥有2700家连锁埃萨加油站。石油最有可能从委内瑞拉进口，托克在那里生产和勘探，主要在印度市场销售，或在那里进行石油出口，以销售到南亚和东南亚。这项交易对俄罗斯石油公司具有重大战略意义：埃萨的收购将给予印度世界上增长最快的石油市场的地位，其原本70%的需求来自进口。它也可能会向海湾地区的供应商施加一定压力。

---

* 来源：俄罗斯国际事务理事会（俄罗斯智库），2016年11月16日。

金砖国家在太空领域开展合作

Evgeniya Drozhashchikh *

原文标题： Space Platform for BRICS Cooperation

文章框架： 金砖国家正式宣布建立一个可以取代现有全球治理体系的非正式组织；不幸的是，目前五国在太空领域的合作并不太活跃。

观点摘要：

1. 就在不久前，金砖国家正式宣布建立一个可以取代现有全球治理体系的非正式组织。在金砖国家开始运作后不久，多方面的合作就展开了。为了扩大合作范围，金砖国家可能将太空作为拥有共同利益的平台之一。正如冷战时期政治和经济背景下的两极斗争秩序一样，现在的金砖国家能够应对不完善的太空监管体系。2003～2004 年以来，世界已步入“第二次太空竞赛”的时代，这是金砖国家成员实现其雄心壮志的恰当时机。2017 年的《金砖国家领导人厦门宣言》在第 26 点、第 58 点和第 59 点中提出了关于太空领域和平和安全问题的声明。对于这些条款的可行性评估，我们有必要确认金砖国家是否在空间探测水平上拥有坚实的基础，是否有足够的空间资产来共同支持多极世界的发展。

2. 不幸的是，目前五国在太空领域的合作并不太活跃。各国都在相互考察对方的能力，以便制定未来的双边关系政策。金砖国家领导人表示愿意阻止太空军备竞赛，并重新就不在太空部署武器以及太空的非军事化问题进行谈判。金砖国家成员的代表主张开展和平联合活动，共同有效使用空间技术。自 2005 年以来，俄罗斯和中国一直致力于就太

---

* Evgeniya Drozhashchikh，莫斯科国立大学国际关系学硕士。来源：俄罗斯国际事务理事会（俄罗斯智库），2017 年 9 月 7 日。

空问题制定信任措施，以提供集体安全、防止太空军事化和武器化，并在联合国会议期间表明了它们的立场。2000 年和 2005 年，俄罗斯代表团提供了一份文件草案，该草案将“集体安全”这一概念引入太空领域，并提出禁止在太空部署常规武器，这是对说服联合国成员就空间活动进行监管所做的最坚决尝试。2007 年，俄罗斯和中国又同时提议缔结关于空间非军事化的新协议。但是，美国不允许国际社会接受任何将要强制执行的草案。然而，今天的权力平衡正在发生转变，这意味着金砖国家能够有力地通过游说实现自身利益，并实现其全球化目标。

金砖国家与非洲的阻力：繁荣发展还是垂死挣扎？*

原文标题： BRICS and Resistance in Africa：Thriving or Surviving?

文章框架： 由于金砖国家的崛起，领土占有行为不断增多，新的阻力正在“蓄势待发”。

观点摘要：

该评判小组旨在汇集来自世界各地的学者，还包括南半球地区，特别是金砖国家（BRICS）。它试图报道非洲陈腐的发展阻碍因素，由于金砖国家的崛起，领土占有行为不断增多，新的阻力正在“蓄势待发”。金砖国家的崛起导致非洲国家出现内部和外部危机，这引发了当地和各地区统治者的回应，通过“普通人”和“普通群体”的行动，统治者试图从“基层”得到具有创造性的回应。从微观视角上看，这些回应涉及在贫困社区生存的新方式（集体储蓄计划），并且还涵盖了市民群体（学生、环保人士和政策抗议者）。从宏观视角上看，发展金融新形式（开发银行和地区倡议）正在为另一种发展方式铺平道路。这些举措不但可以使发展形式“本土化”，也提供了扩大话语权的途径。

* 来源：俄罗斯科学院非洲研究所（俄罗斯智库），2017 年 1 月 10 日。

俄罗斯与印度的合作伙伴关系提升到新高度

Nivedita Das Kundu *

原文标题： Russia – India Partnership Lifted to New Heights

文章框架： 印度总理纳伦德拉·莫迪最近对俄罗斯的访问为俄罗斯与印度发展战略伙伴关系提供了新动力。

观点摘要：

印度总理纳伦德拉·莫迪最近对俄罗斯的访问为俄罗斯与印度发展战略伙伴关系提供了新动力。这次访问加强了印俄两国维护传统友好关系和维持多极世界秩序的愿望。近年来，印度和俄罗斯一直在外交政策中采取“多重向量”方式。这是印度总理莫迪在一年内第二次访问俄罗斯；他首次访问俄罗斯是在 2015 年 7 月，那时正值在乌法（俄罗斯联邦）参加金砖国家（巴西、俄罗斯、印度、中国、南非）和上海合作组织峰会。2000 年，普京访问印度期间宣布两国建立战略伙伴关系后，印度与俄罗斯的双边关系逐渐复苏。此后，印俄关系不断多元化并发展强大，今天两国在国防、核能、其他能源、空间研究、科技等领域的合作加强。莫迪总理最近访问俄罗斯再次激活了两国关系。在这次访问期间，印度和俄罗斯签署了许多重要协议，包括在印度制造卡 – 226 直升机的协议。这将是莫迪“印度制造”政策框架下主要防御平台的第一个项目，也有利于加强俄罗斯与印度之间的防务伙伴关系，两国之间其他重大的防务项目合作也将加强这种关系。

---

* Nivedita Das Kundu，博士，外务政策分析师，新德里印度联合情报研究所高级研究顾问，曾任外交部智囊团印度世界事务委员会（ICWA）研究员、国防研究与分析所（IDSA）安全与防务副研究员。来源：瓦尔代国际辩论俱乐部（俄罗斯智库），2016 年 1 月 15 日。

上海合作组织扩张：俄罗斯－印度－中国加中亚？

Muratbek Imanaliev *

原文标题： Sco Expansion：Russia－India－China Plus Central Asia？

文章框架： 上海合作组织可能成为世界上最大的非西方国家主导的国际组织，可以对改变国际关系制度产生切实影响，同时也可以满足上海合作组织成员国（至少是主要成员国）的利益。

观点摘要：

长期以来，上海合作组织（SCO）一直没有扩员。根据《上海合作组织宪章》和其他监管文件，其他国家（主要是观察员国）也可以加入上海合作组织。这当然是一个客观的过程。但是由于全球地缘政治正在形成新局面，而且受到各种区域冲突和对抗、社会经济危机、人员大规模流动和争议日益繁杂的影响，这一过程正在加快。未来，印度和巴基斯坦以及伊朗等国有可能加入上海合作组织，并作为完全成熟的成员国开始其新的发展阶段。首先，如果这些国家加入，上海合作组织就可以声称其一些参数指标具有全球影响力，并最有可能获得巩固其在联合国地位的信息资源和地缘政治资源。这样，上海合作组织可能成为世界上最大的非西方国家主导的国际组织，可以对改变国际关系制度产生切实的影响，同时也满足上海合作组织成员国（至少是主要成员国）的利益。其次，上海合作组织扩员将消除部分西方国家（主要是北约国家）对该组织转变为军事政治联盟的担心，这一忧虑从一开始就存在。

---

* Muratbek Imanaliev，公共政策研究所所长，吉尔吉斯斯坦前外交部部长，上海合作组织前秘书长。来源：瓦尔代国际辩论俱乐部（俄罗斯智库），2016 年 4 月 26 日。

同时，对上海合作组织反美倾向的担忧也可能会消失。再次，上海合作组织整合的议题也将结束。尽管上海合作组织最初并没有成为一个国际一体化组织，但在许多会议和研讨会上一些政客、科学家和专家都曾经表示，上海合作组织需要提升整合质量。最后，上海合作组织将与金砖国家密切联系，特别是俄罗斯、印度、中国。可以想象，在俄罗斯、印度、中国三国的论坛上将有更多、更实际的关于上海合作组织活动的讨论。即使这种想象成为现实，且中亚国家的立场发生变化，在上海合作组织中也不会形成中亚“帮派”。

中东的不稳定以及威斯特伐利亚体系的衰退

Marina Lebedeva；Raffaele Marchetti *

原文标题： Middle East Instability and the Decline of the Westphalian System

文章框架： 在全球化的背景下，我们目睹了一个混杂的世界秩序。

观点摘要：

在全球化的背景下，我们目睹了一个混杂的世界秩序。一方面，我们正在经历这种世界秩序，以作为对全球经济东移的回应，一种新型的焦虑症正在伴随着西方为巩固其联盟采取的保护性举措而重新出现。通过将金砖国家成员排除在外（即名义上将俄罗斯、南非从跨大西洋贸易与投资伙伴协定中排除，以及将中国、印度、巴西从跨太平洋伙伴关系协定中排除），跨大西洋贸易与投资伙伴协定（TTIP）和跨太平洋伙伴关系协定（TTP）是美国重振其“集团”的两个主要实例。相反，上海合作组织（SCO）、金砖国家新开发银行（NDB）和亚洲基础设施投资银行（AIIB）的总部设在中国，表明中国对建设亚洲特色新机构的强烈愿望，并且这样的新机构中往往不包括西方国家。

---

* Marina Lebedeva，俄罗斯外交部俄罗斯莫斯科国际关系学院世界政治教授。Raffaele Marchetti，俄罗斯路易斯学校国际关系高级助理教授。来源：瓦尔代国际辩论俱乐部（俄罗斯智库），2016 年 9 月 27 日。

后西方世界和一个平行秩序的崛起

Oliver Stuenkel *

原文标题： Post – western World and the Rise of a Parallel Order

文章框架： 权力过渡时期是历史上最容易发生冲突的时期，而我们现在正处于从西方向亚洲权力历史性转变的风口浪尖，其影响在全球政治中越来越被人们所感受到；西方中心主义不仅使我们低估了非西方参与者在过去和在当代国际政治中扮演的角色，而且使我们低估了它们在未来可能发挥的建设性作用；以中国为首的正在崛起的大国正悄悄地构建初步的发展模板，我们可以称之为"平行秩序"，中国将先对这个模板进行补充，然后可能对今天的国际机构构成挑战。

观点摘要：

1. 在过去几十年里，就任何一位美国总统而言，在这样一个后霸权时代，管理美国的相对衰落并明确有力地表达一个战略，而不必在国内选民面前显示自己的弱势，这将是美国总统面临的最复杂的外交政策任务。尤其是希拉里·克林顿（Hillary Clinton）最有可能对任何有关美国衰落的言论采取强硬的外交政策，这将对金砖国家（BRICS）成员带来重大挑战，尤其是中国和俄罗斯。

2. 权力过渡时期是历史上最容易发生冲突的时期，而我们现在正处于从西方向亚洲权力历史性转变的风口浪尖，其影响在全球政治中越

---

* Oliver Stuenkel，圣保罗巴尔加斯基金会（FGV）国际关系助理教授，柏林全球公共政策研究所（GPPi）研究员；研究重点是正在崛起的大国，特别是巴西、印度和中国的外交政策以及它们对全球治理的影响。来源：瓦尔代国际辩论俱乐部（俄罗斯智库），2016 年 10 月 4 日。

来越被人们所感受到。西方正在慢慢失去其在全球范围内设定议程的非凡能力，我们已经变得如此习惯，以至于很难想象西方世界在全球事务中不再占据主导地位。一个多世纪以来，一种极端的经济权力集中让占世界人口少数的西方国家，开始实施并成功倡导在经济和安全领域的政策。对西方大多数观察家来说，非西方参与者几乎不会在全球事务管理中发挥任何建设性的作用。

3. 西方中心主义不仅使我们低估了非西方参与者在过去和在当代国际政治中扮演的角色，而且使我们低估了它们在未来可能发挥的建设性作用。随着如中国这样的大国提供更多的全球公共产品，后西方世界秩序不一定会比今天的全球秩序“更猛烈”或“更不稳定”。

4. 事实上，不是直接对抗现有的机构，以中国为首的正在崛起的大国悄悄地构建初步的“发展模板”，我们可以称之为“平行秩序”，中国将先对这个模板进行补充，然后可能对今天的国际机构构成挑战。这个“秩序”已经在发展：如成立金砖国家新开发银行和亚洲基础设施投资银行以“补充”世界银行的功能，建立世界信用评级集团以“补充”穆迪和标准普尔（S&P），建立中国银联以“补充”万事达和维萨，建立人民币跨境支付系统（CIPS）以“补充”斯威夫特（SWIFT）和成立金砖国家以“补充”七国集团（G7），以及采取许多其他举措。值得注意的是，俄罗斯是这些举措的一部分。

从精英全球化到全面全球化

Oleg Barabanov*

原文标题： From the Globalization of the Elites to Globalization for All

文章框架： 2016年10月27日，弗拉基米尔·普京总统在索契举行的第二届瓦尔代国际辩论俱乐部第十三次全体会议上发表讲话是一个重要事件，这不仅因为这次讲话制定了俄罗斯的外交政策议程，还因为它有助于了解新的、长期的世界演变趋势和全球社会结构；普京总统对全球化进程中违规行为的分析是他讲话的主旨。

观点摘要：

1. 2016年10月27日，弗拉基米尔·普京总统在索契举行的第二届瓦尔代国际辩论俱乐部第十三次全体会议上发表讲话是一个重要事件，这不仅因为这次讲话制定了俄罗斯的外交政策议程，还因为它有助于了解新的、长期的世界演变趋势和全球社会结构。许多俄罗斯观察家将普京总统的这次演讲与其在2007年慕尼黑安全会议上的著名演讲进行比较。有趣的是，这些观察家的分析截然相反。一些专家宣称，普京总统的瓦尔代演讲与慕尼黑演讲观点矛盾，瓦尔代演讲强调俄罗斯愿意推进与西方关系正常化，并实行和平共处的政策，这一观点与慕尼黑演讲中强调两个超级大国之间直接冲突的危险性相反。因此，2016年的瓦尔代演讲被认为是和平的标志，有些观察家引用旧的寓言，甚至把普京视为"俄罗斯唯一的欧洲人"。而其他观察家恰恰相反地认为瓦尔代演讲

---

* Oleg Barabanov，政治学博士，自2007年起担任莫斯科国立国际关系学院欧洲政策研究中心主任，瓦尔代国际辩论俱乐部研究员，俄罗斯国立高等经济大学教授。来源：瓦尔代国际辩论俱乐部（俄罗斯智库），2016年11月8日。

是一个“新的慕尼黑演讲”，它表示俄罗斯坚决捍卫国家利益。这些观察家认为，这是慕尼黑演讲主旨的巩固和扩大。本报告认为，普京总统的讲话重点关注全球社会演变的新趋势及其对世界政治未来的预期影响，这个演讲对于当前世界政治的重要性，远远超出了对国际力量平衡的传统分析。

2. 普京总统对全球化进程中违规行为的分析是他讲话的主旨。此前，这个问题一直被解释为“十亿黄金”国家和“世界其他国家”之间的差距，富国越来越富，穷国越来越穷。因此，克服全球化违规行为被认为是加快“世界其他地区”进步的必要举措。这鼓励金砖国家提出“三十亿白银”概念，以作为其政策的思想基础。根据这个概念，现代世界的“中等”国家比全球“十亿黄金”国家及其控制的世界金融和经济机构的上层建筑更有权代表全球人类的利益。为了消除这种国与国之间的不平等现象，帮助穷国，许多反全球主义运动的意识形态大张旗鼓地要求世界财富和资本的“公平再分配”。不过，普京总统的讲话从不同的角度出发分析这个问题，将重点从跨国家和跨文明转移到西方国家本身的内部矛盾之中（金砖国家在争取“世界其他地方”合理表达其自身利益方面获得政治上的成功，所以这一重点转移是合情理、合逻辑的）。总统认为，目前全球化阶段的主要问题是西方精英与民间社会之间越来越疏远的矛盾。正是这种矛盾形成了对世界经济和全球政治现状的概念性挑战。在最高政治层面直接、清晰地分析问题是非常重要的。

适用于非洲的金砖国家扩大机制：致力于区域互联互通

Yaroslav Lissovolik*

原文标题： A BRICS + Framework for Africa: Targeting Regional Connectivity

文章框架： 南非可能会利用金砖国家扩大机制来增强其在非洲发挥的区域性作用，同时让更多非洲国家与金砖国家成员国密切合作，从而更好地融入世界经济当中；金砖国家扩大机制转向非洲的一个突出案例是中国“一带一路”倡议在非洲的发展；在非洲区域性开发机构与金砖国家合作的框架下，基础设施建设将成为21世纪非洲主要的发展目标。

观点摘要：

1. 近年来，全球经济发展取得的重要成果之一就是由发展中国家主导的经济一体化。中国在开放市场、推进经济一体化新模式方面发挥了主导作用，其在2017年的关键倡议之一就是在金砖国家领导人厦门会晤上提出的金砖国家扩大机制（BRICS +）。该机制旨在扩大金砖国

* Yaroslav Lissovolik，俄罗斯中央银行顾问委员会成员，俄罗斯外交和国防政策委员会成员，布雷顿森林体系委员会成员，瓦尔代国际辩论俱乐部项目主任，欧亚开发银行（EDB）管理委员会成员，首席经济学家；曾在国际货币基金组织工作，在华盛顿担任俄罗斯联邦执行董事顾问，2004年在德意志银行担任首席经济学家，2011年在俄罗斯成为德意志银行管理委员会成员，2012年成为俄罗斯政府专家委员会成员以及总统经济委员会宏观经济政策工作组成员；出版了许多关于俄罗斯加入世界贸易组织和俄罗斯融入世界经济的书籍，以及发表了许多关于经济和政策问题的文章。来源：瓦尔代国际辩论俱乐部（俄罗斯智库），2017年4月12日。

家经济体与其他发展中国家之间的合作伙伴关系，截至当前这一机制还有待完善和发展。2018 年，南非将担任金砖国家轮值主席国。届时，南非可能会利用金砖国家扩大机制来增强其在非洲发挥的区域性作用，同时让更多非洲国家与金砖国家成员国密切合作，从而更好地融入世界经济当中。2017 年初金砖国家新开发银行非洲区域中心在南非的成立也有助于实现上述愿景。2016 年，南部非洲关税联盟与南方共同市场（巴西是该组织中最大的成员）达成了特惠贸易协定。

2. 秉持着进一步加强金砖国家扩大机制的愿景，金砖国家经济体将推动其与非洲之间的合作深化。根据之前针对金砖国家扩大机制所做的提案，该机制应建立在区域一体化协议的基础之上，如非洲的东部和南部非洲共同市场（COMESA）、西非经济和货币同盟（WAEMU）以及金砖国家的欧亚经济联盟和南方共同市场。单一国家之间的合作可能会面临协调方面的困难，而次区域协议将为非洲主要经济体的发展提供全面框架。金砖国家扩大机制转向非洲的一个突出案例是中国“一带一路”倡议在非洲的发展。发展空间的分散以及推进区域经济一体化动力的不足是经济发展面临的主要障碍。互联互通项目使非洲能够通过区域合作而非依赖外部援助来实现经济发展，因此这类项目为非洲经济的发展奠定了坚实基础。

3. 金砖国家与非洲国家进行合作的另一个途径是通过双方的区域性开发银行，例如南部非洲发展银行以及非洲开发银行（南非是这两个银行的成员）互相支持。金砖国家新开发银行及其非洲区域中心能够在促进区域互联互通方面发挥协调作用。在非洲区域性开发机构与金砖国家合作的框架下，推动非洲大陆上的基础设施建设将成为 21 世纪非洲主要的发展目标。

对好的事物予以支持，对不好的事物予以反对：回顾二十国集团峰会

Oleg Barabanov*

原文标题： For the Good Things and against the Bad Things：Reviewing the G20 Summit

文章框架： 二十国集团汉堡峰会包含许多重要议程，但没有提出任何具体的解决方案；在二十国集团汉堡峰会期间举行的金砖国家工作会议有着十分重要的政治意义，这次会议证明金砖国家仍然是一个团结的组织，并且有能力反映发展中国家的利益。

观点摘要：

1. 二十国集团汉堡峰会包含许多重要议程——打击偷税漏税、《巴黎气候变化协定》、自由贸易等，但没有提出任何具体的解决方案。峰会发布的公报称，与会各方一致同意对正面的事态发展表示支持，对负面的事态发展予以反对，然而各方却没能遏制经济民族主义和保护主义的发展趋势，这一趋势的出现主要与唐纳德·特朗普有关。

2. 据瓦尔代国际辩论俱乐部项目主任奥列格·巴拉巴诺夫（Oleg Barabanov）所说，在二十国集团汉堡峰会期间举行的金砖国家工作会议有着十分重要的政治意义，这次会议证明金砖国家仍然是一个团结的组织，并且有能力反映发展中国家的利益。巴拉巴诺夫强调，在金砖国家工作会议举办之前，中俄两国领导人在俄罗斯举行了会谈。两国就一

---

* Oleg Barabanov，政治学博士，自 2007 年起担任莫斯科国立国际关系学院欧洲政策研究中心主任，瓦尔代国际辩论俱乐部研究员，俄罗斯国立高等经济大学教授，来源：瓦尔代国际辩论俱乐部（俄罗斯智库），2017 年 7 月 10 日。

些关键问题达成一致声明。两国还就经济合作进行了协商。巴拉巴诺夫指出："我们现在可以明确表示，中国的'一带一路'倡议得到了俄罗斯和其他国家的积极支持，该倡议是金砖国家经济体经济发展的引擎。"

“金砖国家扩大机制”：另一种全球化趋势正在形成？

Yaroslav Lissovolik *

原文标题： BRICS - Plus: Alternative Globalization in the Making?

文章框架： 本报告详细描述了“金砖国家扩大机制”和金砖国家的概念，并讨论了这些形式如何为另一种全球化趋势的形成铺平道路；在全球发达国家一体化浪潮日益减弱的背景下，金砖国家通过建立遍布各大洲的经济联盟网络，使由其主导的新一轮全球经济一体化成为可能；克服金砖国家发展的局限性以及持续存在的矛盾的方式之一可能是将重点从贸易自由化或其核心成员之间的大规模整合转向在发展中国家建立更广泛的合作框架；关于金砖国家独特性的第一点是，每个成员在其所在大陆的区域一体化协定中都是主要经济体；“金砖国家扩大机制”合作的主要形式；事实上，“金砖国家扩大机制”这一“朋友圈”内的区域组织与开发银行之间的密切合作已经开始；“金砖国家扩大机制”模式的推出正合时

---

* Yaroslav Lissovolik，俄罗斯中央银行顾问委员会成员，俄罗斯外交和国防政策委员会成员，布雷顿森林体系委员会成员，瓦尔代国际辩论俱乐部项目主任，欧亚开发银行（EDB）管理委员会成员，首席经济学家；曾在国际货币基金组织工作，在华盛顿担任俄罗斯联邦执行董事顾问，2004 年在德意志银行担任首席经济学家，2011 年在俄罗斯成为德意志银行管理委员会成员，2012 年成为俄罗斯政府专家委员会成员以及总统经济委员会宏观经济政策工作组成员；出版了许多关于俄罗斯加入世界贸易组织和俄罗斯融入世界经济的书籍，以及发表了许多关于经济和政策问题的文章。来源：瓦尔代国际辩论俱乐部（俄罗斯智库），2017 年 7 月 12 日。

宜，部分原因是过去几年金砖国家和全球经济受到的影响；“金砖国家扩大机制”的实质不是金砖国家核心成员国的拓展，而是建立一个联盟网络。

观点摘要：

1. 陷入低增长陷阱的世界经济迫切需要一种动力——一种西方支持的全球机构所缺乏的新动力。在目前情况下，金砖国家有一个“独特”的机会为世界经济提供一个具有包容性的议程，从而引领全球经济一体化进程。鉴于金砖国家是一个特殊的组织，其成员存在于发展中国家的所有关键地区和各大洲，因此它可以作为扩大南南合作和跨越广泛领域的经济一体化平台。在这方面，相对于致力于扩大核心成员，“金砖国家扩大机制”的概念首先并且最重要的是寻求推动经济一体化以及在全球范围内构建联盟的不同方法。本报告详细描述了“金砖国家扩大机制”和金砖国家的概念，并讨论了这些形式如何为另一种全球化趋势的形成铺平道路。

2. 在全球发达国家一体化浪潮日益减弱的背景下，金砖国家通过建立遍布各大洲的经济联盟网络，使由其主导的新一轮全球经济一体化成为可能。除了开辟新的途径和建立新联盟之外，金砖国家还可以为一些区域贸易协定（RTAs）和其他类型协议提供聚合平台。在发达国家的一体化浪潮逐渐减弱的背景下，最大的发展中经济体正在推进旨在振兴区域一体化的新举措。特别是在建设新的发展机构（亚洲基础设施投资银行）、大区域项目（“一带一路”倡议）以及遍布全球的新经济联盟方面，中国有着十分积极的表现。在过去几年里，尽管金砖国家在全球建立经济联盟方面的积极性有所提高，但金砖国家本身的发展缺乏活力。事实上，虽然金砖国家成立了金砖国家新开发银行并实施了一些旨在促进金砖国家成员间经济联系的举措，但总会让人觉得金砖国家的一体化进程似乎开始受到限制。或许金砖国家仅仅是其成员国之间进行讨论的一个论坛，但考虑到金砖国家每一个成员国的规模和潜力，人们不禁希望，世界主要发展中经济体之间的互动能产生更多的协同效应。

3. 克服金砖国家发展局限性以及解决持续存在的矛盾的方式之一可能是将重点从贸易自由化或其核心成员之间的大规模一体化转向在发

展中国家建立更广泛的合作框架，以填补一体化的空白，并为金砖国家之间及其与各大洲伙伴之间的合作开辟新途径。通过创建“金砖国家扩大机制”，金砖国家与发展中国家之间更广泛的合作框架能够得以形成。据中国外交部部长王毅所说，通过与其他主要发展中国家或组织进行对话，以建立更广泛的伙伴关系，“金砖国家扩大机制”将成为南南合作的新平台。王毅表示，“我们将扩大金砖国家的‘朋友圈’，并将其变成世界上最有影响力的南南合作平台”。新的“金砖国家扩大机制”不仅恰逢金砖国家寻求新的发展途径之际，也正值发展中国家在建立一个新的、更加平衡的新经济秩序方面做出首个真正的全球性承诺。

4. 就金砖国家的独特性而言，每个成员在其所在大陆的区域一体化协定中都是主要经济体：欧亚经济联盟（EEU）中的俄罗斯，南方共同市场（Mercosur）中的巴西和南部非洲发展共同体（SADC）中的南非，南亚区域合作联盟（SAARC）中的印度以及上海合作组织、中国－东盟自由贸易区（SCO）以及未来的区域全面经济伙伴关系协定（RCEP）中的中国。这些区域一体化协定中成为金砖国家合作伙伴的所有国家都可以进入“金砖国家扩大机制”这一“朋友圈”。因此，“金砖国家扩大机制”不是扩大金砖国家的核心成员，而是致力于建立一个跨大陆的区域和双边国家联盟的新平台，目的是把由金砖国家经济体发挥主导作用的区域一体化组织整合起来。因此，可以形成“金砖国家扩大机制”平台的主要区域一体化组织包括南方共同市场、南部非洲关税同盟（SACU）、欧亚经济联盟（EEU）、南亚区域合作联盟以及中国－东盟自贸区。

5. “金砖国家扩大机制”合作的主要形式可能包括以下几种。

第一，构建贸易和投资一体化平台。在贸易和投资领域，“金砖国家扩大机制”网络能够推动扩大参与该机制的区域集团或单一国家之间的自由贸易协定以及特惠贸易协定的范围。贸易联盟不必遵循全面自由贸易协定的标准路径，也可以通过特惠贸易协定（PTAs）实现有针对性的、有限的自由化。投资联盟和自由化措施可以通过降低外国直接投资进入战略部门或公司的“门槛”，以及通过削弱相互交易中的资本管制来实现。用于促进“金砖国家扩大机制”框架内贸易和投资联盟宣传的传导机制可能会提高“金砖国家扩大机制”经济体与一个国家结盟的可能性，这个国家可以是“金砖国家扩大机制”网络内核心区域贸易协定的成员，也可以是与“金砖国家扩大机制”内个别国家或区域集团进行贸易往来或缔结投资联盟的国家。例如，韩国与欧亚经济联盟建立的自贸区联盟可以提高韩国与“金砖国家扩大机制”内其他区域组织或个别国家结盟的可能性。

第二，在国际组织（包括布雷顿森林体系）中进行合作，以增加综合投票份额。在国际货币基金组织中，金砖国家的综合份额略低于15%。“金砖国家扩大机制”的合作伙伴的加入将使此类投票的综合份额提高1~2个百分点（具体取决于“金砖国家扩大机制”这一“朋友圈”的构成），为15%以上，这将使“金砖国家扩大机制”在国际货币基金组织的关键决定中发挥重要作用。加入“金砖国家扩大机制”的各国还可以在其他国际组织中结成联盟，包括世界贸易组织（WTO）。

第三，开发银行与由“金砖国家扩大机制”经济体组成的其他发展机构可以进行合作，开发银行即欧亚开发银行（EDB）、南非开发银行（DBSA）、南盟发展基金（SDF）、南共市结构趋同基金（FOCEM）、中国国家开发银行（CDB）、中国－东盟投资合作基金（CAF）以及金砖国家新开发银行（NDB）。在这一系列发展机构中，金砖国家新开发银行有可能在“金砖国家扩大机制”倡议中发挥协调作用，而亚洲基础设施投资银行也有可能发挥作用，该行可以作为一个平台，将发展中国家和发达经济体的资金汇集在一起。在这个区域发展机构网络内，各参与方可以在针对投资项目的共同融资以及旨在促进实现主要发展目标（人力资本开发、生态、金融部门合作）的举措和项目间展开合作。

第四，使用国家支付体系。“金砖国家扩大机制”这一“朋友圈”可以作为该机制中经济体支付体系建立及扩大使用的广泛平台。“金砖国家扩大机制”还可以作为扩大本国货币在贸易往来和投资交易中使用的平台，从而减少对美元和欧元的依赖。

6. 事实上，“金砖国家扩大机制”这一“朋友圈”内的区域组织与开发银行之间的密切合作已经开始。在区域组织之间的合作方面，南方共同市场与欧亚经济联盟签署了一份谅解备忘录，今后还将继续讨论两个组织之间可能达成的合作协议。另一个例子是南方共同市场和南部非洲关税同盟之间的特惠贸易协定，其于2016年4月1日开始生效。在2016年金砖国家各成员国开发银行之间的合作方面，金砖国家新开发银行与欧亚开发银行和国际投资银行（IIB）就“北水－白阈值”公司（Nord Hydro—White Threshold）的项目达成合作，签署了有关卡累利阿共和国小型水电站建设的协议。金砖国家新开发银行将为卡累利阿的水电站建设拨款1亿美元，这是该银行在俄境内的首次投资。

7. “金砖国家扩大机制”模式的推出正合时宜，部分原因是过去几年金砖国家和全球经济受到的影响。首先，区域主义在全球经济中的主导地位日益增强，这体现在区域性大型组织的建立上。其次，一些金砖国家成员国的贸易政策越来越多地由其优先考虑的区域贸易安排决定，例如俄罗斯的欧亚经济联盟、南非的南部非洲关税同盟、巴西的南方共同市场。事实上，在大多数金砖国家经济体中，区域主义似乎是其制定贸易和整体对外经济政策的一个重要因素。在金砖国家的政策中，区域主义重要性日益增强的另一个迹象是，印度在主办2016年金砖国家领导人会晤时邀请“环孟加拉湾多领域经济技术合作倡议（BIMSTEC）”国家与金砖国家领导人对话。事实上，邀请由金砖国家成员国创办的主要区域贸易安排（可能还包括相关的开发银行或基金会）的代表来参加金砖国家领导人会晤的做法可能是“金砖国家扩大机制”在成立初期的办事方式。金砖国家领导人可以在峰会期间进行会晤，以审查其一体化议程并为未来设定发展或一体化目标。另外，每一个举办金砖国家领导人会晤的国家都可以邀请各自的区域组织代表，推动区域组织和金砖国家之间建立更紧密的伙伴关系。

8. “金砖国家扩大机制”的实质不是拓展金砖国家核心成员国（现有成员国中已包括最大的发展中国家），而是建立一个联盟网络，它将成为发展中国家里主要区域或大陆最具全面性和代表性的网络。在这方面，“金砖国家扩大机制”模式具有更大的包容性和多样性，而不是选择最大的重量级国家。由于存在于发展中国家所有重要地区和大陆的本质，金砖国家可以发挥全球经济合作综合平台的独特作用。因此，

“金砖国家扩大机制”的概念首先并且最重要的是寻求推动经济一体化以及在全球范围内构建联盟的不同方法。对发展中国家来说，通过解决一些地区（特别是亚洲和非洲）一体化发展不充分的问题，“金砖国家扩大机制”可以集中精力填补全球一体化的空白，经济一体化的模式可能会变成“平衡区域主义”或“可持续区域主义”，而不是致力于寻求仅仅使世界经济领跑者受益的区域主义。通过获得更多市场和技术以及推动基础设施的发展，可持续区域主义可以帮助发展中经济体实现联合国 2030 年可持续发展目标。

“金砖国家扩大机制”如何成为通往全球化的另一条道路?

Yaroslav Lissovolik *

原文标题: How BRICS + Format Can Become an Alternative Track for Globalization

文章框架: 随着发达国家越来越倾向于保护主义，新兴国家似乎带头塑造了另一种以金砖国家为中坚力量的全球化模式；地区主义在金砖国家政策中的重要性日益增强的另一个标志是印度邀请“环孟加拉湾多领域经济技术合作倡议”（BIMSTEC）国家与金砖国家领导人对话；目前已经存在支持“金砖国家扩大机制”的发展机构，其与金砖国家新开发银行一起，可能在区域发展机构之间的合作中发挥协调作用；美国不再是全球领导者，世界真正需要的是一个密切联系的全球领导体系。

观点摘要:

1. 随着发达国家越来越倾向于保护主义，新兴国家似乎带头塑造了另一种以金砖国家为中坚力量的全球化模式。2017 年 7 月 19 日，在

---

* Yaroslav Lissovolik，俄罗斯中央银行顾问委员会成员，俄罗斯外交和国防政策委员会成员，布雷顿森林体系委员会成员，瓦尔代国际辩论俱乐部项目主任，欧亚开发银行（EDB）管理委员会成员，首席经济学家；曾在国际货币基金组织工作，在华盛顿担任俄罗斯联邦执行董事顾问，2004 年在德意志银行担任首席经济学家，2011 年在俄罗斯成为德意志银行管理委员会成员，2012 年成为俄罗斯政府专家委员会成员以及总统经济委员会宏观经济政策工作组成员；出版了许多关于俄罗斯加入世界贸易组织和俄罗斯融入世界经济的书籍，以及发表了许多关于经济和政策问题的文章。来源：瓦尔代国际辩论俱乐部（俄罗斯智库），2017 年 7 月 19 日。

俄罗斯举行的瓦尔代国际辩论俱乐部的活动中讨论了可以使全球经济一体化进程更具包容性和全面性的“金砖国家扩大机制”模式。按照中国外交部部长王毅的说法，这个机制旨在把金砖国家“转变成世界上最有影响力的南南合作平台”。然而，利索沃利克表示，在这个阶段，关于“金砖国家扩大机制”蓝图的细节是极其缺乏的。增强金砖国家在发展中国家的影响力，反映了区域贸易协定的作用日益增强。利索沃利克说，在当今世界，贸易交易比国家本身还要多。金砖国家成员国与区域贸易协定的签署国往往重叠，其中一些自由贸易协定会促使达成更广泛的贸易协定，如南方共同市场（MERCOSUR）与南部非洲关税同盟（SACU）的特惠贸易协定于2016年4月1日生效。

2. 地区主义在金砖国家政策中重要性日益增强的另一个标志是印度作为2016年金砖国家领导人会晤的东道国决定邀请“环孟加拉湾多领域经济技术合作倡议”（BIMSTEC）国家与金砖国家领导人对话。利索沃利克在介绍“金砖国家扩大机制”的潜在参与组织时，除了南方共同市场、南部非洲关税同盟和“环孟加拉湾多领域经济技术合作倡议”外，他还提到了南亚区域合作联盟（SAARC）、中国－东盟自由贸易区以及欧亚经济联盟等区域贸易安排。可以说，并不是所有参与这些贸易组织的国家都会为“金砖国家扩大机制”的成功做出贡献。根据俄罗斯高级外交官托洛拉亚（Georgy Toloraya）的说法，将金砖国家最亲密的合作伙伴分为两类是有意义的，一类是可以长期参加金砖国家领导人会晤和部门会议的观察员国，另一类是对话伙伴国。他将墨西哥、阿根廷、尼日利亚、埃及和印度尼西亚列为最有希望参与“金砖国家扩大机制”的国家。他说，“金砖国家扩容还应该包括做出切实贡献的发达经济体，这一点至关重要”。

3. 利索沃利克说，重要的是，目前已经存在支持“金砖国家扩大机制”的发展机构，这些机构与金砖国家新开发银行一起，可在区域发展机构之间的合作中发挥协调作用。根据欧亚经济合作组织（EECO）金融和投资事务高级专员奥列格（Oleg Preksin）所说，跨欧亚交通基础设施的发展以及金砖国家在国家支付系统之间的合作项目可以被纳入“金砖国家扩大机制”的模式下实施，这样的话，北方和南方、东方和西方地区之间就会有新的合作领域出现。在金融方面，应优先考虑投资，确保金砖国家间资本的正常流入和流出是最迫切的需要。利索沃利克补充道，为此，“金砖国家扩大机制”必须得到工商界的支持，否则该举措将只能是自上而下、缺乏系统性的临时项目。

4. 国际管理发展研究所国际政治经济学教授让·皮埃尔·莱曼（Jean – Pierre Lehmann）表示，美国不再是全球领导者，世界真正需要的是一个密切联系的全球领导体系。他认为，金砖国家（他称之为“一个有趣的概念”）面临许多挑战，比如中国与印度之间极富争议的关系，再如巴西面临的吸引决策者大部分注意力的国内问题。“金砖国家扩大机制”对全球经济发展有潜在利益，比如它有能力促进发展中国家的一体化进程，并解决经济一体化中的不足，但它也有潜在的隐患。包括潜在的“金砖国家扩大机制”成员在内，保护主义在全球经济中日益加剧。同时，也有人担心该平台会被单一国家“统治”。最后，“金砖国家扩大机制”与发达国家一体化项目之间的联通性也存在问题，尽管这超出了中国对南南合作的最初构想，但至关重要。

金砖国家领导人厦门会晤将以经济为重点

Alexei Voskresensky *

原文标题： Brics Summit in Xiamen to Be Focused on the Economy

文章框架： 加强金砖国家成员间的经济合作是金砖国家领导人厦门会晤的主要议题之一；随着发达国家越来越倾向于保护主义，新兴国家似乎带头塑造了另一种全球化的模式，而金砖国家则是引领这一进程的中坚力量。

观点摘要：

1. 莫斯科国际关系学院政治系主任阿列克谢·沃斯克列先斯基（Alexei Voskresensky）表示，加强金砖国家成员间的经济合作是金砖国家领导人厦门会晤的主要议题之一。根据沃斯克列先斯基的说法，此次会晤地点的选择也印证了这一点。“金砖国家各成员国的代表访问了中国南方地区（中国过去 30 年经济增长的‘火车头’，经济增长水平高于全国平均水平）。中国经济的大幅度推进主要发生在该地区。因此，厦门会晤讨论的关键问题就是金砖国家各成员国间增加相互投资的规模和速度。最重要的是拓宽各成员国在具有最大附加值和创新潜力的领域中有关电信和新技术的合作”，沃斯克列先斯基说道。

2. 随着发达国家越来越倾向于保护主义，新兴国家似乎带头塑造了另一种全球化的模式，而金砖国家则是引领这一进程的中坚力量。2017 年 7 月 19 日，在俄罗斯举行的瓦尔代国际辩论俱乐部会议上，各参与方讨论了可以使全球经济一体化进程更加包容和全面的“金砖国

---

* Alexei Voskresensky，莫斯科国际关系学院政治系主任，《比较政治期刊》主编，俄罗斯远东发展部公共理事会成员。来源：瓦尔代国际辩论俱乐部（俄罗斯智库），2017 年 8 月 31 日。

家扩大机制”模式。沃斯克列先斯基指出，厦门会晤还就一系列国际问题深入交换意见。金砖国家参与全球贸易的比例从 11% 扩大到 16%，这表明金砖国家各成员国间的贸易关系正在日益紧密。换言之，如果俄罗斯能够改善本国的经商条件，那么，在与金砖国家合作的背景下，俄罗斯将能够提升其在贸易方面的地位。

金砖国家领导人厦门会晤的启示

Feng Shaolei *

原文标题： Implications of the Xiamen BRICS Summit

文章框架： 2017 年的金砖国家领导人厦门会晤呼吁人们关注金砖国家的当前发展和未来前景；在过去几年里，一些人认为金砖国家已经“黯然失色”；金砖国家不仅通过国际货币基金组织等机构的股份改革使新兴国家在国际金融机构中获得其应有的地位，而且还通过创造性地建立金砖国家新开发银行来提供一种全新的发展模式；多年来，许多新兴经济体和发展中国家一直期待加入金砖国家；国际多边合作最宝贵的经验之一就是加强人文交流，增进金砖国家成员国间的相互了解。

观点摘要：

1. 2017 年的金砖国家领导人厦门会晤呼吁人们关注金砖国家的当前发展和未来前景。同时，人们也关心金砖国家间的进一步合作以及由其所引起的全球治理的改善。促进各成员国间的经济合作与发展仍是金砖国家的首要目标。自 2001 年西方学者奥尼尔首次提出“金砖四国”的概念以来，金砖国家的经济曾在 21 世纪早期表现突出。后来，由于国际金融危机的影响和金砖国家发展过程中出现的问题，金砖国家在过去三四年中屡屡受挫。然而，随着欧洲和美国经济的逐步稳定，再加上

---

* Feng Shaolei，华东师范大学俄罗斯研究中心主任及周边合作与发展协同创新中心主任，瓦尔代国际辩论俱乐部学术委员会成员，世界经济和国际关系审查委员会成员，中国教育部社会科学委员会委员；曾担任华东师范大学国际关系与地区发展研究院院长，中俄友好、和平与发展委员会成员；主要研究领域是俄罗斯政治、外交、社会转型、大国关系和国际政治理论。来源：瓦尔代国际辩论俱乐部（俄罗斯智库），2017 年 9 月 12 日。

金砖国家的持续努力，自2017年上半年以来，金砖国家的经济总体上有了明显改善。在过去十年里，在世界经济中，金砖国家的经济总量从12%增加到23%，贸易总额从11%增加到16%，外国投资从7%增加到12%，其对世界经济增长的贡献率已超过了50%。2017年上半年，中国从金砖国家的进口量迅速增长，增长额超过701.6亿美元，同比增长14.7%。就中国而言，自2017年上半年以来，中国经济增长6.9%。当年7月下旬，国际货币基金组织（IMF）第3次上调中国2017年经济增长预期。

2. 在过去几年里，一些人认为金砖国家已经“黯然失色”。然而，《金砖国家领导人厦门宣言》（以下简称《厦门宣言》）的签署和40多项协议的达成表明，金砖国家仍然是世界经济复苏、发展和合作的重要动力。具体而言，一系列贸易文件已正式通过，包括《金砖国家投资便利化合作纲要》、《金砖国家服务贸易合作路线图》、《金砖国家经济技术合作框架》和《金砖国家电子商务合作倡议》等。同时，在投资领域，中国制定了第一个金砖国家经济技术合作交流计划（总额达5亿元人民币），以加强各成员国在经贸等领域的政策交流和务实合作。

3. 金砖国家不仅通过国际货币基金组织等机构的股份改革使新兴国家在国际金融机构中获得其应有的地位，而且还通过创造性地建立金砖国家新开发银行来提供一种全新的发展模式。一方面，金砖国家与世界银行、亚洲开发银行等传统国际金融机构保持合作；另一方面，金砖国家还努力建立一种平等和差异性并存的金融机构体系，为未来各成员国进行更大规模的合作奠定基础。此外，金砖国家领导人厦门会晤决定在国际金融领域建立应急储备安排（CRA）宏观经济信息交换机制，以进一步发挥应急储备安排的作用，增强与国际货币基金组织开展更紧密合作的共识。中国出资400万美元作为金砖国家新开发银行项目的准备基金，支持该银行业务运营和长远发展。这次领导人会晤还支持建立金砖国家新开发银行的第一个区域办事处，即在南非设立的非洲区域中心。此外，本次会晤还支持设立金砖国家新开发银行项目准备基金，并批准第二批项目的实施。

4. 多年来，许多新兴经济体和发展中国家一直期待加入金砖国家，其中包括南美的阿根廷、东南亚的印度尼西亚、中东的埃及以及地跨欧亚两洲的土耳其。这些国家都是具有一定地域影响力的发展中国家，它们资源丰富，经济发展潜力巨大，并且在国际事务中发挥着不可或缺的重要作用。关于金砖国家是否应该扩容的问题，一些成员国认为，金砖国家不应急于扩容，而是应该深入推进、重点落实现有协议。而另一些成员国则认为，金砖国家应该通过形成“规模效应”取得成功，并及时接纳新成员。尽管金砖国家在此次会晤期间没有扩容，但一些关键国家以参与国身份受邀参会，这为金砖国家未来合作的进一步发展铺平了道路。此外，金砖国家成员都是地区大国。因此，自 2013 年金砖国家德班峰会召开以来，在每年峰会期间都会召开金砖国家与东道国所在地区领导人的会谈，以突出五个金砖国家成员国在该地区的领导和协调作用。例如，在巴西福塔莱萨峰会期间举行了金砖国家与南美国家领导人对话。俄罗斯乌法峰会见证了金砖国家领导人与欧亚经济联盟成员国领导人之间的对话。在南非德班峰会期间，金砖国家领导人与非洲领导人进行了对话。在印度举行的果阿峰会期间，金砖国家领导人同“环孟加拉湾多领域经济技术合作倡议”成员国领导人进行了对话。显然，这一机制会在接下来的峰会期间继续进行。

5. 国际多边合作最宝贵的经验之一就是加强人文交流，增进金砖国家成员国间的相互了解。金砖国家领导人厦门会晤不仅达成建立金砖国家大学联盟的决议，签署了体育合作谅解备忘录，同意促进医疗合作项目，还计划建立金砖国家研究与交流基金。值得注意的是，《厦门宣言》十分重视国际安全问题。在金砖国家领导人厦门会晤中，不仅各成员国外长会晤成为正式机制，金砖国家安全事务高级代表会议也定期举行。此次会晤还严厉谴责恐怖主义、毒品扩散以及朝鲜核试验等各种破坏公共秩序的活动。金砖国家近期的良好发展势头并不意味着金砖国家已经克服其在经济结构、市场基础、创新能力等诸多方面的深层次问题，也并不意味着金砖国家内部不存在认知差异或利益冲突（包括边界动荡和许多其他紧迫问题）。但是，这一良好发展势头也清楚地表明，金砖国家成员间合作的前景是光明的。第一，金砖国家成员之间巨大的经济互补性促进了金砖国家内部贸易和投资的深化。这将为金砖国家与“一带一路”倡议合作实施的互联互通项目奠定基础。第二，通过经济合作，金砖国家采取非结盟和非对抗的方式，为解决全球和地区安全问题奠定基础并提供途径。第三，金砖国家巩固了其现有的合作基础，进一步探讨了成员国间的合作机制建设，为未来地区和国际秩序的构建提供了务实方法和具体经验。

俄罗斯、印度与中国之间的经济合作：新机遇[*]

原文标题：Economic Cooperation between Russia，India and China：New Opportunities

文章框架：俄罗斯与中国和印度之间的贸易关系正在加强；俄罗斯、印度与中国之间的经济协调性远低于金砖国家整体的协调性。

观点摘要：

1. 俄罗斯与中国和印度之间的贸易关系正在加强。俄罗斯公开对“一带一路”倡议表示支持。2017 年，在圣彼得堡国际经济论坛上，俄罗斯也表示将采取措施重振俄罗斯与印度之间的双边贸易，扩大印度和俄罗斯在制药、农产品、汽车零部件以及采矿和冶金行业的合作。

2. 2017 年 11 月 16 日，瓦尔代国际辩论俱乐部与世界银行就中国和印度经济结构变化对俄罗斯经济的影响举行了专家座谈会。俄罗斯金砖国家研究委员会执行主任格奥尔基·托洛拉亚（Georgy Toloraya）质疑了对经济形势做出预测的可能性。在他看来，世界正在经历第四次技术革命，只有最具一般性的预测是可能被做出的，例如全球能源价格将如何变化，技术会对经济造成怎样的影响。他还注意到，俄罗斯、印度与中国之间的经济协调性远低于金砖国家整体的协调性。金砖国家在战略性经济合作上有着广泛的途径和多样的形式。

---

* 来源：瓦尔代国际辩论俱乐部（俄罗斯智库），2017 年 11 月 20 日。

南非有一位新总统：有何期待？

Olga Kulkova *

原文标题： South Africa Has a New President：What to Expect?

文章框架： 事实上，南非总统雅各布·祖马（Jacob Zuma）于2月14日“主动辞职”的决定并不是他自己的决定，他面临来自南非非洲人国民大会（ANC，简称非国大）同僚的威胁；就南非而言，作为金砖国家成员国之一，与主要新兴经济体的合作仍然是一项政治和经济优先事项，因为它完全符合该国利益。

观点摘要：

1. 事实上，南非总统雅各布·祖马（Jacob Zuma）于2月14日“主动辞职”的决定并不是他自己的决定，他面临来自南非非洲人国民大会（ANC，简称非国大）同僚的威胁。起初，他们要求以一种友好的方式辞职，但由于祖马拒绝，他们威胁祖马支持2月15日由反对派议员举行的对他的不信任投票。此外，由于祖马和拉马福萨支持者之间的冲突，街道上的政治局势也恶化了。祖马在讲话中指出，他已决定辞职，因为他不想在他的国家引发暴力事件，也不想与非国大分裂。这一步无疑对他在非国大的支持者来说是非常痛苦的，然而，祖马接受了这种情况，他意识到如果党内出现分裂，那么他既不能捍卫自己的立场，也不能行使自己的职责。下一届总统选举将于2019年举行，而拉马福

---

* Olga Kulkova，俄罗斯非洲关系和外交政策研究中心、俄罗斯科学院非洲研究院研究员，学术兴趣包括英国对非洲的看法、与非洲相关的国际问题和全球化问题、非洲国家对外政策及其与俄罗斯的关系（包括在金砖国家框架下）。来源：瓦尔代国际辩论俱乐部（俄罗斯智库），2018年2月16日。

萨最有可能在非国大的选举中获胜。最可能的是，国家的外交政策会有延续性，因为祖马和拉马福萨都是同一党派的成员，有着相似的背景。因此，人们不应担心的是，国家权力的变化将影响到俄罗斯与南非的关系，尤其是其作为金砖国家成员国之一的影响。

2. 就南非而言，作为金砖国家成员国之一，与主要新兴经济体的合作仍然是一项政治和经济优先事项，因为它完全符合该国利益。2018年，南非将在约翰内斯堡举办第十届金砖国家峰会。当然。祖马很想以国家领导人的身份参加。他于2017年9月在中国举行的金砖国家商业论坛上发表讲话时表示，南非和其他金砖国家成员国之间的贸易总额达312亿美元，并且预计南非贸易额将进一步增加。现在，南非在金砖国家的利益将由拉马福萨决定。在祖马担任总统的后几年里，南非政局不稳，影响了南非和金砖国家的形象。也许，在新总统的领导下，南非将在金砖国家“重获新生”，并加强与各成员国之间的合作。事实上，新一届南非领导人将提出关于金砖国家成员合作的具体建议，以及对国家未来更广泛、更全面的展望。

南非：新总统和政治活动的变化

Vladimir Shubin *

原文标题： South Africa：New President and Changes in the Political Life

文章框架： 非洲人国民大会（简称非国大）在2016年8月的地方选举中表现不佳，特别是在南非调查员关于“国家俘获”（指腐败寻租）的报告发表之后，对雅各布·祖马的批评进一步加剧；西里尔·拉马福萨在国情咨文中概述了他的政府计划；南非经济形势稳定以及新总统面临打击腐败的主要任务；西里尔·拉马福萨绝不是南非政治活动中的新手。

观点摘要：

1. 非洲人国民大会（简称非国大）在2016年8月的地方选举中表现不佳后，特别是在南非调查员关于“国家俘获”（指腐败寻租）的报告发表之后，对雅各布·祖马的批评进一步加剧。报告提到了与总统关系密切人员的非法行为，首先是古普塔兄弟，他们是来自印度的移民，他们利用国家机构谋取暴利，甚至干涉内阁成员的任命。在2017年12月16～20日举行的非国大会议上，祖马的党内副手西里尔·拉马福萨（Cyril Ramaphosa）被选为新非国大主席，尽管祖马本人并不支持他的候选人资格。随后，更大的呼声要求他自愿辞职，因为在祖马总统的任期内，非国大在2019年即将举行的大选中获胜的可能性将被削弱。由于祖马拒绝“以友好的方式离开”，非国大国家执行委员会被迫对其做出撤职决定。

2. 根据南非宪法，西里尔·拉马福萨立即成为该国的代理总统。

---

* Vladimir Shubin，俄罗斯科学院非洲研究院历史科学博士、教授及首席研究员。来源：瓦尔代国际辩论俱乐部（俄罗斯智库），2018年2月16日。

新总统的选举应该在30天内举行，但是在祖马辞职后的第二天，国民议会一致投票选举拉马福萨为国家总统，尽管缺乏南非左翼反对党“自由经济战士”（该党要求解散议会）代表的投票。西里尔·拉马福萨在国情咨文中概述了他的政府计划。从本质上讲，它相当于12月非国大会议的决定（寻求“激进的经济转型”），包括不向大地主提供补偿的土地征收的可能性，但不会对经济和粮食安全造成损害。没有理由认为，在拉马福萨当选后，南非的外交政策将发生重大变化。毫无疑问，定于7月25日至27日在约翰内斯堡举行的金砖国家峰会的筹备工作已经开始。南非制订了一系列广泛的活动计划。

3. 至于南非的经济形势，虽然2017年的增长率没有超过1%，且没有达到国家发展计划规定的5%，但局势相当稳定。祖马的辞职已经导致南非兰特升值，并降低了政府债券利率。可以预期的是，领先的国际评级机构将提高该国的评级（之前政治上的不确定性导致评级下调）。新总统面临的主要任务是打击腐败，这一行动已经开始。例如，对正在躲避警察的古普塔兄弟中的一人发出了逮捕令。

4. 总之，西里尔·拉马福萨绝不是南非政治活动中的新手。虽然多年来他主要从事商业活动，但他还是制宪国会的主席，该议会于1996年制定并通过了该国的民主宪法。1991年早些时候，时任矿工工会创始人和领导人的拉马福萨被选为非国大秘书长。此外，在1994年的第一次民主选举中，他在非国大名单上的排名仅次于纳尔逊·曼德拉（Nelson Mandela），但最后决定让塔博·姆贝基（Thabo Mbeki）出任非国大副主席，而不是拉马福萨。如果当时没有发生此事，他就将有机会在1999年继曼德拉之后成为南非总统。

推进俄罗斯在非洲的利益

Olga Kulkova*

原文标题： Advancing Russia's Interests in Africa

文章框架： 俄罗斯在非洲的主要利益包括加强与欧洲大陆各国的政治合作以及加强包括在金砖国家框架下与非洲国家的政治互动；俄罗斯与这些国家的合作始于苏联时期，现在与该地区的互动，包括与金砖国家成员国的合作是至关重要的。

观点摘要：

1\. 2017 年，俄罗斯和非洲商人、学者、政治家（特别是来自南非和津巴布韦的政治家）参与的题为“俄罗斯 - 非洲：新经济框架内的结构性合作方式”商业对话在圣彼得堡国际经济论坛（SPIEF 2017）框架下举行。2018 年，圣彼得堡国际经济论坛计划将更多的注意力放在非洲。俄罗斯在非洲的主要利益包括：加强与欧洲大陆各国的政治合作，以确保支持俄罗斯在国际事务上的立场；加强包括在金砖国家框架下与非洲国家的政治互动。如今，金砖国家的非洲成员只有南非，但之后也可能包括其他非洲国家。

2\. 俄罗斯外交部部长访问了非洲南部的四个国家——纳米比亚、津巴布韦、安哥拉和莫桑比克，以及一个东非国家埃塞俄比亚，证实了其对撒哈拉以南非洲的空前关注。事实上，俄罗斯的“转向非洲”政策始于 2000 年中期，上述国家都是俄罗斯的重要合作伙伴。俄罗斯正

---

* Olga Kulkova，俄罗斯非洲关系和外交政策研究中心、俄罗斯科学院非洲研究院研究员；学术兴趣包括英国对非洲的看法、与非洲相关的国际问题和全球化问题、非洲国家对外政策及其与俄罗斯的关系（包括在金砖国家框架下）。来源：瓦尔代国际辩论俱乐部（俄罗斯智库），2018 年 3 月 5 日。

努力巩固其在撒哈拉以南非洲的地位。俄罗斯与这些国家的合作始于苏联时期，现在与该地区的互动，包括与金砖国家成员国的合作是至关重要的。对许多非金砖国家成员国的外部参与者来说，南非是“通往非洲大陆的门户”，俄罗斯也不例外。

中国对亚洲基础设施投资银行的意图

Thane Bourne *

原文标题： China's Intentions for the Asian Infrastructure Investment Bank

文章框架： 中国参与亚洲基础设施投资银行可以被视为中国想要作为多边领导者的野心日益增长；金砖国家新开发银行和亚洲基础设施投资银行的建立表明中国正在寻求争取更多的对其全球经济领导能力的认可。

观点摘要：

1. 中国领导的亚洲基础设施投资银行（AIIB）于 2016 年 1 月 16 日和 17 日举行理事会成立典礼，这标志着银行业务“开始”。中国参与亚洲基础设施投资银行可以被视为中国想要作为多边领导者的野心日益增长。

2. 中国正在崛起并迈向国际化。近年来，中国的外交已经从毛泽东时期的好战紧缩政策转变为以一个自信的姿态参与到世界事务中。自 20 世纪 90 年代中期以来，中国已经加入且共同组建了一系列多边机构，包括加入世界贸易组织和建立上海合作组织。在 2014 年金砖国家新开发银行（NDB）的成立以及 2015 年底建立的亚洲基础设施投资银行中，中国都发挥着主导作用，这两个机构表明，中国正在寻求争取更多的对其全球经济领导能力的认可。更重要的是，国际社会中的大部分国家申请加入亚洲基础设施投资银行，成为其成员，都表明对中国领导力的接纳和支持。

---

* Thane Bourne，墨尔本大学国际关系硕士在读，目前在中国教授英语。来源：澳大利亚国际事务研究所（澳大利亚智库），2016 年 1 月 12 日。

赞赏东盟之举

Colin Chapman*

原文标题： Praise for the ASEAN Way

文章框架： 东盟取得了举世瞩目的经济成就，也避免了许多组织都会犯的错误；它不像金砖国家（BRICS）那样混乱，也没有欧盟的官僚主义体制。

观点摘要：

东盟经济取得了举世瞩目的成就，同时也避免了欧盟等组织所犯的一些错误。因此，东盟对待国际关系的方式不应被忽略。东盟成立已近50年，它包含了不同规模、不同宗教信仰和不同种族的10个国家：印度尼西亚是东盟10国中人口最多的国家，还有马来西亚，拥有强大国际竞争力的新加坡，富产石油的文莱，两个信仰共产主义的国家越南和老挝，以及柬埔寨、缅甸、菲律宾和泰国。东盟在成立之初与现在有着很大的不同，成立之初，东南亚地区贫穷落后。自成立以来至今，东盟取得了举世瞩目的经济成就，也避免了许多组织都会犯的错误。它不像金砖国家（BRICS）那样混乱，也没有欧盟的官僚主义体制。东盟成员国的平均经济增长率是欧盟成员国的2～3倍。东盟成员国当中有四个国家的经济增长率高于中国。东盟各成员国的人口总和是6.33亿人，其经济表现和竞争力超过了竞争对手美国和欧盟。对东盟来说，成员国之间巨大的差异性是其面临的巨大挑战，但东盟继续秉持着其自己的组织理念，通过冷静的讨论来调解分歧，开创事业。

---

* Colin Chapman，专门从事地缘政治、国际经济学和全球媒体问题的作家，广播员和公众演讲者；新南威尔士州立大学澳大利亚国际事务研究所前任主席。来源：澳大利亚国际事务研究所（澳大利亚智库），2016年8月25日。

俄罗斯联邦的新外交政策概念

Anna Maria Dyner*

原文标题： The Russian Federation's New Foreign Policy Concept

文章框架： 俄罗斯一直重视与金砖国家（BRICS）、上海合作组织（SCO）、东南亚国家联盟（ASEAN）以及俄罗斯-印度-中国（RIC）三国组合的接触。

观点摘要：

后苏联国家如白俄罗斯、亚美尼亚、哈萨克斯坦和吉尔吉斯斯坦在俄罗斯新的外交政策中被列为较重要的合作伙伴。俄罗斯没有宣布需要发展与乌克兰的关系，但这并不意味着俄罗斯将放弃主动的政策，这种政策旨在限制乌克兰与西方伙伴密切合作，并在国际上隔离俄罗斯。新的外交政策的政治意义比2013年以欧亚经济联盟（EEU）形式整合后苏联空间的政治意义更小。由于汇集了一些经济模式低效且各不相同的国家，欧亚经济联盟遇到了一些困难，尽管俄罗斯具有主导地位，但也无法促使这些国家现代化。一个具有专制政治制度的国家创造一个有效的经济联盟是值得怀疑的。亚洲国家，尤其是中国、印度尼西亚、越南、蒙古国、泰国、新加坡和马来西亚，已成为俄罗斯政治活动的关键领域。而且，俄罗斯一直重视与金砖国家（BRICS）、上海合作组织（SCO）、东南亚国家联盟（ASEAN）以及俄罗斯-印度-中国（RIC）三国组合的接触。俄罗斯新的外交政策高度重视中东和对该地区冲突的调控。

---

* Anna Maria Dyner，自2015年以来，担任波兰国际事务研究所东欧计划负责人，负责研究白俄罗斯和俄罗斯事务；东方国家政治学家、专家；研究领域包括白俄罗斯国内外政策以及俄罗斯在后苏联地区的作用。来源：澳大利亚国际事务研究所（澳大利亚智库），2016年11月30日。

洛伊国际政策研究所发布的全球外交指数：数字地图上全世界最重要的外交网络

Sam Roggeveen *

原文标题： Lowy's Global Diplomacy Index：The World's Most Significant Diplomatic Networks，on a Digital Map

文章框架： 洛伊国际政策研究所发布全球外交指数；指数中前五大全球外交网络的变化；小国的外交网络对比；新兴国家的兴起；各国外交面临的挑战。

观点摘要：

1. 洛伊国际政策研究所发布其全球外交指数，这是一个交互式地图，一个罗列了所有二十国集团和经济合作与发展组织（OECD）成员的外交网络。最重要的国家外交机构，包括大使馆、领事馆、多边访问团和其他代表团，首次被放在世界地图上，显示和比较了其外交范围及全球影响力。

2. 该指数发现，前五大全球外交网络是联合国安全理事会常任理事国：美国、法国、中国、俄罗斯和英国。在洛伊国际政策研究所早期的研究中，法国排在美国之前，但 2016 年已经下降到第二位。在过去十年蓬勃的经济增长的推动下，中国的网络不断壮大，现在已经超越了俄罗斯和英国。

3. 瑞士、荷兰、希腊等小国的外交网络比澳大利亚的外交网络更为广泛，尽管它们的经济发展较慢、人口较少。加拿大的人口和国内生

---

* Sam Roggeveen，洛伊国际政策研究所高级研究员，澳大利亚国立大学战略与国防研究中心客座研究员。来源：洛伊国际政策研究所（澳大利亚智库），2016 年 3 月 15 日。

产总值是荷兰的两倍以上，但两国的外交网络规模相同。尽管西班牙的经济规模只有印度的三分之二，人口也较少，但外交使团比印度多40多个。比利时依靠其北约和欧盟成员的身份得以维持安全、外交与经济，但拥有一个比澳大利亚还要大的外交网络，而澳大利亚没有这些身份的支持。

4. 该指数也反映了金砖国家成员和其他新兴国家的兴起：中国、巴西、土耳其、印度、韩国、墨西哥、阿根廷和印度尼西亚都位居前20，南非排第23位。21世纪的挑战无疑将使各国在采取外交途径方面发生重大变化。非国家行为体日益增长的影响和重要性、技术和通信方式的转变、全天候的新闻媒体现象以及恐怖主义和安全威胁的升级都意味着传统的外交形式、大使馆和其他外交使团的作用正在改变。有些人甚至认为外交“死了”，或者大使馆不再有任何作用。

英国脱欧的战略性后果

Shashank Joshi *

原文标题： The Strategic Consequences of Brexit

文章框架： 英国脱欧对英国的影响；英国脱欧对欧洲的影响；英国脱欧对欧盟对俄政策的影响；英国脱欧对英国战略伙伴的影响。

观点摘要：

1. 英国财政部估计，离开欧盟后两年，英国产出将下降3.6%，英镑汇率将比英国留在欧盟时降低12%。英国财政研究所认为，人们普遍认为，脱欧在短期和长期内会减少国民收入，这就意味着脱欧对公共财政的影响将为200亿~400亿英镑。

2. 英国脱欧也将改变欧盟的内部均衡。英国的退出增强了两个剩下的核心欧洲国家即法国和德国的话语权。这可能意味着德国在欧盟（而不是北约）防务一体化方面的进程加速，英国曾经常对此表示怀疑。目前，欧盟在波斯尼亚和黑塞哥维那、马里、中非共和国以及索马里和地中海水域的军事任务正在进行。英国的退出会使许多行动复杂化，但不会停止。德国在欧洲事务上的领导作用将加强。虽然这本身不再是英国的一个主要问题，正如20世纪90年代撒切尔夫人反对统一时一样，但可能加剧欧元区的紧张局势。德国和法国将获得外交影响力，因为它们将对拥有5亿人口的欧盟造成影响。

3. 从中长期来看，这甚至可能推进欧盟对俄罗斯的政策。虽然北约无疑是欧洲最重要的军事集团，但欧盟制裁是欧洲反对俄罗斯最重要的手段。法国和德国与俄罗斯的经济交往比英国更为复杂。上周法国参

---

* Shashank Joshi，哈佛大学政府部门博士生，伦敦皇家联合服务研究所研究员。来源：洛伊国际政策研究所（澳大利亚智库），2016年6月21日。

议院绝大多数通过了一项不具约束力的解决方案来解除对俄制裁，德国对此表示不满，虽然波兰和波罗的海国家将从在东部的重要部署中受益，但英国在欧盟失去话语权将关系到北约在俄罗斯周边的部署。

4. 除欧洲之外，英国脱欧可能会对英国的重大战略，特别是对其盟友与合作伙伴网络产生压力。被排除在欧盟理事会之外的英国，对美国来说将是一个不太有吸引力的伙伴，特别是当英国的军事弱点因上述原因而增加的时候。与此同时，脱欧支持者也提出，英国可能会重新调整其与英联邦、金砖国家或所谓的盎格鲁势力的关系。一项研究认为，澳大利亚和加拿大将使自然合作伙伴面临从贸易到全球治理的广泛问题。美澳贸易协议就是一个实例。

原则性参与：重建与斐济的防守关系

Anna Powles；Jose Sousa－Santos *

原文标题： Principled Engagement：Rebuilding Defence Ties with Fiji

文章框架： 自2009年以来，斐济寻求建立一个新的合作伙伴网络，并提高其在政府间组织的参与度与领导地位。

观点摘要：

自2009年以来，斐济寻求建立一个新的合作伙伴网络，并提高其在政府间组织的参与度与领导地位。这一战略在很大程度上是有效的。在国际上，斐济于2012年加入不结盟运动，斐济外交部部长拉图·伊诺克·库布博拉（Ratu Inoke Kubuabola）声称，加入不结盟运动有助于斐济摆脱传统贸易伙伴澳大利亚和新西兰，并重新定位其外交关系重点。加入不结盟运动有利于斐济在南南轴心集团内建立立足点，实现与金砖国家（巴西、俄罗斯、印度、中国和南非）建立关系的愿望，并巩固斐济作为太平洋战略枢纽的地位。斐济还寻求在东盟获得观察员国地位，斐济与印度的紧密联系提高了其加入东盟的胜算。在太平洋地区内，斐济加深了与美拉尼西亚先锋集团（MSG）的接触，以与太平洋岛国论坛对抗，以重申斐济在太平洋地区的中心地位。

---

* Anna Powles，梅西大学安全研究高级讲师。Jose Sousa－Santos，维多利亚大学国际关系硕士，曾任新西兰警方情报分析师。来源：洛伊国际政策研究所（澳大利亚智库），2016年8月19日。

二十国集团观察：杭州峰会和汉堡峰会

Ye Yu*

原文标题： G20 Monitor：Towards Hangzhou and Hamburg

文章框架： 二十国集团一致同意使用政策工具并详细阐述财政政策的作用，这反映出原先谨慎利用政策工具支持经济增长的二十国集团成员的态度发生了微妙的转变。

观点摘要：

二十国集团一致同意使用政策工具并详细阐述财政政策的作用，这反映出原先谨慎利用政策工具支持经济增长的二十国集团成员的态度发生了微妙的转变。从根本上说，这一转变反映出二十国集团已经认识到主要国际组织对世界经济增长预测持续下行的挑战。二十国集团成员更平衡的增长共识可能不会转化为集体行动计划（与 2009 年一样）；但中国国家主席对如何促进财政和结构性政策相互作用持积极态度。类似的辩论在中国内部继续开展。当人们使用“供给侧改革”一词时，严谨的经济学家强烈质疑基础设施公共投资的合法性和必要性，以及这个经济结构改革议程能否在现代中国顺利实施。基础设施投资仍然是二十国集团的重点领域，2016 年二十国集团议程将优先考虑多边开发银行的作用。包括新建的亚洲基础设施投资银行和金砖国家新开发银行在内的 11 个多边开发银行应运而生，它们共同宣布支持基础设施投资的愿景，既包括增加投资数量的措施也包括提高投资质量的措施。中国在二十国集团杭州峰会上倡议建立一个全球基础设施互联互通联盟，以加强区域和国家基础设施建设的合作，促进协同增效。

---

* Ye Yu，上海国际问题研究院世界经济研究所所长助理、助理研究员，洛伊国际政策研究所非居民研究员。来源：洛伊国际政策研究所（澳大利亚智库），2016 年 8 月 19 日。

特朗普总统和衰落的多边主义

Hannah Wurf *

原文标题： President Trump and the Decline of Multilateralism

文章框架： 美国对二十国集团的态度；澳大利亚在多边合作中的位置；多边合作机构面临的选择；澳大利亚面临的挑战。

观点摘要：

1. 传统上，二十国集团是一个秘密会议，旨在促进先进和新兴经济体就全球经济状况进行讨论。这些讨论的秘密性往往使评论家感到失望。但是，特朗普将不会遵循首脑会议公约，因为他很乐意将外交议程视为总统公开活动的一部分。

2. 有些人可能希望特朗普避开二十国集团。但是，美国总统在二十国集团中看不到任何利益，这将向其他国家领导人发出一个信号：这个论坛不值得他们参与。特朗普对二十国集团的态度仅仅帮助他减少了多边合作，而澳大利亚却需要从多边合作中获利。

3. 澳大利亚作为一个开放、中等规模的贸易经济体，从融入全球经济中获得实际价值。澳大利亚也为制定全球规范和标准做出了贡献。如果当前多边机构的质量下降，那么因竞争而产生的机构将增加。澳大利亚在这种情况下可能会失败。

4. 多边机构是国家间进行国际合作的手段，并以此促进各种形式的全球化。美国在二战以来建立的多边机构中发挥了系统性的作用。它是国际货币基金组织和世界银行以及许多区域开发银行的主要股东。国

---

* Hannah Wurf，悉尼大学国际政治学学士，伦敦政治经济学院比较政治学硕士；曾是国际经济治理研究员；研究领域为二十国集团和多边开发银行。来源：洛伊国际政策研究所（澳大利亚智库），2016 年 12 月 16 日。

际货币基金组织旨在提供一个全球金融安全网，而世界银行则将世界各地的扶贫计划列入议程。

5. 这些机构现在面临一个困难的选择：要么说服唐纳德·特朗普接受它们，要么在接下来的四年中脱颖而出，进行改革，以获得美国的支持。如果选择后一种方案，我们肯定会看到更多类似“南南合作”、金砖国家首脑会议和中国主导的亚洲基础设施投资银行等新机构的出现。

6. 澳大利亚将因未来四年美国领导的多边主义的衰落而处于不利地位。作为布雷顿森林战后协议的一个组成部分，澳大利亚已将其在全球事务上的发言权视为理所当然。七国集团和金砖国家间南北分歧的双重下降可能使澳大利亚受到冷落。中等强国合作体（MIKTA）的松散组合可能不会对澳大利亚有太大帮助。

7. 澳大利亚已加入亚洲基础设施投资银行，但在日本和美国领导的亚洲开发银行中拥有较少发言权。澳大利亚不能依赖与中国及其机构任何形式的特殊关系。正如前任外交部部长彼得·瓦吉斯（Peter Varghese）在最近的一次演讲中所表明的那样：“澳大利亚没有能力影响中国政治的方向。”历史表明，当大国之间的事务趋向缓和时，就被夹在中间的势力或其所属的多边机构而言，这并不是一个好兆头。

是时候让不丹发声了

Olivia Shen*

原文标题： Time for Bhutan to Speak up

文章框架： 作为中国和印度之间竞争的舞台，不丹这个以其“国民幸福指数”和皇室家族而闻名的内陆小国，在过去几个月中艰难度日；2017 年 8 月 28 日，中国和印度均同意从洞朗地区撤回军队以控制局势。

观点摘要：

1. 作为中国和印度之间竞争的舞台，不丹这个以其“国民幸福指数”（Gross Domestic Happiness）和皇室家族而闻名的内陆小国，在过去几个月中艰难度日。2017 年 6 月，中国的工作人员开始在中国、印度和不丹交界处以北的洞朗地区修建一条道路。不丹要求修路工人停止工作，印度调配军队支持不丹，局势迅速升级为中印之间的对峙。中国声称这条道路是修建在中国境内的。而印度对靠近西里古里走廊的建设都异常敏感，因为这条走廊将印度东北部各州与该国其他地区连接起来。

2. 2017 年 8 月 28 日，中国和印度均同意从洞朗高原撤军以控制局势。洛伊国际政策研究所研究员罗里・梅德卡夫认为，印度成功地在中国的高压政治下赢得了这一轮的胜利。另一些人则认为，中国并没有被吓退，而是暂时退却，以避免边界争端给其在厦门举办的金砖国家领导

---

* Olivia Shen，悉尼大学国际关系学士，目前正在澳大利亚国立大学攻读公共政策硕士学位；战略研究中心访问学者，澳大利亚总理内阁部国际司顾问；2015 年曾担任澳大利亚国立大学国会研究员。来源：洛伊国际政策研究所（澳大利亚智库），2017 年9 月 11 日。

人会晤蒙上阴影。莫迪总理和习近平主席在金砖国家领导人会晤中发出了和解的信号。不丹基本上从洞朗对峙事件谁赢谁输的讨论中脱离，在整个事件中，不丹一直保持着明显的沉默，因为中印两个大国已代表它发声。2017 年 7 月 5 日，中国外交部称不丹接受洞朗为中国领土，因此印度没有理由进行干预。最终，就只剩下印度单方来反驳这种说法。不丹在 2017 年 6 月 29 日就此事发表的初步声明无法说明它是否真的寻求过印度对此事的干预。但不丹在 8 月的声明中对紧张局势的缓和表示欢迎，这是对洞朗地区恢复原状的呼吁。

中国视角下的全球金融改革：少指责，多努力

Liu Xiaoxue*

原文标题： Global Financial Reform from China's Perspective：Less Finger - pointing，More Hard - work

文章框架： 中国是世界经济贸易量最大的国家，同时也是外商直接投资流出量第三大国，还是全球经济一体化的一部分，其虽然更容易受到全球市场的冲击，但也获得了更大的市场；中国为实现其目标，正在三个层面上进行工作；鉴于中印两国的国际地位，在金砖国家框架下，双方频繁开展宏观政策对话、加强本币清算制度建设、鼓励银行间合作。

观点摘要：

1. 中国是世界经济贸易量最大的国家，同时也是外商直接投资流出量第三大国，还是全球经济一体化的一部分，其虽然更容易受到全球市场的冲击，但也获得了更大的市场。因此，中国已经开始提倡并率先改革全球经济治理机制。中国更倾向于对现有的全球金融机制进行结构性改革，对新兴市场进行配额分配，实行更有效的监督和检测机制，以及发挥特别提款权（SDR）的更大作用，而不是削弱现有的全球金融机制。

2. 为实现这些目标，中国正在三个层面上开展工作：从全球来说，

* Liu Xiaoxue，中国社会科学院亚太与全球战略研究院副研究员。来源：李光耀公共政策学院（新加坡智库），2016 年 4 月 13 日。

中国正在加强二十国集团内部的政策合作；从区域来说，推动区域全面经济伙伴关系协定（RCEP）的谈判，从而受益于区域经济更深层次的一体化，同时也率先推动建立亚洲基础设施投资银行（AIIB，以下简称亚投行）和金砖国家新开发银行（NDB），促进区域基础设施的互联互通；从双边方面来说，中国正在深化与全球合作伙伴的贸易、投资和货币安排。

3. 中国与印度在这三个层面上合作。两国在改革国际货币和金融体系方面都有共同的利益。事实上，鉴于双方的国际地位，在金砖国家框架下，双方频繁开展宏观政策对话、加强本币清算制度建设、鼓励银行间合作。此外，随着对基础设施发展资本的巨大需求，印度已成为亚投行和金砖国家新开发银行的创始成员。对双边经济关系来说，贸易赤字上升是唯一主要关注的问题，且短期解决方案可能不存在。一般来说，在国际舞台上，相比对抗，中印两国更多的是进行合作。在当前全球金融风暴背景下，中国和印度作为两个较大的发展中经济体正在共同努力，以在改善全球金融治理方面发挥更大作用。

中印安全讨论：二级逻辑

David Scott *

原文标题： Security Discussions between China and India：A Two – Level Logic

文章框架： 中国和印度于 2016 年 4 月至 9 月进行了各种安全讨论，与会人员涉及特别代表、国家安全顾问、国防部部长、外交部部长和政府首脑。

观点摘要：

中国和印度于 2016 年 4 月至 9 月进行了各种安全讨论，与会人员涉及特别代表、国家安全顾问、国防部部长、外交部部长和政府首脑。这些讨论显示出一些全球协议的二级逻辑，但更明显的是区域分歧。中国和印度关于在全球范围内对抗恐怖主义有共同的关切。2016 年 9 月 15 日，中国国务委员杨洁篪与印度国家安全顾问阿吉特·多瓦尔（Ajit Doval）出席了金砖国家安全事务高级代表会议，就在前一天，还进行了组建金砖国家反恐工作组会议。全球协议、多极化、反恐和经济共同发展问题，是中国和印度在 10 月 15 日举行的金砖国家峰会上将要解决的。

---

* David Scott，印度和中国外交政策顾问分析师、作家，已于 2015 年从布鲁内尔大学退休。来源：李光耀公共政策学院（新加坡智库），2016 年 4 月 28 日。

综合基础设施投资计划能否有助于更有效的公共支出？

Mike Muller；Horacio Zandamela*

原文标题： Can Integrated Infrastructure Investment Plans Contribute to More Effective Public Spending?

文章框架： 许多人认为，中国在过去二十年对基础设施投资过剩，而美国则在基础设施方面投资不足；作为发展资金新的来源地，金砖国家打破了布雷顿森林体系的资金垄断，导致金融领域的竞争加剧；华盛顿共识的衰退和金砖国家的兴起增加了政治和经济发展的复杂性，特别是对公共资金的管理，具体来说就是给公共领域的大型投资项目管理带来了很大困难。

观点摘要：

1. 基础设施建设需要多少资金？基础设施投资计划一直是政府面临的一项挑战，这一挑战尚未得以解决。世界较大的两个经济体的经验证实了这一点。许多人认为，中国在过去二十年对基础设施投资过剩，而美国则在基础设施方面投资不足。在这些国家当中，投资水平或多或少由政策决定。较为落后的国家则面临基础设施需求较大而资金不足的挑战。因此，各国力图通过制定国家发展规划以及预算计划来系统地解决这一挑战。发展规划有着曲折的发展历程。在后殖民时代早期，发展规划被认为几乎是强制性的。后来，人们认为发展规划与国家主导发展

* Mike Muller，来自南非威特沃特斯兰德大学治理学院。Horacio Zandamela，来自南非威特沃特斯兰德大学治理学院。来源：联合国大学（日本智库），2016年12月15日。

的意识形态有关，因此遭到反对。而现在，人们普遍认为，某种形式的发展规划是必要的，它有助于政府在更广泛的经济发展中进行干预。如何让发展规划由一个良好的建议转变为切实可行的项目一直是实际工作者的关切。政治运行往往是短期的，一次选举就是一次周期。而经济和社会发展的战略和计划必须持续数十年。因此，要确保短期的政治决策能够得到长期战略的指导，就必须采取一些系统的方法。应对这一挑战的一种手段便是制订一项综合投资计划，或者更具体地说，制订一项综合基础设施投资计划（IIIP），该计划主要侧重于建设实现发展目标所需的基础设施。

2. 莫桑比克的经验突出表明，严重依赖外国财政支持的落后国家或发展中国家在利用综合基础设施投资计划推动国家发展时面临很大困难。当前，金砖国家的合作进入政策和融资阶段。21 世纪初，中国、印度、巴西和其他中等收入国家迅猛发展，这为莫桑比克等国提供了新的金融选择。作为发展资金新的来源地，金砖国家打破了布雷顿森林体系的资金垄断，导致金融领域竞争加剧。华盛顿共识的衰退和金砖国家的兴起增加了政治和经济发展的复杂性，特别是对公共资金的管理，具体来说就是为公共领域的大型投资项目管理带来了很大困难。

中国应该加入“全球有效发展合作伙伴关系”吗？

Xiaoyun Li *

原文标题： Should China Join the GPEDC？

文章框架： “全球有效发展合作伙伴关系”的核心价值是在其议程上更加开放，在成员方面更具包容性；新兴国家的快速发展不仅改变了全球政治和经济格局，而且通过金砖国家新开发银行（NDB）和亚洲基础设施投资银行等机构，重塑了全球发展治理结构。

观点摘要：

1. 继2014年4月15～16日在墨西哥城举行“全球有效发展合作伙伴关系”（GPEDC）第一次高级别会议之后，当时来自130个国家的1500多名代表出席会议，第二次会议最终于2016年11月28日至12月1日在内罗毕举行。“全球有效发展合作伙伴关系”于2011年在韩国釜山举行的第四届“援助有效性高级别论坛”上启动，并被证明是国际发展合作的转折点。“全球有效发展合作伙伴关系”认识到南南合作（SSC）的作用日益重要。在墨西哥城举行第一次会议的目的是启动从有效援助向有效发展过渡的议程，而第二次会议则在关键时刻到来。现在是回顾经验教训（从长达10年的实施有效援助和有效发展议程的尝试中汲取）的时刻，也是展望可持续发展新时代（基于《2030年可持

---

* Xiaoyun Li，德国发展研究所访问学者，还在国际发展研究网络以及南方智库网络任职；在中国农业大学拥有杰出的发展研究教授职位。来源：德国发展研究所（德国智库），2017年7月6日。

续发展议程》）有效作用的时刻。“全球有效发展合作伙伴关系”的核心价值是在其议程上更加开放，在成员方面更具包容性。然而，由于金砖国家的不情愿，甚至是在“全球有效发展合作伙伴关系”进程开始时就存在怀疑态度，金砖国家（巴西、俄罗斯、印度、中国和南非）中的四个国家缺席第二次会议，只有俄罗斯参加。这对伙伴关系的“全球性质”产生了重大影响。

2. 新兴国家的快速发展不仅改变了全球政治和经济格局，而且通过金砖国家新开发银行（NDB）和亚投行等机构，重塑了全球发展治理结构。新兴大国主要通过其所谓的南南合作框架来影响全球发展议程，该框架强调贸易和投资的发展，而“全球有效发展合作伙伴关系”主要侧重以援助为基础发展合作体系，其议程仍主要是提供援助。然而，由于“全球有效发展合作伙伴关系”已经向有效发展议程迈进，而且新兴大国通过发展方式影响了全球发展，因此，似乎有机会说服不同的力量为可持续发展目标做出贡献。

南南合作的传奇结束了吗?

Thomas Fues[*]

原文标题: Is the Romance of South – South Cooperation Coming to an End?

文章框架: 南南合作局势日益紧张的主要原因是中国和印度之间的地缘政治竞争日益加剧;印度发展中国家研究与信息系统研究中心是一个隶属于印度外交部的智库,其通过举办一系列会议,大大加强了国际社会关于南南合作的辩论;正如中国官方媒体新华社所宣称的那样,扩大金砖国家的动机是“推动金砖国家成为南南合作的主要平台”;加强南南合作对落实可持续发展目标也至关重要。

观点摘要:

1. 在 1955 年印度尼西亚万隆亚非会议上诞生的跨洲团结的解放性项目——南南合作(SSC)的精神到底出了什么问题?南方地区继续团结一致反对西方地区,但与此同时,这个高度多样化的集团中日益紧张的局势也显而易见,正如最近在中国厦门举行的金砖国家(巴西、俄罗斯、印度、中国和南非)领导人会晤所显示的那样。一个主要原因是中国和印度之间的地缘政治竞争日益加剧,这对发展中国家以及对整个世界来说都是一个坏消息。如果南方的发展合作提供者在争取与传统捐助方互补的同时,并与之共同努力,那么 2030 年可持续发展议程的实施将是可行的。2019 年 3 月即将在阿根廷首都布宜诺斯艾利斯举行的第二届联合国南南合作高级别会议将为克服南方诸国之间的分歧和增强全球共同利益提供一个独特的机会。

---

* Thomas Fues,经济学家,研究领域为跨国合作。来源:德国发展研究所(德国智库),2017 年 9 月 11 日。

2. 印度发展中国家研究与信息系统研究中心（RIS）是一个隶属于印度外交部的智库，其通过举办一系列会议，大大加强了国际社会关于南南合作的辩论。最近一次会议揭示了南南合作的停滞和进步。一个关键的发现是显而易见的：南部发展合作的提供者仍然不能就南南合作的概念达成一致。2013 年，在联合国支持下创建的一个南南合作供应商平台已经悄然消失，原因是相关政府缺乏共识。

3. 印度和中国之间的紧张关系日益加剧。中国把所有的努力都集中在“一带一路”倡议上，该倡议聚焦于亚洲和非洲的许多发展中国家。印度与日本联手推出了“亚非增长走廊”（AAGC）。目前，印日两国似乎都没有准备就促进互联互通、贸易和投资的方案进行对话和协调。这些摩擦被中国扩大金砖国家的愿望放大，比如考虑将印度尼西亚和巴基斯坦纳入金砖国家成员国行列。印度对这一举动持有保留意见，其就中国政府对全球领导者的野心表示担忧。正如中国官方媒体新华社所宣称的那样，扩大金砖国家的动机是“推动金砖国家成为南南合作的主要平台”。

4. 南方大国之间的竞争给发展中国家带来了相当大的风险。若发展中国家违背这两个大国的意愿，它们可能面临一种情况，即必须在两者之间做出选择。例如，非洲联盟（AU）或东南亚国家联盟（ASEAN）等区域组织应该充当缓和潜在冲突并将其转化为机遇的重要媒介。此外，诸如国际南南智库网络（NeST）和 T20 非洲常设工作组（T20ASG）等智库也需要在促进相互理解和建设性途径方面发挥重要作用。正如南非国际事务研究所主任伊丽莎白·西迪罗普洛斯（Elizabeth Sidiropoulos）所言：“非洲人珍视与印度和中国的伙伴关系，他们将寻求合作，而不是对抗。”此外，加强南南合作对落实可持续发展目标也至关重要。

慕尼黑大学莱布尼茨经济研究所：世界经济环境大大改善

Dorine Boumans*

原文标题： IFO World Economic Climate Improves Considerably

文章框架： 新兴市场和发展中经济体的经济环境在 2017 年第四季度仍然“保持积极态势”；中国的经济气候指数依然保持在有利水平上；巴西的经济表现评估结果比之前更为积极，尽管水平很低，但其经济前景乐观。

观点摘要：

1. 新兴市场和发展中经济体的经济环境在 2017 年第四季度仍然“保持积极态势”。虽然大部分地区的经济气候指数得到了积极评估，但综合指标的提升更应归因于新兴和发展中的亚洲与欧洲国家。主要新兴市场（巴西、俄罗斯、印度、中国和南非，即金砖国家）的经济表现也得到了提升。分析人士预计将来的经济环境会有所改善，这表明未来几个月中经济复苏的势头会进一步加强。印度经济环境的进一步改善是金砖国家总体经济增长背后的主要推动力。先前的调查显示，印度的经济指数得到显著提升（从之前的 13.8 上升到 43.9）。预计在未来几个月中，私人消费和资本支出也将有所增加，进出口贸易量也将进一步提升。在 4 种主要货币中，欧元对印度卢比汇率的估值稍高，而日元对印度卢比汇率的估值却偏低。与之前的调查相比，更多的专家相信印度的短期和长期利率将上升。2018 年印度的通货膨胀率预计将比 2017 年高 0.2 个百分点。

---

* Dorine Boumans，慕尼黑大学莱布尼茨经济研究所宏观经济研究中心研究助理。来源：德国经济研究所（德国智库），2018 年 2 月 13 日。

2. 中国的经济指数依然保持在有利水平上。由于资本支出趋缓，并预计近期也不会有所改善，所以国内需求似乎会作为经济增长的主要驱动因素。在4种主要货币中，只有美元对人民币汇率被认为估值偏低，其他三种货币对人民币汇率的估值适中。在未来6个月内越来越多的中国受访者预计利率会上升。私营部门的贷款比例将提升到87.5%。俄罗斯目前的经济表现被认为是不利的，但其经济前景有所好转，经济指数会有轻微提升，这是俄罗斯经济指数自2012年以来的首次回升。一方面，俄罗斯在需求和投资方面还有提升的空间。另一方面，出口行业预计将进一步回升。81.8%的俄罗斯受访者表示，企业的信贷受到了限制。

3. 巴西的经济表现评估结果比之前更为积极，尽管水平很低，但其经济前景乐观。这是自2013年夏季以来对巴西经济环境的第一次积极评价。这表明巴西有望迎来更加稳固的经济复苏。巴西货币雷亚尔对其他4种主要货币的汇率均被低估。专家指出这可能会促进出口的增加。本年度巴西的通货膨胀率预计会被设定为3.8%。就利率而言，专家预计巴西利率将下降，但不会达到与上次调查结果一样的程度。75%的专家也报道称，公司向银行申请贷款也受到了限制。南非当前的经济形势有所恶化，但对未来的预期依然乐观，这一乐观的前景可能与西里尔·拉马福萨（Cyril Ramaphosa）（作为南非执政党非洲人国民大会的领导人）的选举有关。人们希望他会对西方世界和国际社会采取比其前任雅各布·祖马（Jacob Zuma）更开放的政策，并且希望这次选举能够恢复投资者的信心。

金砖国家新开发银行：从强调经济实力转向创新能力

Andrew F. Cooper*

原文标题： The BRICS' New Development Bank：Shifting from Material Leverage to Innovative Capacity

文章框架： 金砖国家新开发银行（NDB）应该以一种特殊的方式运作，因为它具有突出特点；在治理决策中对平等原则的承诺是金砖国家新开发银行最显著的特征之一，然而，如何实施这一原则的细节是造成金砖国家成员之间局势紧张的主要原因之一；在漫长的金砖国家新开发银行谈判过程中，中国评论家质疑平等原则是否会削弱机构效率；值得赞扬的是金砖国家的集体文化；金砖国家集体文化产生的因素之一在于对传统金融机构的发展方式深感沮丧；为避免与传统金融机构或亚投行趋同，金砖国家新开发银行开始推行一种替代发展模式，通过支持绿色基础设施项目来实现可持续发展；正如在流程创新方面坚持对平等原则的承诺，印度也为金砖国家新开发银行产品创新提供了“理念催化”；金砖国家新开发银行首批项目投资计划推迟对俄罗斯提议项目的投资体现出该银行缺乏平等原则；在金砖国家成员范围内发展以绿色能源为重点的小规模项目，并且不排除在金砖国家范围之外发展

---

* Andrew F. Cooper，加拿大贝尔斯利国际关系学院、加拿大滑铁卢大学政治学教授，比利时联合国大学比较区域一体化研究所副研究员。来源：世界经济论坛（瑞士智库），2017 年 6 月 15 日。

大型基础设施项目；金砖国家新开发银行在推进绿色能源项目和制定一套将环境与社会风险纳入考量的政策之间存在一系列障碍；在金砖国家新开发银行通过发行以成员国货币计价的债券筹集资金确实存在一些出于实践意义的动机，因为这样做可能会创造出五个资本聚集地；尽管金砖国家新开发银行发行绿色债券的金额并不如预期那么大，但是向绿色金融的转移非常具有吸引力；由于传统金融机构放贷速度缓慢，金砖国家新开发银行一再表示，其基本优先事项之一就是速度。

观点摘要：

1. 本报告认为，金砖国家新开发银行（NDB）应该以一种特殊的方式运作，因为它具有突出特点。首先，金砖国家新开发银行应该以平等原则取代传统多边开发银行的不公平结构。虽然这种创新决策形式历经漫长谈判，并且还远未落实，但是金砖国家新开发银行成员的权利和义务平等原则标志着全球治理原则的显著转变。其次，金砖国家新开发银行不再专注于主要基础设施项目。鉴于亚洲基础设施投资银行（AI-IB，以下简称亚投行）注重传统的基础设施建设板块，金砖国家新开发银行则表明其致力于推进产品创新，正如它通过绿色基础设施建设来促进经济可持续发展所证明的那样。金砖国家新开发银行对绿色基础设施的偏好正处于初始阶段，这一转变表明其关注利基项目。再次，值得注意的特点是金砖国家新开发银行的目标，这一目标是：利用创新手段来建立资本储备，即发行以金砖国家货币计价的债券，并以绿色债券为重点。这种创新手段效果如何还有待考察，但这种方法对金砖国家新开发银行与信用评级机构的互动具有严重影响。最后，金砖国家新开发银行的第四个特点是追求贷款交付创新。鉴于金砖国家新开发银行一度延迟成立，对速度的强调是对提高运作性能的一种补偿。灵活而专注的贷款交付方式有可能将金砖国家新开发银行与其他多边金融机构区分开来。所有这些特征都强调了金砖国家新开发银行从注重资金储备转向注重提升理念。这种重新调整并不意味着集体形式的创新型领导能够顺利克服金砖国家新开发银行成员之间不同立场的制约。尽管亚投行在中国

“追求成就”的大战略中扮演了重要角色，但是金砖国家新开发银行的落实经历了复杂而耗时的谈判。

2. 成立其他多边金融机构的驱动因素之一是建立一个基于成员平等的金融结构。在治理决策中对平等原则的承诺是金砖国家新开发银行最显著的特征之一。然而，值得注意的是，如何实施这一原则的细节是造成金砖国家成员之间局势紧张的主要原因之一，中国愿意通过提供更多的财政资助来改变这一原则，而印度认为金砖国家新开发银行应通过严格执行公平贡献规则来保持其独特性。由于担心中国对金砖国家新开发银行的统治，印度在金砖国家新开发银行谈判的各个阶段均支持平等原则。印度对公平原则的强烈支持不仅证明了它对国际金融机构缺乏公平性的挫折感，而且也证明了其质疑金砖国家新开发银行所倡议的理念受到了中国经济实力的威胁。回顾过去，值得注意的是，在 2008 年全球金融危机之后，印度，而不是中国率先探索了替代筹资战略。印度前总理曼莫汉·辛格（Manmohan Singh）拥有广泛的经济学科背景，包括担任印度财政部首席顾问、储备银行行长、计划委员会副主席、总理经济事务顾问和“南方委员会”秘书长，他非常支持印度的这种努力。鉴于此背景，印度于 2012 年 3 月在新德里举办的金砖国家领导人第四次会晤上将建立金砖国家新开发银行作为关键议程提出并不令人惊讶。在金砖国家领导人第四次会晤前举行的财长会议认为建立金砖国家新开发银行是优先事项。而且，建立金砖国家新开发银行标志着金砖国家将发展到更广泛的范围。

3. 中国并没有阻止建立金砖国家新开发银行，但是它最初对印度提案的矛盾反应放慢了谈判进程和机构创建过程。在漫长的金砖国家新开发银行谈判过程中，中国评论家质疑平等原则是否会削弱机构效率。正如上海高级金融学院教授朱宁在接受中央电视台采访时所言：“如果五个国家在同一机构中享有平等的份额，那么就会出现协调问题。”最终，在其他成员的帮助下，印度成功地动员各国捍卫广泛的平等原则，这是金砖国家新开发银行成立宣言中的条件。但是中国提出了另外两个问题，尽管这两个问题削弱了金砖国家新开发银行成员之间的平等待遇，但也是出于对机构效率的担忧。第一个问题是金砖国家新开发银行总部的所在地。印度想以其作为银行成立的激励者角色来争取将总部设在国内。而中国则认为总部应该设立在上海，上海被认为是具有许多优势的地点。关于金砖国家新开发银行平等原则的第二个问题在于该银行应该只向金砖国家成员提供贷款还是也向非成员提供贷款。中国致力于开发金砖国家成员之外的客户群，而印度则希望该银行目标更加集中，满足成员国需求。换句话说，印度侧重于优先建设自己的基础设施，但中国凭借其庞大的经常账户盈余优势寻求在全球范围内为发展项目融资。

4. 值得赞扬的是金砖国家的集体文化，即象征着五位成员不同的政治主权，而且即使在压力下五位成员之间也能保持凝聚力。然而，保持组织凝聚力的前提是在讨论主要问题时略显尴尬的平衡。虽然金砖五国在初始认购资本方面坚持最初的模式，即每个成员配额为 500 亿美元（每个国家分摊 100 亿美元，必要时实缴股本可根据要求再增加 400 亿美元），但是随着时间的推移，金砖国家新开发银行将允许最高 1000 亿美元的授权资本。在集体文化的平衡行为中，中国确保了上海作为金砖国家新开发银行总部的地位。作为回报的一种形式，金砖国家新开发银行第一任行长由印度人担任，任期为五年。第二任和第三任分别由巴西和俄罗斯选拔。在贷款资格问题上，中国也获得了胜利，金砖国家新开发银行能够在全球范围内提供贷款。如果说中国在贷款交付方面获得了大部分优势，那么印度则在资本方面获得了一些补偿。金砖国家新开发银行规定其他国家（包括工业化国家）的投票份额为 40% 至 45%，这有助于实现印度长期以来所倡导的开放立场。这种对外开放不仅可以削弱中国的主导地位，而且有助于金砖国家新开发银行吸引来自其他信用评级为“顶级”的国家的资本。

5. 金砖国家集体文化产生的因素之一在于对传统金融机构的发展方式深感沮丧。在产品创新方面，核心问题主要集中在世界银行和亚洲开发银行等机构无力满足南方国家基础设施融资需求方面。由于私人投资者、养老基金和主权财富基金不愿意负担长期项目，这一资金缺口已扩大到每年约 1 万亿美元。亚投行试图通过与传统金融机构一道解决这些问题。为了应对这种问题，亚投行寻求扩大其活动范围。鉴于获得

AAA评级，亚投行在2025年之前将其资本增加到1000亿美元或以上的可能性很大，尽管亚投行资本规模仍然远低于世界银行和亚洲开发银行（共4000亿美元）。

6. 印度担忧中国利用亚投行推动“一带一路”倡议，特别是中国-巴基斯坦经济走廊。最重要的是，印度政府对中巴经济走廊比较敏感，因为该走廊经过印度声称是其领土的区域。在这种情况下，印度坚持要求在亚投行的章程中插入一项条款，即要求在对有争议领土提供项目融资时需得到争议双方的同意，这项限制条件最终使将对该经济走廊的融资项目从亚投行转移到丝路基金。金砖国家新开发银行以多种重要方式拓展了产品创新模式。为避免与传统金融机构或亚投行趋同，金砖国家新开发银行开始推行一种替代发展模式，通过支持绿色基础设施项目来实现可持续发展。从产品创新的角度来看，金砖国家新开发银行第一轮贷款（2016年4月宣布）的突出特点是高达8.11亿美元的贷款并没有流入大型基础设施建设项目，而是流入了每个金砖国家成员（除了俄罗斯之外）为期12~20年与清洁可再生能源相关的小型项目。巴西国家经济和社会发展银行获得最高贷款，价值达到3亿美元，用于帮助建设600兆瓦的可再生能源发电项目。金砖国家新开发银行还将向印度的卡纳拉银行（Canara Bank）提供2.5亿美元贷款，其中的7500万美元专用于500兆瓦的可再生能源项目。南非国家电力公司也将获得1.8亿美元的贷款，以用于输电网络的建设，该网络可用来传输670兆瓦并且转换500兆瓦的可再生能源发电。中国上海的临港弘博新能源发展有限公司也获得了8100万美元贷款，以用于100兆瓦的太阳能屋顶发电项目。

7. 正如在流程创新方面坚持对平等原则的承诺，印度也为金砖国家新开发银行产品创新提供了“理念催化”。在清洁能源领域，印度总理纳伦德拉·莫迪的干预具有决定性。在金砖国家乌法峰会上，莫迪表示，“我希望金砖国家新开发银行的首个大型投资项目能够锁定在清洁能源领域”。与流程创新不同，需要强调的是，印度在金砖国家新开发银行推动可持续发展方面并未加剧其与中国的紧张关系。相反，这符合中国追求绿色议程的愿望，中国2016~2020年的五年规划旨在向低碳经济转型，并开始发展“生态文明”。

8. 尽管金砖国家新开发银行拥有“雄心壮志”，但是存在一些严重局限性阻碍其实质性地推动产品创新。首先，金砖国家新开发银行第一批项目投资计划推迟对俄罗斯提议项目的投资体现出该银行缺乏平等原则。虽然这一拖延并没有持续很长时间（从2016年4月至7月），2016年7月，金砖国家新开发银行宣布将为卡累利阿共和国两座小型水力发电站——“Byeloporozhskaya 1 号”与“Byeloporozhskaya 2 号”水电站的建设融资，总投资额为118亿卢布，这种差异化表现令人费解。俄罗斯不仅强烈支持利用金砖国家新开发银行开展金砖国家内部开发项目，而且还提议该行支持卡累利阿共和国的一个小规模发电项目。然而，由于需要确认该项目的环保信誉，以及受更广泛的地缘政治环境影响，俄罗斯的提议项目被排除在首轮投资名单之外。

其次，金砖国家新开发银行的另一个问题是缺乏连续性。在金砖国家成员范围内发展以绿色能源为重点的小规模项目，并且不排除在金砖国家范围之外发展大型基础设施项目。在2015年金砖国家乌法峰会上，各金砖国家开发银行的主席将证明项目环保信誉的重要性置于平等、互利和负责任融资之下。金砖国家成员扩大金砖国家新开发银行放贷数额的雄心正在上升，这表明非洲和拉丁美洲的巨大基础设施融资缺口将不会持续很久。南非政府提出了一系列更为雄心勃勃的需要金砖国家新开发银行非洲区域中心融资的项目，这份清单包括刚果民主共和国的因加水电站建设项目及将其与莱索托王国联通的供水项目、南非的输电线路项目以及豪登省的输水管道项目，这些项目突出了金砖国家新开发银行首批投资项目的环保重点与更广泛需求之间的紧张关系。

最后，金砖国家新开发银行在推进绿色能源项目和制定一套将环境与社会风险纳入考量的政策之间存在一系列障碍。与亚投行经过一系列商讨之后正式建立一个雄心勃勃的（虽然受到高度争议）框架不同，金砖国家新开发银行已推迟制定任何社会和环境准则。正如非政府组织地球之友所表示的那样，如何界定绿色是银行在进行任何融资之前应该首先明确的事情，金砖国家新开发银行的界定标准缺位是其作为金融机构不成熟的标志，它可能还没有准备好进入国际舞台。

9. 在金砖国家新开发银行通过发行以成员国货币计价的债券来筹集资金确实存在一些出于实践意义的动机，因为这样做可能会创造出五个资本聚集地。金砖国家新开发银行筹资计划的关键在于将其物质弱势转化为理念强势。从国际硬通货市场融资为金砖国家新开发银行带来了种种困难。虽然金砖国家新开发银行希望国际三大评级机构能够在其发布第一轮贷款计划之前给予评级，但这个目标还没有实现。这种缺陷使金砖国家新开发银行面临贷款成本上升的风险。在金砖国家新开发银行的成员中，只有中国（信用评级为 AA－）具有进行高质量和低风险投资的资格，能够为基础设施投资提供国际融资。金砖国家新开发银行的这种局限性加强了其寻求国内市场融资的意图。而进一步推广创新模式以及发行绿色债券成为这一战略的关键。尽管缺乏来自国际三大评级机构的评级，但金砖国家新开发银行在实施从成员国本地债券市场融资战略方面取得了一些切实进展。中国的银行获得其国内机构的 AAA 评级，金砖国家新开发银行看准机会快速发行了五年期人民币绿色债券。印度工业信贷投资银行将自己定位为金砖国家新开发银行的初始合作伙伴，基于这样一种观念，它将在发行以卢比计价债券、共同融资、资金管理和人力资源管理方面给予金砖国家新开发银行支持。

10. 尽管金砖国家新开发银行发行绿色债券的金额并不如预期那么大，但是向绿色金融的转移非常具有吸引力。在全国范围内，中国通过在国内市场发行绿色债券获得了诸多优势。一方面，它允许中国实施发行绿色债券的政策以作为更广泛的金融多元化战略和融资标准设置的一部分，这是从国家发展和改革委员会（NDRC）制定的官方规则中脱颖而出的做法。另一方面，上海作为金融中心的地位得到了巩固，并开始带动债券市场和资本市场的开放进程。此外，这也为中国提供了与其他金融机制的比较优势。在缺乏国际三大评级机构评级的情况下，中国国内债券评级机构的信誉得到了提升。

11. 除了所有其他创新模式之外，金砖国家新开发银行希望在贷款交付方面采取不同的做法。由于传统金融机构放贷速度缓慢，金砖国家新开发银行一再表示，其基本优先事项之一就是速度。正如金砖国家新开发银行首任行长卡马特（K. V. Kamath）在接受任命时所说：“我们将关注的一个重点领域是贷款人希望放贷人遵循一定的时间表。我们需要研究哪些创新能够确保这个时间表或试图缩短这个时间表。”为了加快贷款交付速度，金砖国家新开发银行已经比亚投行更加以风险为导向，在速度与监控风险之间取得了不同的平衡。由于金砖国家新开发银行自信其推进的项目对环境的影响很小或没有影响，其在符合各种形式的体制监督方面更具有稳健性。金砖国家新开发银行在实现贷款交付创新方面的信心来源于其管理团队是一个具有自主性的实体。金砖国家新开发银行从一开始就不得不认真平衡国家利益与成员身份。但通过强调放贷速度，金砖国家新开发银行专业化的管理机构提供了一种鼓励成员更快工作以实现银行目标的方法，从而表明与其他金融机构相比，金砖国家新开发银行具有重要的优势。

为什么需要改变国际经济秩序

Paola Subacchi *

原文标题： Why Changes Need to Be Made to the International Economic Order

文章框架： 金砖国家在21世纪初有望成为全球经济的“新引擎”；如果主要发达经济体继续落后于全球经济体系变革，那么新兴经济体（其中中国处于领导地位）很可能会采取一种更为激进的方法去行事；国际货币基金组织致力于为全球经济提供广泛的金融安全网，区域性基础设施也已经建立，为应对偶然的资金紧缩危机提供了一种合作机制。

观点摘要：

1. 如果1997年的亚洲金融危机预示着金融体系间的相互关联日益密切，那么2008年的全球金融危机几乎指向了覆盖全世界的金融体系。与此同时，中国作为一个全球经济强国的崛起绝非微不足道。在经历了近三十年的两位数经济增长之后，中国在2001年加入世界贸易组织（WTO），现在已成为世界第二大经济体（按某些标准衡量，则是世界上最大的经济体），也是世界第一大出口国。2016年，人民币被正式纳入国际货币基金组织（IMF）特别提款权（SDR）货币篮子（其中还包括美元、欧元、日元和英镑）。中国并不是唯一一个为全球经济格局转型做出贡献的新兴经济体。金砖国家（巴西、俄罗斯、印度、中国和南非）在21世纪初有望成为全球经济的“新引擎”。尽管金砖国家中的个别国家对大宗商品周期还存在依赖，不愿接受改革，国内政治也面

---

* Paola Subacchi，英国查塔姆研究所国际经济研究中心主任。来源：世界经济论坛（瑞士智库），2017年9月8日。

临挑战，但毫无疑问，它们确实已经重塑了全球秩序。

2. 如果主要发达经济体继续落后于全球经济体系变革，那么新兴经济体（其中中国处于领导地位）很可能会采取一种更为激进的方法去行事。它们的方法旨在替代而不是重塑如今的机构。中国已经率先创建了两个多边发展机构——亚洲基础设施投资银行（AIIB）和金砖国家新开发银行（NDB），以及由中国政府专门资助的“丝绸之路基金”。亚洲基础设施投资银行和金砖国家新开发银行的总部分别设在北京和上海。它们的财力远不如世界银行（亚洲基础设施投资银行拥有1000亿美元，金砖国家新开发银行拥有500亿美元，世界银行拥有2000亿美元），但足以为相应地区的重要基础设施项目提供资金。虽然金砖国家新开发银行仅限于金砖国家，但亚投行拥有56个股东（美国和日本除外，美国前任总统巴拉克·奥巴马政府对其盟友日本施加压力，命令其不得加入亚洲基础设施投资银行，这是美国抵制中国领导机构的又一迹象）。

3. 国际货币基金组织致力于为全球经济提供广泛的金融安全网，但区域性的基础设施也已经建立，为应对偶然的资金紧缩危机提供了一种合作机制。例如，清迈倡议（CMI）将东盟各国和中日韩三国的外汇储备（名义总额为2400亿美元）用于金融危机期间向成员国提供互惠外汇信贷。如果必要的话，该倡议就可以扩大，但前提是成员已准备好承担风险。同样，金砖国家可以依靠大约1000亿美元的应急储备安排（CRA）来应对风险。

金砖国家的下一个10年
——这种关系会持续下去吗？

Samir Saran*

原文标题： The Next Ten Years of BRICS – Will the Relationship Last?

文章框架： 许多观察人士对金砖国家的倡议表示怀疑，而金砖国家各成员国内部对这一组织持怀疑态度的人可能并不比外界少；在金砖国家的第一个十年中，每一个成员国都在努力为合作打基础；金砖国家最显著的两项成就是金砖国家新开发银行（NDB）和金砖国家应急储备安排（CRA）的制度化；尽管金砖国家在过去十年中取得了一定的成功，但最近发生的两件事使金砖国家之间的分歧成为焦点；如果金砖国家要在未来十年继续保持密切关系，那么金砖国家的每一个成员国都必须对“一带一路”倡议所提供的各种机遇和固有的局限性做出现实评估。

观点摘要：

1. 多年来，许多观察人士对金砖国家（BRICS）（巴西、俄罗斯、印度、中国和南非）的倡议表示怀疑，而金砖国家各成员国内部对这一组织持怀疑态度的人可能并不比外界少。原因很明显，在这些国家团结的背后缺乏传统逻辑。它们在地理上是分散的，它们的经济处于不同的发展阶段，而且它们之间在意识形态方面也存在相当大程度的差异。

---

* Samir Saran，印度理工学院电子和电子工程学学士，伦敦政治经济学院媒体研究硕士；观察家研究基金会副主席，全球治理问题和印度外交政策评论员，全球网络空间稳定委员会委员，世界经济论坛南亚咨询委员会成员，全球未来网络安全理事会成员之一。来源：世界经济论坛（瑞士智库），2017年10月3日。

与其他经济联盟不同，金砖国家没有建立任何共同的政治或安全架构。然而，这并不会混淆金砖国家从成立之初就已很明确的事实，即建立一种便利和务实的21世纪关系，将各成员国的影响力汇集起来，以实现各成员国的统一目标。在一个经济和政治力量迅速扩散的多极世界中，金砖国家致力于改变和重塑全球治理规范，而这过去是由大西洋体系来塑造的。因此，金砖国家是在特定的地缘政治时期为达成一系列共同目标而汇聚在一起的几个国家。

2. 金砖国家的每一个成员都有自己的理由来维持这一多边组织。俄罗斯将金砖国家视为是对大西洋体系向东扩张的地缘政治制衡力量。对南非来说，加入金砖国家是使其非洲大陆门户和强国角色更具说服性的一种手段。金砖国家允许巴西参与到“亚洲世纪”的形成过程中，而不考虑它的地理位置。中国之所以加入，是因为它认为金砖国家是改变全球治理体系的重要工具，而在这一治理体系中，中国的政治影响力会逐步与其不断增长的经济实力持平。最后，对印度来说，金砖国家则能够将印度作为崛起大国的地位与其昔日作为发展中国家领导者的身份有效连接起来。

3. 在金砖国家的第一个十年中，每一个成员国都在努力为合作打基础，从确定政治问题的趋同领域到改善经济关系，从高级别领导人会晤和部长级会议到各种工作小组和会议，其成员之间的接触程度在这一时期有所加深。今天，各成员国在贸易、基础设施融资、城市化和气候变化等问题上已进行相当程度的合作。此外，各成员国在人员往来方面也取得了一些进展。事实证明，像金砖国家学术论坛和工商理事会这样的平台有助于增进成员国间对彼此产业、学术界和政府的了解。毫无疑问，金砖国家最显著的两项成就是金砖国家新开发银行（NDB）和金砖国家应急储备安排（CRA）的制度化。这些机构的重要性不可低估。一方面，它们标志着金砖国家从政治上的承诺转变为达成具体成果，缓解了有关金砖国家倡议的一些质疑。另一方面，它们代表了金砖国家核心目标的部分实现，即为大西洋全球治理体系提供可信赖的替代方案。虽然这些机构不太可能取代国际货币基金组织（IMF）或世界银行，但它们代表了一种根本不同的治理模式。金砖国家通过赋予其创始成员国平等的投票权，以及提升成员国对本国货币的依赖性，试图为发展中国家创造一个新的、非布雷顿森林体系式的国际货币体系。

4. 尽管金砖国家在过去十年中取得了一定的成功，但最近发生的两件事使金砖国家之间的分歧成为焦点。第一件事是印度和中国最近在洞朗的军事对峙，这实际上结束了一个天真的想法，即金砖国家成员国之间总是会存在一种“舒适”的政治关系。第二件事则是中国正在努力打造“金砖国家扩大机制”（BRICS Plus）模式，这是一种几乎不加掩饰的尝试，试图让各成员国在其“一带一路”倡议的基础上，形成更广泛的政治格局。这两件事都凸显出，当五个成员国推行各自的国家议程时，金砖国家的基本原则（尊重主权平等和全球治理中的多元化）有可能受到考验。然而，上述种种非但没有破坏金砖国家的项目，反而有可能将实用主义注入该倡议中。尽管金砖国家本身不太可能成为其各成员国外交政策的核心，但它将继续成为各成员国“工具箱”中的重要工具。从本质上讲，金砖国家各成员国现在很可能意识到，该组织本身是一种“有限目的的伙伴关系”，而政治障碍将永远限制该伙伴关系的全部经济潜力。

5. 如果金砖国家要在未来十年继续保持密切关系，那么金砖国家的每一个成员国都必须对“一带一路”倡议所提供的各种机遇和固有的局限性做出现实评估。金砖国家在其第一个十年中确定了彼此间的共同利益并为解决相关问题创造了平台，可以说它表现良好。然而，新的政治现实要求金砖国家重新调整它们的方针，并重申其创始精神。首先，金砖国家必须重申它们对多极世界的承诺，即尊重多极世界中的主权平等、决策民主。这样也有助于解决金砖国家内部和全球治理中权力不对等的问题。只有这种方法才能加强多边主义。其次，它们必须在金砖国家新开发银行（NDB）取得成功的基础上，投资其他金砖国家机构。按照经济合作与发展组织（OECD）的思路，建立一个机构研究部门将是有益的。经济合作与发展组织能够为金砖国家的发展提供与西方主导的知识范式截然不同的，并且更适合发展中国家解决世界问题的方案。再次，金砖国家应该在《巴黎气候变化协定》和联合国可持续发展目标的基础上，努力实现它们的承诺。例如，这可能包括建立金砖国家能源联盟和一个能源政策研究所。同样，金砖国家新开发银行与其他开发性金融机构的合作，将成为推动金砖国家实现可持续发展目标的有力工具。金砖国家还可以考虑扩大合作范围，以应对诸如外太空、海洋和互联网等全球治理中新兴领域面临的问题。最后，金砖国家必须鼓励其成员国间加强直接互动。在数字时代，人与人之间、商界和学术界之间的无缝对话可以促进多种关系的建立，这比任何政府努力都更有可能巩固金砖国家的未来。在金砖国家的第一个十年中，它采用了一种自上而下的政治资本投资方式，为其发展提供动力。而在金砖国家的第二个十年中，其发展必须依靠各成员国公民和社会组织的热情及勇于开拓的精神来推动。

印度对中国“一带一路”倡议的回应

Christian Wagner; Siddharth Tripathi [*]

原文标题： India's Response to the Chinese Belt and Road [①]Initiative

文章框架： 长期以来，印度一直在探索如何应对中国日益增长的影响力及其提出的“一带一路”倡议；几十年来，中国不仅是印度外交政策的焦点，也是印度在国际舞台上的主要竞争对手；与中国一样，印度历来都雄心勃勃，希望自己成为一个大国。

观点摘要：

1. 长期以来，印度一直在探索如何应对中国日益增长的影响力及其提出的“一带一路”倡议。现在，应对这一挑战的可行性替代方案正在变得越来越清晰。印度正在逐渐增强其与南亚其他国家的合作，这在以前是不可想象的。与此同时，印度与日本、美国和澳大利亚（都直接或间接地针对中国）建立了新的合作模式。对德国和欧洲来说，

---

* Christian Wagner，任职于德国科学与政治基金会。Siddharth Tripathi，任职于德国科学与政治基金会。来源：苏黎世联邦理工学院安全研究中心（瑞士智库），2018 年 2 月 14 日。

① 国家发改委会同外交部、商务部等部门对“一带一路”英文译法进行了规范。在对外公文中，统一将“丝绸之路经济带和 21 世纪海上丝绸之路”的英文全称译为“the Silk Road Economic Belt and the 21st – Century Maritime Silk Road”，“一带一路”简称译为“the Belt and Road”，英文缩写用“B&R”。考虑到“一带一路”倡议一词出现频率较高，在非正式场合，除首次出现时使用英文全称译文外，其简称译法可视情况灵活处理，除可使用“the Belt and Road Initiative”外，也可视情况使用“the land and maritime Silk Road initiative”。其他译法不建议使用。本书出现的“the Chinese Belt and Road”等为相关智库报告原有内容，为此，本书予以保留。

印度外交政策的转变为它们彼此间的合作开辟了新途径。

2. 几十年来，中国不仅是印度外交政策的焦点，也是印度在国际舞台上的主要竞争对手。1962 年印度在中印边界对峙中的失败，中国对巴基斯坦在经济、军事和政治上的支持，以及在中印有争议的边界地区发生的事件（如 2017 年夏天的洞朗对峙），都加剧了印度对中国的担忧。与此同时，中国也是印度最大的双边贸易伙伴。中印都是金砖国家（巴西、俄罗斯、印度、中国、南非）和上海合作组织（SCO）的成员，并且在国家间的贸易和气候谈判中，两国也经常对工业化国家采取类似的立场。

3. 与中国一样，印度历来都雄心勃勃，希望自己成为一个大国。比如，多年来它一直要求获得联合国安理会常任理事国席位。印度的核潜力凸显了其强国野心。然而，与中国不同的是，印度最多也只有中等强国的外交政策资源。尽管近年来印度经济增长强劲，但它在 2015 年人类发展指数中仅排在第 131 位（而中国排在第 90 位）。大约只有 900 人在印度外交部门工作，这个数字远远低于日本或中国外交部门的人数，印度几乎无法推行其外交政策和举措。

印度：莫迪带来的变化

Gautam Chikermane; Bidisha Ganguly;
Nicola Missaglia; Geethanjali Nataraj;
Garima Sahdev; Ugo Tramballi *

原文标题： India the Modi Factor

文章框架： 从金砖国家第一次举办正式会议以来，金砖国家至今已取得了一些里程碑式的成就；金砖国家同意设立金砖国家新开发银行（NDB）和金砖国家应急储备安排；金砖国家逐步而惊人地挺进世界经济体前十五名；金砖国家的结构和目标是重塑世界经济和金融体系权力分配的绝好机会；将金砖国家概念化为强大的政治外交实体的真正困境是印度与中国的历史性困境；金砖国家成员的共同点很少；所有金砖国家成员（除巴西外）都面临与中国巨大的贸易赤字；金砖国家之间缺乏有关进一步贸易和投资的政策协调；中国的确是金砖国家的主导经济力量；2017 年厦门金砖国家峰会是近年来最成功的金砖国家峰会之一；中国和印度都被视为发展中国家在多边合作领域的领导者，也是发展中国家和发达国家之间沟通桥梁的建设者；通过加入金砖国家，中国一直认为自己

---

* Gautam Chikermane，观察家研究基金会副主席。Bidisha Ganguly，印度工业联合会首席经济学家。Nicola Missaglia，国际政治研究所亚洲中心研究员。Geethanjali Nataraj，印度公共管理学院经济学教授。Garima Sahdev，国际贸易与投资法研究员。Ugo Tramballi，国际政治研究所高级顾问。来源：国际政治研究所（意大利智库），2018 年 2 月 13 日。

是新多极世界秩序的领导者；金砖国家致力于推行全球治理改革议程使其对发展中国家的差异化需求和关切更加敏感。

观点摘要：

1. 2001 年，高盛资产管理公司前董事长吉姆·奥尼尔（Jim O'Neill）为高盛资产管理公司“全球经济报告”系列文章撰写了一篇论文，并创造了“金砖四国”一词（南非加入后，2011 年该组织成为金砖五国）。那时谁也不知道，有朝一日“金砖国家”这一概念将挑战现状，并成为全球经济游戏规则（迄今为止由美国和其他七国集团成员控制）的改变者。高盛资产管理公司“全球经济报告”中的关键数据和统计数字使吉姆·奥尼尔确信金砖国家的巨大经济增长潜力及其在全球金融治理体系中的地位。同样，2011 年高盛资产管理公司预测美国将成为西方唯一留在世界五大经济体之列的国家，并且在面对以中国为首、印度其次的新兴经济体的崛起时，美国将逐渐失去优势。全球领先的高盛资产管理公司表示，到 2050 年，金砖四国（该预测发表于南非加入该组织之前）国内生产总值将占世界国内生产总值的 40%。普华永道会计师事务所发表的《2050 年的世界》也预测，到 2050 年，由中国和印度领导的新兴市场七国（E7）的增长速度将是七国集团的两倍，只要这些新兴经济体提高机构能力并加强基础设施建设就可以收获保持长期增长势头的利益。总部位于巴黎的经济合作与发展组织预测，即使仅计算金砖国家框架内新兴经济体的国内生产总值，中国和印度的国内生产总值在 2025 年前后也将超过七国集团的经济总量，并且将超过美国、日本和欧元区。目前，金砖国家人口占世界人口的 40%，2016 年金砖国家的国内生产总值合计占世界国内生产总值的 22.26%。

2. 从金砖国家第一次举办正式会议以来（与 2006 年八国集团峰会同期，来自巴西、俄罗斯、印度和中国的外交部部长在圣彼得堡会面），金砖国家（由来自三个大陆的五个在地理、政治、经济和文化方面均有差异的国家组成）至今已取得了一些里程碑式的成就。2009 年，金砖国家举办第一次峰会，此后，金砖国家每年都会举办一次峰会，最近的一次是第九届金砖国家厦门峰会。2011 年，南非加入了金砖国家，鉴于南非相较其他金砖国家较小的国内生产总值和人口规模，国际社会对此感到震惊，甚至有评论认为这是金砖国家衰落的开端。2016 年，南非国内生产总值为 2948.4 亿美元，约占世界经济总量的 0.48%。同年，印度和中国的国内生产总值分别为 22635.2 亿美元和 111991.5 亿美元，分别占世界经济总量的 3.65% 和 18.06%，与之相比，南非的国内生产总值显然很小。但是，在决定将非洲最大的经济体纳为会员时，金砖国家就逐渐成为一个有前途的政治外交实体，一个在现有世界秩序中崛起的新的强大集团，这远远超出了基于经济表现以适应国际金融市场的最初概念。

3. 2014 年，金砖国家同意设立初始资本为 1000 亿美元的金砖国家新开发银行（NDB）和应急储备安排，这代表着金砖国家的宏观政策协调，并被广泛视为旨在与世界银行和国际货币基金组织竞争的南南合作。为了提高全球经济竞争力，并着眼于促进市场联系，俄罗斯乌法举行的第七届金砖国家峰会通过了一项全面的《金砖国家经济伙伴战略》。该文件将作为金砖国家到 2020 年的贸易、投资和商业关系蓝图，考虑到所有成员国与中国的贸易逆差日益加剧（这是金砖国家面临的主要问题之一），该战略的达成非常关键。

4. 金砖国家逐步而惊人地挺进世界经济体前十五名标志着自布雷顿森林体系成立以来世界权力重心的重大转变，这种双标体系长期以来在全球经济治理体系中忽视和边缘化中国、印度和巴西等主要新兴经济体。在很长一段时间内，这些新兴经济体一直在引领全球经济发展，为世界经济增长的一半做出了贡献。金砖四国（南非未加入时）不仅对 2007 年的全球金融危机和欧洲债务危机保持着相当强劲的适应能力，同时也是全球经济的增长动力，这使整个金融世界见证着世界经济重心是如何从西方转向东方的。对金砖国家未来经济实力的预测不尽相同。然而，随着金砖国家在美国主导的经济机构中越来越有发言权，对其经济实力不断增强的预测也越来越坚定。或许，由于现有的极度保守的全球经济和金融机构改革进程缓慢，并且一直边缘化金砖国家成员，金砖国家创立了自己的金融机构：金砖国家新开发银行和应急储备安排。

5. 金砖国家的结构和目标是重塑世界经济和金融体系权力分配的绝好机会。但是，该集团的主要推动力是中国，这个亚洲强国同时也是印度一贯担忧的国家。通过创立金砖国家，中国一直把自己定位为下一个世界领导者，这需要重新调整现有国际秩序，加强国际法原则，并推动多边主义作为“世界发展的引擎”，如此一来，中国可以说是最大的受益者。随着美国准备退出世界舞台，特朗普政府使《巴黎气候变化协定》和跨太平洋伙伴关系协定（美国退出后，更名为“全面与进步跨太平洋伙伴关系协定”，简称 CPTPP）等多边协定无果而终，中国的这种发展势头越来越明显。中国领导层一再提及“坚决维护国际秩序，联合国是全球治理的核心”，这与美国领导层对多边机构的批判态度形成鲜明对比。

6. 然而，中国在全球崛起的最终决定因素在于国家实力。随着印度紧随其后作为区域性和潜在全球力量的平行崛起，印度有充分的理由担心中国将如何转变为全球大国，无论这种转变是有争议的还是会适应其平行崛起。此外，印度的地缘政治现实（其边界有两个核国家）、对中巴关系的担忧以及与中国存在争议的边界争端都使其必须遏制中国在亚洲不断增长的影响力。因此，将金砖国家概念化为强大的政治外交实体的真正困境是印度与中国的历史性困境。中国一直是金砖国家在世界事务中崛起的主要动力，这已不是什么秘密。但印度的问题正是如何在这个金砖国家框架内限制中国的崛起。长期以来，印度认为中国是完善全球经济治理的合作伙伴，尤其是在国际货币基金组织和世界银行。然而，中国也仍然是印度在全球政治和安全治理方面的一个主要障碍，特别是在联合国安理会和核供应国集团。

7. 由于金砖国家只有一个共同的发展轨迹，它将具有人口和政治多样性（专制政权和民主政府）的朋友联系在一起，所以这个集团经常被权威人士轻视。除此之外，中国在金砖国家中的主导地位催生了越来越多的怀疑和学术界疑问，即金砖国家能否超越国家利益成为一个不仅仅是经济联盟的集团。在金砖国家成立之前，成员国之间没有重大的经济联系。事实上，除了中国之外，印度与其他金砖国家成员国——俄罗斯、巴西和南非没有贸易联系，如果排除中国，该组织的出口总额将不到印度出口额的 5%，而进口额仅为 150 亿美元，2014 ~ 2015 年印度进口总额约为 4500 亿美元。从 2006 年开始，在纽约举行第一次非正式会议后，金砖国家从无到有成为一个强大的经济集团和现有经济秩序的强大挑战者，并将其合作扩大到经济以外的领域，如旅游、教育、文化和体育。除俄罗斯外，其他四个金砖国家成员都有共同的殖民地历史并且经济相对落后。因此，它们更容易走到一起，并就大多数全球性问题达成共识。三项协议——《关于建立金砖国家应急储备安排的条约》、《成立新开发银行的协议》和《金砖国家创新合作行动计划》展示了金砖国家自力更生的战略，旨在提供一些与基于西方企业价值的、完全无视当地需求的条件性传统援助不同的援助。这是很重要的，因为长期以来怀疑论者声称金砖国家缺乏常设秘书处、缺乏制定其目标的法规，以及缺乏像七国集团那样的政治文化相似性。即使只有最低限度的体制结构来支持金砖国家，该组织也仍然能够活跃，同时形成一套旨在有效整合的框架和机制。金砖国家成员每年举行 100 多次不同形式和层次的会谈，以加强合作和团结并促进共同的长期经济利益，包括全球经济治理民主化。除设立金砖国家新开发银行和应急储备安排外，金砖国家还通过了《关于建立金砖国家农业研究平台的谅解备忘录》以促进金砖国家可持续农业发展并确保粮食安全。2016 年在印度举办的第一届金砖国家电影节是在第八届金砖国家果阿峰会之前举行的。金砖国家还签署了合作协议，目的不仅是为五国电影业创造一个巨大市场，而且还是为了通过传播文化和美食来发展金砖国家的旅游业。第一届金砖国家运动会于 2017 年 6 月在中国广州举行。考虑到所有金砖国家成员国在灾害管理方面都面临类似的挑战，这也是合作的重要领域之一，在灾害管理合作领域，各国定期召开灾害风险管理能力建设会议和学习成员国有益做法会议。

8. 然而，尽管有着共同的经济增长和发展目标以及确立公平的全球治理体系的愿景，但五个金砖国家成员不仅在语言和文化方面的共同点很少，而且在政治机构和治理、基础设施发展和经济结构方面也存在差异。这导致金砖国家成员国之间的收益不对称，以及随之而来引起国家利益分歧。例如，在印度和巴西，物质基础设施瓶颈不仅阻碍了许多潜在投资，而且还造成制造业经济增长持续低迷。中国获得了巨大的制造业出口份额，占金砖国家制造业总出口的近五成。为了保护国内商业利益，贸易保护主义和歧视性措施日益增多。此外，金砖国家处于不同的社会经济发展水平阶段。南非经济规模仅占不到俄罗斯的四分之一，而俄罗斯的经济规模位列倒数第二，其他三个国家印度、中国和巴西人口众多，位列世界较大经济体之中。实际上，金砖国家各成员的人均国内生产总值差距更令人担忧，巴西和俄罗斯人均国内生产总值大大超过其他三个国家。根据国际货币基金组织“亚洲区域经济展望”报告，印度在所有金砖国家成员中的人均国内生产总值（5238 美元）最低，除此之外，印度的人均收入地区差距也最大。印度的高经济增长率尚未转化为社会公平。这个问题意义重大，印度和中国决策者需要引起重视，因为在世界其他地区基尼系数降低的时候这两个国家的基尼系数一直在上升。综上所述，金砖国家有不同的财政和体制来应对气候变化、粮食安全、人道主义危机和移民等全球性挑战。

9. 即使金砖国家正在与全球经济快速融合，并正在致力于实现其共同目标，即改革全球治理架构，但金砖国家内部贸易和投资也不足各国总贸易和投资额的 5%，金砖国家间的贸易总额为 2420 亿美元，主要涉及低端商品和原材料。中国一直是这些产品的主要进口国，目的是推动其制造业增长，一些研究甚至表明，金砖国家的创立恰逢中国对原材料产生巨大需求之时，也正是这一因素促成了互惠贸易，充当了金砖国家的凝合剂。中国现在是所有金砖国家成员的主要贸易伙伴，并在增加这些国家出口份额方面发挥了决定性作用。事实上，2016 年巴西的贸易顺差最高，这主要是由于其对华出口额增长和进口额减少。中国仍然是巴西和俄罗斯自然资源的重要市场，在该地区复杂的地缘政治背景下，中国已经取代了欧盟对俄罗斯的出口地位。中国也是印度最大的贸易伙伴，双方贸易额达 715 亿美元。然而，尽管印度在金砖国家内部贸易中占有主要份额，但中国的贸易顺差更大。印度进口中国产品的价值达 613 亿美元，而向中国出口产品价值仅为 102 亿美元。实际上，中国经济总量比印度、巴西、俄罗斯和南非的经济总量还要大。中国在金砖国家内部贸易中的主导地位主要源于人民币贬值和政府出口补贴，其他金砖国家成员都正在努力解决这个问题，除巴西外，所有金砖国家成员都面临与中国巨大的贸易赤字。虽然中国在多边舞台上吹响了自由公平贸易的号角，但它在对待可能使中国利益受损的部门时仍然是保护主义者。

10. 由于金砖国家成员之间缺乏有关进一步贸易和投资的政策协调，在该组织成员国普遍设置非关税壁垒和采取保护主义措施以保护当地企业时，这挑战了该组织的自由贸易原则。事实上，2015 年《全球贸易预警》报告称，金砖国家成员实施的贸易政策比主要工业化国家（特别是七国集团成员）实施的保护主义措施更具负面影响。影响金砖国家商业利益的近三分之一措施都来自该组织内部。报告还提到中国是受金砖国家保护主义打击最严重的国家。印度对包括钢铁、电气和电子产品、纤维和纱线以及消费品在内的各种中国产品征收反倾销税，有时这些反倾销税适得其反。据印度工商联合会报道，印度玩具行业越来越不景气，中国的廉价产品以及人民币贬值都严重威胁了印度玩具工厂的生存。此外，印度具有竞争力的非专利药物产业（在全球非专利药物贸易中所占份额最大，其中大部分出口至金砖国家成员国——巴西）主要依赖于从中国进口原料，并面临中国贸易管制，因此，这阻碍了印度药品对中国的出口并扩大了印度对中国的贸易逆差。

11. 中国的确是金砖国家的主导经济力量。与其他金砖国家成员相比，印度一直处于中国的主导之下，并寻求进入更大的市场。着眼于推动金砖国家之间的贸易和投资关系，有史以来第一次金砖国家商品展于 2016 年果阿金砖国家峰会期间举办，来自各国关键经济部门的 300 多家参展商（从农业和食品加工到信息技术、制造业和基础设施业）齐聚一堂，由此将金砖国家和应邀参加此次峰会的“环孟加拉湾多领域经济技术合作倡议”（BIMSTEC）成员国的各种业务联系起来。金砖国家还成立了商务委员会以明确和应对金砖国家企业所面临的挑战，并加强这些企业间的贸易、商业和投资关系。

12. 金砖国家现在不仅致力于发展经济。与国际货币基金组织、世界银行和七国集团等西方主导的治理机构不同，金砖国家强调经济实力决定领导力。也许这就是为什么印度和中国能够搁置边界争端以确保成功举办 2017 年厦门金砖国家峰会。即使在果阿峰会上，印度也设法通过了将以巴基斯坦为基地的恐怖组织列入金砖国家决议。在 2018 年早些时候印度和其他金砖国家成员国也成功地使中国放弃了扩容的想法。2017 年厦门金砖国家峰会是近年来最成功的金砖国家峰会之一，这不是因为此次峰会做出了任何大的改变游戏规则的决定，而是因为纳伦德拉·莫迪领导的印度和习近平主席领导的中国确保了中印边界争端没有破坏随后举行的金砖国家峰会。在洞朗对峙后，中印双方同意以和平方式撤回军队。更重要的是，中印双方都不认为洞朗对峙的结果是一方对另一方的胜利或失败（这可能会影响到金砖国家宣扬的政治团结）。2017 年厦门金砖国家峰会并没有对金砖国家的团结构成最终威胁，而是趁机向这五个国家证明了该组织的功能，印度和中国都选择在峰会举办之前结束对峙并缓和分歧。这进一步表明了印度和中国与金砖国家协调运作以建立一种可信的跨国框架来应对西方霸权的重要性。

13. 尽管如此，惨痛的现实依然存在，金砖国家的挑战不仅在于西方国家已经开始警觉其崛起，也在于各成员国忙于在组织范围内争取势力。正如印度前总统普拉纳布·慕克吉先生在 2016 年访华期间所说的那样，“中印关系超越双边范畴，具有地区、全球和战略意义”。中印竞争仍然是当今亚洲大陆最大的地缘政治挑战之一，并且对金砖国家作为一个有影响力多边框架的地位以及该地区较小国家之间的经济合作具有潜在影响。关于谁最有主导权的分歧使金砖国家致力于更密切政治合作的努力“崩溃”。中国和印度都被视为发展中国家在多边合作领域的领导者，也是发展中国家和发达国家之间的沟通桥梁建设者。中国和印度分别是世界第二大和第七大经济体，也是全球经济增长的第一大和第三大贡献者。此外，它们都是许多多边机构的成员，也位列世界较大投资国。

14. 中国愈发增长的自信及其崛起为全球大国的“雄心”已不再仅仅是一个猜测。中国日益增长的政治和经济力量最终是关于扩大全球势力的。通过加入金砖国家，中国一直认为自己是新多极世界秩序的领导者，这种新秩序致力于推动多边主义，并基于与全球和区域组织的合作。即使美国特朗普政府继续藐视诸如《巴黎气候变化协定》和全面与进步跨太平洋伙伴关系协定（CPTPP）等多边条约和协定，中国也认为参与全球治理机构是重要的。即使是中国最近的举措，如亚洲基础设施投资银行（AIIB）和“一带一路”倡议也没有反映出挑战现有多边机构的迹象，而是通过这些举措来显示其融入国际现有治理机构的可能性。中国领导层一再提及“坚决维护以联合国为全球治理核心的国际秩序”，这与美国领导层对多边机构的批判态度形成鲜明对比。然而，在呼吁国际治理机构民主化的时候，为了获得信誉，中国至少需要把印度带到同一张谈判桌上，而这是印度明显拒绝的做法。印度一直拒绝参与“一带一路”倡议使中国很烦恼，因为印度担忧该倡议会损害国家主权。中国一直希望得到金砖国家对“一带一路”倡议的支持。中国认为“一带一路”倡议和金砖国家之间的联系是发展中国家协同发展的平台，特别是在基础设施领域。俄罗斯和南非已经是“一带一路”倡议的一部分。但是，印度的反对意见仍然是中国宣传该倡议为“国家间双赢合作”的障碍。中国一直专注于联系上海合作组织（SCO）等其他论坛，2017 年中国设法将“一带一路”倡议与上海合作组织会议联系起来，但所有发展项目都必须建立在“相互尊重、彼此平等、互惠互利”的原则上。中国将焦点从金砖国家转移到其他政府间论坛只会淡化金砖国家的地缘政治意义和对南南合作的承诺。印度和中国均通过加强与组织内部其他成员以及外部新兴和发展中国家的联系来扩大其经济影响力，并确保其利益占上风。像墨西哥和泰国这样的国家赞赏金砖国家通过与其他发展中国家进行对话而加强合作的计划。在印度果阿举行的 2016 年金砖国家峰会期间，印度邀请其他“环孟加拉湾多领域经济技术合作倡议”（印度、缅甸、斯里兰卡、泰国、不丹和尼泊尔）成员国领导人讨论新兴和发展中国家共同关心的问题。遵循东道国可以邀请其他国家的惯例，中国邀请了五个金砖国家外部的国家——埃及、几内亚、墨西哥、塔吉克斯坦和泰国参加 2017 年在中国厦门举行的金砖国家峰会。然而，中国一直在建议建立一个永久的“金砖之友”（Friends of BRICS）论坛，该论坛将向五个金砖国家成员之外的国家开放，这一建议不仅遭到印度的反对，而且遭到其他金砖国家成员的抵制，它们担忧此举将淡化金砖国家的最初目标。

15. 尽管存在分歧，但是金砖国家一直在建立国际发展合作的新范式。尽管近期金砖国家增长放缓可能表明该组织正在失去发展动力，但专家认为，金砖国家不仅是加强南南合作的最重要推动力，而且还有可能成为全球经济治理机制转型的前奏。金砖国家成员国把自己描绘成全球南方国家的缩影，领导 77 国集团追求集体经济和发展利益；领导二十国集团在全球金融治理中要求公平；并通过“金砖四国”（BASIC，南非加入后，该称呼已不复存在）来参与联合国气候变化框架公约（UNFCCC）的制定。在与尼日利亚的竞争中，南非作为整个非洲大陆的代表加入金砖国家对南非总统祖马来说不仅仅是一个外交胜利。值得注意的是，这确保了金砖国家不再只是一个具有经济活力的组织，而是可以前瞻性地调整全球权力关系配置的政治经济组织。因此，金砖国家的经济增长放缓不再重要，另一组新兴经济体薄荷四国（MINTs）——墨西哥、印度尼西亚、尼日利亚和土耳其的崛起也不再重要。金砖国家五个新兴经济体的松散联盟已经逐渐获得超越经济发展的势头，致力于推行全球治理改革议程使其对发展中国家的差异化需求和关切更加敏感。

贸易平等减少了非洲对援助的依赖

Johan Sävström[*]

原文标题： Trade Equality Lessens Africa's Aid Dependency

文章框架： 欧洲联盟与非洲、加勒比和太平洋国家集团之间的《科托努协定》将于2020年到期，新的谈判将于2018年9月开始。

观点摘要：

欧洲联盟（EU）与非洲、加勒比和太平洋国家集团（ACP）之间的《科托努协定》将于2020年到期，新的谈判将于2018年9月开始。该协定于2000年签署，取代了1975年的《洛美公约》。其目的是通过使非洲、加勒比和太平洋国家经济与世界经济融合，以消除贫困。然而，根据北欧非洲研究所的负责人维克多（Victor Adetula）所说，该文件中许多美好的构想从来没有付诸实践。至于新的谈判，维克多怀疑欧盟在与非洲的合作方面还有其他优先事项。维克多认为，非洲与欧盟在谈判期间要求欧盟提供多少援助是不够的。最好是努力达成公平的商品价格，如果非洲大陆各国能够先达成一致，那就更好了。自《科托努协定》签署以来，在世界范围内，还有一个因素需要考虑，即现在所谓的金砖国家（巴西、俄罗斯、印度、中国和南非）是强大的经济组织，可以为非洲国家提供替代欧盟贸易协定的方案。维克多表示，"欧洲应该问问自己，为什么中国对许多非洲国家来说是一个有吸引力的合作伙伴。也许这也说明了欧盟和非洲之间的不对称关系"。

---

* Johan Sävström，北欧非洲研究所研究沟通员。来源：北欧非洲研究所（瑞典智库），2018年2月27日。

面对增长和融资风险：中国在全球能源领域促进金融发展的益处和风险

Kevin P. Gallagher；Rohini Kamal；Yongzhong Wang*

原文标题： Fueling Growth and Financing Risk：The Benefits and Risks of China's Development Finance in the Global Energy Sector

文章框架： 短短十年间，中国政策性银行已成为全球金融发展的领导者，特别是在为发展中国家政府的能源项目提供融资方面；除了为两家全球政策银行进行逐步投资外，中国最近参与建立了两家全球发展银行——金砖国家新开发银行（NDB）和亚洲基础设施投资银行（AIIB，简称亚投行）；亚投行的建立是为了支持在亚太地区的基础设施建设。

观点摘要：

1. 短短十年间，中国政策性银行已成为全球金融发展的领导者，特别是在为发展中国家政府的能源项目提供融资方面。中国勇往直前，已经创建或共同创建了两家新的多边开发银行（MDBs）并设立了至少13个区域和双边基金，这将促进中国的海外金融发展。这种逐步增加的“全球金融发展”的到来特别及时，恰逢世界各国面临重要的基础设施和能源缺口，并致力于在全球范围内为可持续发展融资。

2. 除了为两家全球政策银行进行逐步投资外，中国最近还参与建

---

* Kevin P. Gallagher，波士顿大学全球发展政策教授和全球经济治理倡议（GEGI）主任。Rohini Kamal，全球经济治理倡议（GEGI）研究员。Yongzhong Wang，中国社会科学院世界经济与政治研究所能源研究室主任。来源：印度能源与资源研究所（印度智库），2016年12月15日。

立了两家全球发展银行——金砖国家新开发银行（NDB）和亚洲基础设施投资银行（AIIB，简称亚投行）。2015 年 7 月，巴西、俄罗斯、印度、中国和南非（统称为“金砖国家”）发起成立金砖国家新开发银行。金砖国家新开发银行为发展中国家提供资金，以帮助这些国家的基础设施项目建设，其发布了第一套清洁能源融资方案，资金主要来自 2016 年春天在中国市场发行的绿色债券。在目前的安排下，成员将仅限于金砖国家，尽管未来会有其他成员加入，但金砖国家将始终持有至少 55% 的投票权。

3. 亚投行的建立是为了支持在亚太地区的基础设施建设。2013 年，中国提出成立亚洲基础设施投资银行，并在 2015 年 12 月《亚洲基础设施投资银行协定》（AOA）生效后正式投入运营，批准 17 个成员持有 50.1 % 的股份。这与《亚洲基础设施投资银行协定》相一致，该协定要求批准 10 个成员持有初始认购的授权资本存量总数的 10%。到 2016 年 5 月，亚投行的 57 个“意向创始成员”（PFMs）已经批准了《亚洲基础设施投资银行协定》。谅解备忘录（MoU）指出：亚投行授权资本为 1000 亿美元，初始认缴资本预计将在 500 亿美元左右。《亚洲基础设施投资银行协定》中的条款规定，到 2020 年底，亚投行的投资能力可能达到 2500 亿美元。银行将主要与世界银行（WB）和亚洲开发银行（ADB）联合为项目进行融资，特别是在其运营的第一年。

印度 - 俄罗斯防务合作：值得期待

Lt Gen Philip Campose*

原文标题： India-Russia Defence Cooperation：Time to Look forward

文章框架： 此前的苏联和之后的俄罗斯，一直是印度国防最先进装备的可靠供应商；俄罗斯和印度还必须利用金砖国家的平台来加强双方的伙伴关系，发展包括防务合作在内的诸多领域的关系。

观点摘要：

1. 此前的苏联和之后的俄罗斯，一直是印度国防最先进装备的可靠供应商。印度和俄罗斯有一个制度化的结构来监督军事技术合作的各种问题。印度 - 俄罗斯军事技术合作委员会（IRIGC - MTC）成立于2000 年，是军事技术合作的核心。

2. 最近，"买卖双方关系"已经转变为一种新关系，双方联合研究和设计开发能生产"最先进"装备的军事平台。共同开发和生产"布拉莫斯"超音速巡航导弹以及联合开发第五代战机（FGFA）项目标志着两国在国防技术合作领域的突破性进展。作为印度政府"印度制造"计划的一部分，俄罗斯为印度军方提供装备并联合生产 200 架卡 - 226T 直升机，这把俄罗斯置于印度设备采购程序新模式的最前沿。

3. 除了强大的传统双边伙伴关系外，俄罗斯和印度还必须利用金砖国家的平台来加强双方的伙伴关系，发展包括防务合作在内的诸多领

---

* Lt Gen Philip Campose，前陆军副参谋长。来源：地面战争研究中心（印度智库），2016 年 9 月 28 日。

域的关系。俄罗斯必须了解印度在地区和全球事务中发挥更实质性作用的努力，并给予相应支持。俄罗斯必须明白，印度的任何进步都不会违背俄罗斯的利益。事实上，印度在发展过程中会认识到俄罗斯的战略利益，也会对这一战略利益感到敏感。

探究印度与俄罗斯关系的现状

Mohammed Badrul Alam *

原文标题： Deciphering the Current State of India-Russia Relations

文章框架： 印度与俄罗斯合作已有70年之久；金砖国家峰会上印度与俄罗斯达成多项协议；印度与俄罗斯的长期合作对世界的贡献；印度与俄罗斯军事合作的发展。

观点摘要：

1\. 印度和俄罗斯联邦的战略伙伴关系以及保持1947～2017年长达70年外交关系，是全球和平与安全的历史基准。印度和俄罗斯作为战略伙伴，重申了对双边合作以及参与各种国际论坛的承诺。“潘查希拉”（Panchsheel，即和平共处五项原则）的外交精神一直是自20世纪50年代以来两国外交的标志，在该精神下，两国致力于在“互相尊重主权和领土完整、互不侵犯、互不干涉内政、平等互利、和平共处”的基础上，建立一个稳定而又可预测的多极且公平的世界秩序。

2\. 印度总理和俄罗斯联邦总统之间的年度首脑会议是印度与俄罗斯联邦之间战略伙伴关系对话下建立的最高制度化对话机制。到目前为止，有17个年度峰会已在印度和俄罗斯举行。在2016年10月15日至16日的金砖国家果阿峰会上，两国在国防、能源、贸易和投资、空间和智能城市等领域签署了价值数十亿美元的重大协议。

3\. 果阿峰会期间，莫迪与俄罗斯总统会晤，签署了17项文件，涉及民用核能、国防、能源、卫星导航、铁路、太阳能、重型工程、签证简化、印度韦达养生学以及媒体等多个方面。除了2015年12月的年度

---

* Mohammed Badrul Alam，新德里贾米亚·米利亚伊斯兰教大学政治学系教授。
来源：地面战争研究中心（印度智库），2017年4月17日。

峰会外，莫迪还于2016年6月24日在塔什干（乌兹别克斯坦）的上海合作组织首脑会议期间会晤了俄罗斯总统普京。

4. 签署的协议有印度政府与俄罗斯联邦政府在军事技术合作领域达成相互保护知识产权协议，在保卫技术方面达成协议。同时以和平为目的，就共同发展、运行和使用全球导航卫星系统达成长期合作意向。

5. 两国70年来相互友好、信任，并拥有着共同利益。两国都保证为实现稳定、安全、公平和可持续发展的真正新世界秩序做出贡献，并在尊重《联合国宪章》和国际法的基本原则上，认识到南半球国家，特别是印度的真正需求。

6. 为实现这一愿景，双方共同努力，加强有关国际机构和机制发展。两国重申国际社会有必要充分了解联合国的思想，强调多边主义。两国都赞成加强联合国在推动冷战后国际安全方面的关键作用。它们支持提高联合国及其关键机构安全理事会的办事效率，使其更能反映当代的地缘政治和地缘经济现实，并使联合国可以代表更多联合国成员的利益。在这方面，俄罗斯重申将坚定支持印度，让其在不久的将来成为联合国安理会常任理事国的候选国。两国重申将致力于在亚洲和全球范围内建立新的合作安全规则、承认所有国家的合法安全利益、促进全球和平与稳定、遵循核不扩散和裁军倡议。两国都坚决加强打击恐怖主义、分裂主义和极端主义，并打击支持这些活动的犯罪集团和非法武器贩毒集团。两国都认为这些对全球造成威胁，只有通过国际社会集体全面、坚定和持续的努力才能有效地予以抵制。

7. 在防务合作领域，印度和俄罗斯有着长期而广泛的合作。印度与俄罗斯的军事技术合作已经涉及联合研究、开发和生产先进国防技术及系统。“布拉莫斯”（BrahMos）导弹、第五代战斗机的联合设计和开发以及印度苏－30战斗机和T－90坦克的许可生产都是这种合作的例子。印度对俄罗斯“维克拉马迪特亚”号（Vikramaditya）航空母舰的贡献是另一个两国在国防方面加强合作的例子。

金砖国家是否应同中国一起呼吁建立网络主权?

Madhulika Srikumar*

原文标题: Should BRICS Rally around China's Call for Cyber Sovereignty?

文章框架: 中国一直在稳步推进其“网络主权”的理念，即每个国家都有权管理其境内的互联网基础设施，以及途经其境内的互联网设施；尽管联合国政府专家小组目前处于制定网络空间国家行为规则的前沿，但金砖国家在网络规范方面达成的共识在全球讨论中也有着深远影响；两大利益主导了中国早期对网络主权的治理方式。

观点摘要:

1. 几年来，中国一直在稳步推进其网络主权的理念，即每个国家都有权管理其境内的互联网基础设施，以及途经其境内的互联网设施。中国国家互联网信息办公室（CAC）有关负责人与世界各国共同分享了中国在信息主权方面的愿景，并对美国在网络空间中的“独裁”给予警告。2017 年，随着实施《中华人民共和国网络安全法》和发布有关“全球网络规范”的立场文件（都是中国的第一要务），中国在国内外都推进了有关网络空间的议程。金砖国家领导人会晤将于 2017 年 9 月在厦门举行，印度、巴西和南非将选择加入中俄议程，以加强国家对数字领域的控制。中国国内的事态发展表明，中国在网络主权问题上的立场更加软化，这使得印度、巴西和南非处在一个十字路口。它们必须充分利用与合作伙伴达成共识的机会，以便在网络空间中创造全球性

---

* Madhulika Srikumar，古吉拉特邦大学法学学士，观察家研究基金会网络安全和互联网治理倡议初级研究员。来源：观察家研究基金会（印度智库），2017 年 6 月 7 日。

规范。

2. 尽管联合国政府专家小组（GGE）目前处于制定网络空间国家行为规则的前沿，但金砖国家在网络规范方面达成的共识在全球讨论中也有着深远影响。主要有两方面原因，首先，尽管只有两个国家（巴西和俄罗斯）的互联网普及率超过50%，但金砖国家的互联网用户数量仍然巨大。在互联网治理机构改革、打击网络犯罪和恐怖主义或保护用户隐私方面，这些经济体之间达成的协议和潜在的行动计划是有意义的。其次，所有金砖国家都在2016年互联网数字分配机构（IANA）成功转型过程中发挥了关键作用，这导致美国政府放弃了对互联网名称与数字地址分配机构（ICANN）的控制。互联网数字分配机构的转型证明，金砖国家可以在网络外交中发挥决定性作用。

3. 两大利益主导了中国早期对网络主权的治理方式。首先，中国对有损或违背国家利益的网络言论进行严格审查。其次，美国和其他西方强国必须停止对互联网治理施加影响。金砖国家经济体为维护国家安全将不得不权衡自己的利益，以摆脱因开放数字市场而产生的经济困境。至于对抗美国在互联网领域的主导地位，金砖国家很有可能愿意致力于主张新兴经济体加入互联网名称与数字地址分配机构和其他标准制定机构。中国在其意见书中用不同的措辞对其网络主权的新愿景进行了阐述。中国热衷于鼓励各国合作，以确保网络空间的安全与稳定。这是一个可喜的变化。这一次，中国方面最大的担忧是防止外界任何形式的干扰，包括间谍活动、监视或破坏供应链完整性的行为。鉴于最近发生的事件，如所谓的美国民主党全国委员会（DNC）黑客攻击事件和“永恒之蓝”（WannaCry）勒索病毒的传播，这些担忧可能并非毫无根据。网络空间的军事化使许多国家坐立不安，许多专家都认为美国国家安全局（NSA）应为“永恒之蓝”勒索病毒的扩散承担责任。在这样的背景下，金砖国家应该对负责信息和通信技术基础设施的相关机构加以维护，而不是背离开放互联网的民主原则。这是金砖国家在互联网治理规范中达成共识以影响全球网络规范的恰当时机。

是时候重申金砖国家的组织原则了

Samir Saran*

原文标题： Time to Restate the Organising Principles of BRICS

文章框架： 截止到2018年，金砖国家已经是一个成立10余年的组织，印度学术代表团认为是时候重申金砖国家的议程、重新定位金砖国家在当今世界中的角色以及重申将金砖国家成员团结在一起的组织原则；作为积极变革的力量，金砖国家需要创造更多的机制和框架来实现变革世界的目标；在金砖国家内部，不管各国国内生产总值和军事实力如何，其都有平等的发言权、平等的投票权和多元诉求的公共话语空间，金砖国家必须维护这些组织原则。

观点摘要：

1. 截止到2018年，金砖国家已经是一个成立10余年的组织，印度学术代表团认为是时候重申金砖国家的议程、重新定位金砖国家在当今世界中的角色以及重申将金砖国家成员团结在一起的组织原则。金砖国家的议程及其作用必须继续由两个词来决定，即"改变"和"替代"。金砖国家组织改变了印度及其周边国家数百万人的生活，这些国家被排除在主流经济体之外。但这些国家的民众的生活必须改变，他们的愿望也需要迎合。这个雄心被纳入联合国可持续发展目标和其他关键的发展挑战之中。金砖国家必须以自己的精力和领导力，用自己的经验、资源

---

* Samir Saran，印度理工学院电子和电子工程学学士，伦敦政治经济学院媒体研究硕士；观察家研究基金会副主席，全球治理问题和印度外交政策评论员，全球网络空间稳定委员会委员，世界经济论坛南亚咨询委员会成员，全球未来网络安全理事会成员之一。来源：观察家研究基金会（印度智库），2017年6月12日。

和同感来引领这一进程，改变发展模式必须成为未来 10 年金砖国家议程的核心。另外必须关注的词是“替代”。金砖国家必须通过不同的途径实现这一变化，而这些途径应该是具有包容性的、民主的、能够共享的和可持续性的。如果遵循与发达国家相同的途径，那么金砖国家是不太可能改变世界的。金砖国家需要寻找并制定自己的发展方案，这也是金砖国家学术界的一个核心诉求。

2. 作为积极变革的力量，金砖国家需要创造更多的机制和框架来实现变革世界这一目标。金砖国家新开发银行和应急储备安排的建立只是一个开始。金砖国家的制度化将是其成功的先决条件。作为 2016 年金砖国家轮值主席国，印度意识到制度化是金砖国家发展中最重要的一个方面，并提议建立研究机构、评级机构等相关组织以加强商贸合作，建立相关框架以深化金砖国家合作。金砖国家必须在新的世界中重新定位。因为自金砖国家领导人在印度会晤以来，美国和欧洲都发生了巨大变化，而更多的变化也正在酝酿之中。过去 10 年围绕贸易和全球化的一些假设可能不再有效，民族主义和狭隘政治似乎将成为一种长期现象。因此，金砖国家有必要成为新形式的多边主义和全球化 2.0 的建设者和领军者。

3. 金砖国家的组织原则需要得以重申。在过去十年里，有两个因素比任何其他因素更能让金砖国家成员团结起来共同努力，一是互相尊重主权（也包括周边国家的主权）；二是在处理国际事务时对多元化和民主的共同需求。金砖国家始终尊重国家主权，坚持主权平等。在金砖国家内部，不管各国国内生产总值和军事实力如何，其都有平等的发言权、平等的投票权和多元诉求的公共话语空间。金砖国家成员尊重彼此的主权，在处理国际关系时发挥了民主的作用。尽管金砖国家成员都在以自己的方式发展，但这些仍然是金砖国家的核心原则。金砖国家必须维护这些组织原则。

印度在洞朗对峙中巧妙地打出了“金砖牌”

Abhijnan Re *

原文标题： India's Clever Use of the BRICS Card in Doklam Standoff

文章框架： 在将近两个半月的时间里，印度和中国军队在不丹边境的洞朗地区处于对峙状态，这是两国 30 年来一次最严重的危机；自 2013 年成为国家主席以来，通过采取经济和军事方面的措施，习近平一直致力于恢复中国在国际体系中的中心地位；金砖国家早在习近平执政之前就已成为新兴大国之间合作的模式；印度对现状根深蒂固的偏好、与美国的紧密关系以及对自由全球秩序的承诺，使得该国阻止金砖国家（由俄罗斯的军力和中国的资金主导）成为反西方联盟。

观点摘要：

1. 在将近两个半月的时间里，印度和中国军队在不丹边境的洞朗地区处于对峙状态，这是两国 30 年来一次最严重的危机。这场对峙于 2017 年 8 月 28 日结束。双方似乎都找到了互相可接受的维护尊严的方式，并且印度的立场显然证明洞朗地区的现状已经恢复。中国军队现在已经从该地区撤退（印度的核心要求），尽管印度首先将军队撤出（因此满足了中国的主要需求）。关于这场危机结束的有趣之处在于其结束的时机，那时正值中国在沿海城市厦门主办一年一度的金砖国家（包括巴西、俄罗斯、印度、中国和南非）领导人会晤的前一周。可以肯

---

* Abhijnan Re，康涅狄格大学数学专业学士，波恩马克斯·普朗克数学研究所数学物理学博士；战略研究项目研究员；目前的研究围绕印度的大战略、印度对中国和巴基斯坦的政策以及有限战争的理论和实践展开，他的研究兴趣还包括常规威慑和核威慑，以及国际机构。来源：观察家研究基金会（印度智库），2017 年 8 月 31 日。

定的是，此次会晤（还包括在中国国家主席习近平和印度总理纳伦德拉·莫迪之间的双边会谈）并不是中国同意撤军的唯一理由，实际上中国军队的撤出是一种退让。当地的力量平衡和地形将使印度在洞朗三国交界区任何有限的军事冲突中都比中国更占优势，因此这种情况使中国无法强行驱逐印度军队。

2. 自 2013 年成为国家主席以来，通过采取经济和军事方面的措施，习近平一直致力于恢复中国在国际体系中的中心地位。中国还提出了一系列新的外交词语——“新型大国关系”、“双赢务实合作”，以及最近的“中国特色大国外交”。这些词语试图以温和及可接受的方式来满足中国的地缘政治“雄心”。在习近平主席的领导下，中国外交政策的统一特征就是强调“主权和公平”。

3. 金砖国家（BRICS）早在习近平主席执政之前就已成为新兴大国之间合作的模式。因此，金砖国家一直是中国愿意在全球治理中发挥更大作用的一个重要标志，同时也是中国不会在国际体系中成为一个长期“逃避者”的证明。中国成为金砖国家的成员以多种方式促进其实现利益。例如，金砖国家推进国际金融体系改革使中国更好地适应国际货币基金组织（IMF）。在国际秩序中，金砖国家依据《威斯特伐利亚和约》的“主权和公平”原则制定的新规范一直是中国对抗大西洋强国垄断议程设置的有效工具。最重要的是，金砖国家推动了多极世界的发展，这是中国近年来对外政策中最重要的一环。

4. 欧洲 - 大西洋强国意识到，作为西方政治体系的既定成员，印度对现状根深蒂固的偏好、与美国的紧密关系，以及对自由全球秩序的承诺，阻止了金砖国家（由俄罗斯的军力和中国的资金主导）成为反西方联盟。如果莫迪总理抵制金砖国家领导人厦门会晤，那么这将使金砖国家终结。在唐纳德·特朗普作为美国总统的时代，习近平主席力求使自己成为全球化的倡导者，2017 年 1 月其在达沃斯世界经济论坛的演讲就可以证实这一点。

中国举办的金砖国家领导人厦门会晤——有何期待？

Ashok Sajjanhar *

原文标题：China's BRICS Summit：What to Expect?

文章框架：当在洞朗地区对峙的印度和中国于8月28日决定撤军时，中国于9月3~5日在厦门举行金砖国家领导人第九次会晤的最大障碍已经消除；8月30日，中国外交部部长王毅在向媒体介绍金砖国家领导人厦门会晤时说，印度应该从最近的事件中吸取教训，并确保此类事件今后不再发生；最初，金砖四国（南非于2011年在中国三亚举行的金砖国家领导人第三次会晤上被列为金砖国家成员）被定义为一个主要经济实体；金砖国家领导人第八次会晤上讨论的主要问题之一是打击恐怖主义；中国邀请泰国、墨西哥、塔吉克斯坦、埃及和几内亚这些非金砖国家成员加入"金砖国家扩大机制"以与金砖国家进行合作；任何组织的发展动力和有效性都取决于各成员国之间关系的紧密性和灵活性，印度和中国这两个金砖国家主要成员有很大的不同；除亚洲以外，南非和巴西正在面临严重的经济困境；印度将不得不对中国在金砖国家领导人会晤上提及的"一带一路"倡议保持警惕。

观点摘要：

1. 当在洞朗地区对峙的印度和中国于8月28日决定撤军时，中国

---

* Ashok Sajjanhar，现任新德里全球研究院主席，在印度外交部任职超过30年，曾任印度驻哈萨克斯坦、瑞典以及拉脱维亚大使。来源：观察家研究基金会（印度智库），2017年9月1日。

于9月3～5日在厦门举行的金砖国家（BRICS）领导人第九次会晤的最大障碍已经消除。这一天，中国外交部发表了极不寻常的第二次声明，其明确表示，“在洞朗对峙地点，边境人员的迅速撤离已经得到同意，而且正在进行”。但中国依然不接受放弃道路建设（形成洞朗对峙的原因）的想法，这让人感到困惑。在对峙持续的整个过程中，印度一直认为，双方同时从对峙地区中撤出是解决冲突的唯一办法。中国显然是被印度对其进行道路建设的反应所震惊。中国要求“非法入侵的”印度军队无条件地从印度称之为自己领土的洞朗高原上撤出。最终，中国通过对话途径与印度达成一致，同意同时撤军。该事件最后的结果是外交的胜利，是双方成熟、睿智的体现。

2. 2017年8月30日，中国外交部部长王毅在向媒体介绍金砖国家领导人厦门会晤时说，印度应该从最近的事件中吸取教训，并确保此类事件今后不再发生。事实上，中国现在比以往任何时候都更需要汲取的教训是，中国需要以更加尊重和审慎的态度平等地对待印度。中国的经济可能远远优于印度。印度在多样性、民主、人口、经济增长等方面有很大优势，这些优势足以弥补两国在这一发展阶段上综合国力方面的差距。王毅还表示，两国需要“本着相互尊重的精神”来处理和管控问题。印度明确表示，如果中国仍对印度采用强硬态度，那么印度总理纳伦德拉·莫迪（Narendra Modi）则不会前往中国参加本次金砖国家领导人会晤。中国十分重视自己的形象，它想要组织举办一个完美的峰会，以展现出中国好客的一面。中国也意识到，让印度总理出席金砖国家领导人厦门会晤的唯一途径是结束对峙。

3. 最初，金砖四国（南非于2011年在中国三亚举行的金砖国家领导人第三次会晤上被列为金砖国家成员）被定义为一个主要经济实体。然而，由于这些国家幅员辽阔、人口众多、经济实力雄厚，其他与政治、社会和文化相关的问题也已逐步被加入金砖国家的讨论中。2016年当印度担任金砖国家轮值主席国时，情况尤其如此，当时的金砖国家领导人会晤首次推出了金砖国家商品展、五国国家安全顾问（NSAs）会议等几个创新理念。印度还邀请了环孟加拉湾多领域经济技术合作倡议（BIMSTEC）成员国领导人于2016年10月16日与金砖国家领导人举行会晤。5个金砖国家成员代表了超过36亿的人口，约占世界总人口的42%；各成员国的人口排名均位居世界前25，其中有4个成员国位居前10。这5个国家名义国内生产总值为16.6万亿美元，相当于全球国内生产总值的24%，国内生产总值（按购买力平价计算）约为37万亿美元，外汇储备总额约4.5万亿美元。

4. 金砖国家领导人第八次会晤上讨论的主要问题之一是打击恐怖主义。由于莫迪总理在将巴基斯坦孤立并称其为恐怖主义中心方面投入了巨大的精力和政治资本，因此他在《金砖国家领导人第八次会晤果阿宣言》中针对恐怖主义问题施以强有力的言辞。然而，俄罗斯和中国在全体会议上的发言并不令人满意。在金砖国家领导人厦门会晤上，由于前几个月发生了大量的恐怖主义袭击事件，因此恐怖主义受到相当大的关注。金砖国家的两个主要的具体成就之一是建立金砖国家新开发银行，该银行的初始认缴资本为500亿美元（五个成员国等额出资100亿美元），旨在促进和支持金砖国家和其他发展中国家公共和私营部门项目的发展。该银行自2016年起已开始发放贷款。第二个成就是建立金砖国家应急储备安排，总资本为1000亿美元。中国出资410亿美元，巴西、印度和俄罗斯三国各出资180亿美元，南非承诺出资50亿美元。金砖国家新开发银行的总部设在中国，由一位著名的印度银行家瓦曼·卡马特（K. V. Kamath）担任行长。

5. 中国邀请泰国、墨西哥、塔吉克斯坦、埃及和几内亚这些非金砖国家成员加入“金砖国家扩大机制”（BRICS Plus）以与金砖国家进行合作。过去主办过金砖国家领导人会晤的大多数国家都安排了这样的外联活动。中国这次的提议略有不同，它希望将“金砖国家扩大机制”正规化，以便邀请这些国家参加所有未来的金砖国家领导人会晤。这遭到了其他成员的反对，因为它们不希望这个组织被其他国家和那些可能对中国特别友好的国家所稀释。中国在中亚地区最亲密的盟友和合作伙伴，就在“一带一路”倡议下进行的能源（石油、天然气、铀）合作和基础设施建设而言，无疑是哈萨克斯坦。然而，中国却决定邀请塔吉克斯坦加入“金砖国家扩大机制”，因为这个遭受阿富汗塔利班武装分子恐怖袭击的国家十分敏感和脆弱。中国担心恐怖分子从阿富汗和中亚渗透到新疆地区。中国近年来积极主动地与塔吉克斯坦加强军事合作，扩大安全合作。这让俄罗斯也感到焦虑和警惕。

6. 2017 年 8 月 30 日，王毅承认，中国未能说服其他金砖国家成员实施关于“金砖国家扩大机制”的计划。王毅说，“中国应邀请更多国家加入进来，扩大金砖国家的作用和影响力，以建立一个多极化世界，而非由西方国家主宰的世界”。其他国家怀疑中国希望建立“金砖国家扩大机制”的动机，认为该机制是中国谋求获得更广泛影响力的一种手段。

7. 任何组织的发展动力和有效性都取决于各成员国之间关系的紧密性和灵活性。印度和中国这两个金砖国家主要成员国有很大的不同。上文提到的洞朗对峙只是一个体现两国关系的事件，而不是造成两国关系紧张的原因。印度与俄罗斯的关系正在扩展。2017 年 6 月 1 ~ 2 日，莫迪总理与普京总统在圣彼得堡举行的第 18 届印俄年度峰会给两国双边关系的发展带来了一个巨大飞跃。两国试图通过谈判解决发生在 2016 年的问题，那时印度在克什米尔地区进行了“外科手术式打击”，不久后，俄罗斯与巴基斯坦进行了军事演习，并向其提供了先进的军事装备。俄罗斯在亚洲会议中心对巴基斯坦的支持，以及 2016 年在不邀请印度和阿富汗的情况下就阿富汗和平进程进行讨论的主张，导致印俄两国关系出现裂痕。两国都在努力克服这些问题。尽管存在一些分歧，但印度和俄罗斯大体上承认并尊重彼此的经济和地缘政治关联。

8. 除亚洲以外，南非和巴西正在面临严重的经济困境。南非 2017 年的经济增长率约为 1%，预计 2018 年的经济增长率为 1.5%。鉴于巴西总统米歇尔·特梅尔（Michel Temer）支持改革的特性，巴西经济有望逐步恢复。他发起了规模达 140 亿美元的大规模私有化计划。然而，继特梅尔于 2017 年 6 月卷入一起腐败丑闻后，该国信誉受到了严重冲击。目前，米歇尔·特梅尔面临历史性的低支持率，并且最终可能被弹劾，就像他的前任一样。金砖国家领导人会晤也给成员国提供了讨论解决双边问题的机会。莫迪总理和习近平主席的会晤可能是重申“阿斯塔纳共识”的一个有益机会，即不允许分歧转化为争端，并找到解决边界入侵和争端的有效机制。

9. 印度将不得不对中国在金砖国家领导人会晤上提及的“一带一路”倡议保持警惕。印度没有参加5月在北京举行的“一带一路”国际合作高峰论坛，因为它对中国主导的中国－巴基斯坦经济走廊存在主权问题的质疑，该走廊经过巴基斯坦占领的克什米尔地区。中国会尽力让金砖国家批准、接受和认可其“一带一路”倡议。金砖国家有巨大的潜力，可以转变成一个强大、有效和可行的机构，涵盖领域包括政治、安全、经济和人员交流。实现这一目标，作为该组织中最大经济体并主张大国地位的中国需要对其他成员国的利益和问题更加敏感和谨慎，而不是忽略它们的观点。在成员国之间（尤其是印度、中国和俄罗斯之间）的分歧得到解决之前，金砖国家将无法充分发挥其潜力。

金砖国家的第二个黄金十年：一切如初

Aleksei Zakharov*

原文标题： The Second Golden Decade of BRICS：Back to the Origins

文章框架： 自2009年正式成立以来，金砖国家一直受到观察人士的关注，它获得了一定的认可，也受到了批评；多年来，金砖国家已经成为一个完全以经济为导向的组织，参与多层次的讨论；自2003年第一次三边会议以来，印度－巴西－南非三国对话论坛未能成为一个制度化的平台。

观点摘要：

1. 自2006年成立以来，金砖国家一直受到观察家的关注，它获得了一定的认可，也受到了批评。2017年，除了巴西、俄罗斯、印度、中国和南非这些金砖国家成员国外，泰国、埃及、塔吉克斯坦、墨西哥和几内亚的代表也受邀参加了金砖国家领导人厦门会晤。虽然邀请新兴经济体参加金砖国家领导人会晤是增强国家间互动的表现，但是中国提出的为金砖国家增加新成员以及引进金砖国家扩大机制（BRICS Plus）的倡议似乎与中印两国最近的洞朗对峙并无关联。多年来，金砖国家成功地成为发展中国家进行合作的稳定平台。金砖国家在建立新金融机构方面潜力巨大。金砖国家新开发银行和信用评级机构可以为西方主导的世界秩序创造一个真正的替代方案，使其更具包容性。

2. 多年来，金砖国家已经成为一个完全以经济为导向的组织，参

* Aleksei Zakharov，毕业于伏尔加格勒国立大学国际关系专业，伏尔加格勒国立大学美印关系学博士；担任俄罗斯科学院东方学研究所印度研究中心研究员；曾在观察家研究基金会任职。来源：观察家研究基金会（印度智库），2017年9月2日。

与多层次的讨论。金砖国家的合作领域十分广泛，包括贸易和金融、全球发展、恐怖主义、气候变化、网络安全和互联网治理等。金砖国家还对叙利亚和阿富汗危机这样的实际问题进行了讨论。在即将举行的金砖国家领导人会晤中，各成员国有可能就朝鲜半岛目前的局势采取共同立场。金砖国家议程鼓励多方面的相互作用，因为它将各国首脑、部长、国家安全顾问、国会议员、企业家、学者、媒体代表和年轻的领导人团结在一起。不同层次的对话将五个国家凝聚在一起，为讨论敏感问题创建一个平台。然而，每个成员国都有自己的一套优先事项、战略和战术构想。在解决叙利亚和阿富汗危机的问题上，俄罗斯、印度和中国历来比巴西和南非面临更大的风险。也有人认为，与俄罗斯和中国相比，印度、巴西和南非对全球金融机构改革更感兴趣。

3. 自 2003 年第一次三边会议以来，印度－巴西－南非三国对话论坛（IBSA）未能成为一个制度化的平台。各国代表间并没有定期举行会议，而且会议经常与金砖国家峰会和联合国大会的举办时间重合。这三个国家领导人的最后一次峰会于 2011 年在南非举行，从那时起，原定于 2013 年在印度举行的峰会因“日程安排问题”而被取消。来自印度、巴西和南非这三个国家的海军进行了联合军事演习——“印巴南非海上演习”。与此同时，印度－巴西－南非三国对话论坛的成员国间加深军事了解和增强协同能力表明了该组织的巨大潜力。印度拥有在金砖国家、俄罗斯－印度－中国三边倡议（RIC）和印度－巴西－南非三国对话论坛中谋求自身利益的空间。即使金砖国家未来面临共识问题，印度也将能够集中精力推动其议程发展。金砖国家至今尚未成为统一的政治力量，其成员国的战略利益越来越分散。该组织应致力于促进地缘经济合作，主要是发展具有竞争力的金融机构，加强市场整合并实施基础设施项目。

金砖国家宣言：中国致力于为“一带一路”倡议寻求阿富汗和巴基斯坦地区的和平

Manoj Joshi *

原文标题： BRICS Declaration：China Seeks Peaceful Af-Pak Region for OBOR

文章框架： 尽管巴基斯坦最近在恐怖主义问题上反对美国，但中国似乎在这个问题上有了一个惊人的新转变；实际上，中国在打击恐怖主义方面可能被认为会起到更大的作用。

观点摘要：

1. 尽管巴基斯坦最近在恐怖主义问题上反对美国，但中国似乎在这个问题上有了一个惊人的新转变。金砖国家（BRICS）在厦门会晤通过的《金砖国家领导人厦门宣言》不仅谴责了恐怖主义，还将三个以巴基斯坦为基地的恐怖组织——“哈卡尼网络”“虔诚军”“穆罕默德军”列入大型恐怖组织名单中，这些恐怖组织是造成暴力和混乱的主要原因。从谴责针对“无辜的阿富汗人”的暴力行为开始，《金砖国家领导人厦门宣言》继续坚定地支持阿富汗政府以及阿富汗国防和安全部队打击恐怖组织。除了以巴基斯坦为基地的恐怖组织外，该宣言还列出了“塔利班”、“伊拉克和黎凡特伊斯兰国/达阿什”、“基地”组织及其附属的“东突厥斯坦伊斯兰运动”、“乌兹别克斯坦伊斯兰运动”、

---

* Manoj Joshi，毕业于德里大学圣斯蒂芬学院，并获得贾瓦哈拉尔·尼赫鲁大学博士学位；观察家研究基金会高级研究员，是专门研究国内和国际政治的记者、评论员和专栏作家。来源：观察家研究基金会（印度智库），2017 年 9 月 5 日。

“巴基斯坦塔利班运动”和“伊扎布特”组织等恐怖势力。

2. 实际上，中国在打击恐怖主义方面可能被认为会起到更大的作用。重要的一点是，中国国家主席习近平在金砖国家工商论坛的发言中宣称，如果国际社会“坚决打击一切形式的恐怖主义，坚持标本兼治”，那么“恐怖分子将无处容身”，他的发言赢得一阵掌声。习近平主席在讲话中还阐述了在叙利亚、巴勒斯坦和利比亚问题背后，为解决政治问题而进行对话和协商的必要性。从这个意义上讲，中国的新转变很可能预示着中国在从阿富汗到叙利亚以及巴以争端等全球性问题上的积极行动。

金砖国家领导人厦门会晤：印度迈出的重大一步

Ashok Sajjanhar*

原文标题： Xiamen BRICS Summit：A Significant forward Step for India

文章框架： 在金砖国家领导人厦门会晤举办前一天，中国国家主席习近平在金砖国家工商论坛开幕式上发表主旨演讲，呼吁金砖国家要坚持综合施策、标本兼治，坚决打击一切形式的恐怖主义，让恐怖分子无处容身；在《金砖国家领导人厦门宣言》中，中国（以及俄罗斯）则尽力避免将跨境恐怖主义和巴基斯坦的恐怖组织问题纳入其中。

观点摘要：

1. 印度总理莫迪和中国国家主席习近平试图消除最近双边关系中出现的混乱和不信任。然而，通过一场会晤重新建立两国在过去 30 年里形成的工作伙伴关系可能是不够的。金砖国家领导人第九次会晤在厦门举办之前，没有人能够预估此次会晤取得如此令人鼓舞的结果。事实上，在 9 月 3 日金砖国家领导人厦门会晤开始的 10 天前，印度总理莫迪是否会前往中国参加本次领导人会晤仍不确定。印度出席本次会晤的一个重要原因是中国方面同意于 8 月 28 日从洞朗地区撤军，并暂停在该地区的道路建设活动。在金砖国家领导人会晤举办前，焦虑并非不存在。中国外交部发言人在会晤举办前两天表示，印度不应在本次会晤上提出恐怖主义问题并就此问题对巴基斯坦进行批评，因为这并不是讨论

---

* Ashok Sajjanhar，现任新德里全球研究院主席，在印度外交部任职超过 30 年，曾任印度驻哈萨克斯坦、瑞典以及拉脱维亚大使。来源：观察家研究基金会（印度智库），2017 年 9 月 8 日。

恐怖问题的合适场所。而印度外交部则回应称印度总理一定会就恐怖问题提出讨论，因为这一问题已经成为困扰世界的灾难。在会晤前一天，中国国家主席习近平在金砖国家工商论坛开幕式上发表主旨演讲，呼吁金砖国家要坚持综合施策、标本兼治，坚决打击一切形式的恐怖主义，让恐怖分子无处容身。

2. 在这样的背景下，恐怖主义问题出现在 9 月 4 日发布的《金砖国家领导人厦门宣言》当中也就不足为奇了。如果将本次金砖国家领导人宣言与 2016 年 10 月 16 日金砖国家领导人第八次会晤结束时发布的《金砖国家领导人第八次会晤果阿宣言》进行比较，则会发现该宣言对恐怖主义问题的阐述更加深刻和令人瞩目。在上次金砖国家领导人会晤中，莫迪严厉指责巴基斯坦发动针对印度的恐怖主义活动，并将巴基斯坦称作“孕育恐怖主义的温床”。而在本次宣言中，中国（以及俄罗斯）则尽力避免将跨境恐怖主义和巴基斯坦的恐怖组织问题纳入其中。

加入金砖国家对印度来说并非取得胜利：为什么中国不会断绝其与巴基斯坦之间的关系

Manoj Joshi *

原文标题： BRICS Was No Victory for India：Why China Won't Break Ties with Pakistan

文章框架：《金砖国家领导人厦门宣言》对两个以巴基斯坦为基地的极端组织进行了谴责；印度把这种谴责视为其外交胜利，这种看法实际上是一种误解。

观点摘要：

1.《金砖国家领导人厦门宣言》对两个以巴基斯坦为基地的极端组织进行了谴责。随后，中国又对巴基斯坦这个好兄弟进行了安抚，称巴基斯坦已经在打击恐怖主义上做了很多努力。中国的目标同美国一样，是要推动巴基斯坦不仅放弃为穆罕默德军（Jaish - e - Muhammad）和虔诚军（Lashkar - e - Taiba）这两个极端组织提供庇护，而且还希望推动巴基斯坦放弃为“乌兹别克斯坦伊斯兰运动”和“东突厥斯坦伊斯兰运动”提供庇护。

2. 与印度对巴基斯坦的敌对态度不同，中国和美国看到了与巴基斯坦保持良好关系的重大价值。印度把《金砖国家领导人厦门宣言》对以巴基斯坦为基地的极端组织的谴责视为其外交胜利，这种看法实际

* Manoj Joshi，毕业于德里大学圣斯蒂芬学院，并获得贾瓦哈拉尔·尼赫鲁大学博士学位；观察家研究基金会高级研究员，是专门研究国内和国际政治的记者、评论员和专栏作家。来源：观察家研究基金会（印度智库），2017 年 9 月 11 日。

上是一种误解。毕竟，中国长期以来都对穆罕默德军和虔诚军采取打击行动。中国不会因恐怖主义问题而断绝与巴基斯坦之间的关系。半个世纪以来，中国在巴基斯坦投入了大量资金和表达善意，以抵消印度在南亚地区的主导地位。现在，由于中国提出了“一带一路”倡议，巴基斯坦成为这一倡议的重要支柱，它为中国获得波斯湾地区的石油提供了自由通道，同时也成为中国在富饶的海湾地区进行贸易和投资的平台。

《金砖国家领导人厦门宣言》中关于对恐怖主义的提及只是一个幌子

Harsh V. Pant*

原文标题： The BRICS Declaration on Terrorism Is Only an Eyewash

文章框架： 2017 年在中国厦门发表的《金砖国家领导人厦门宣言》使印度兴奋不已，因为中国将恐怖主义纳为宣言的一部分；宣言发表后几天，中国向巴基斯坦保证，其对巴政策“没有改变”。

观点摘要：

1. 2017 年在中国厦门发表的《金砖国家领导人厦门宣言》（以下简称《厦门宣言》）使印度兴奋不已。被 5 个成员国所承认的长达 43 页的宣言，自金砖国家成立以来首次表现出对反恐的强硬姿态，并对地区安全局势以及“塔利班”、“伊拉克和黎凡特伊斯兰国/达阿什”、“基地”组织及其附属组织引发的暴力表示关注。这对一个不愿意谈论“虔诚军”（LeT）、“穆罕默德军”（JeM，自 2016 年起就存在于巴基斯坦）的组织来说是一个显著转变。在 2016 年举办的金砖国家领导人会晤中，尽管印度将其列为优先议题，但中国在《厦门宣言》中极力避免提及这些恐怖组织。这在印度引起了相当大的恐慌，许多观察家质疑金砖国家平台对印度的效用。2017 年的金砖国家领导人会晤是在中印洞朗对峙的背景下举行的，因此中国对印度的接纳令许多人感到意外。

---

* Harsh V. Pant，观察家研究基金会战略研究项目杰出研究员和负责人，美国战略与国际问题研究中心美国 - 印度政策研究中心非常驻研究员，班加罗尔印度管理学院客座教授，美国宾夕法尼亚大学高级研究中心访问学者，麦吉尔大学国际和平与安全研究中心访问学者。来源：观察家研究基金会（印度智库），2017 年 9 月 18 日。

印度成功地将其对恐怖主义问题的强烈感受传达给了中国和习近平，因此中国将恐怖主义纳为《厦门宣言》的一部分。中国外交部发言人耿爽称，《厦门宣言》中金砖国家对“由这些恐怖组织所造成的暴力活动”表示关切，这就足以表明中国的立场。

2.《厦门宣言》发表后几天，中国向巴基斯坦保证，其对巴政策“没有改变”。中国驻巴基斯坦大使孙卫东还强调说，“《金砖国家领导人厦门宣言》提到了已经被禁止的相关恐怖组织”。在巴基斯坦外交部部长最近访问中国时，中国外交部部长王毅表示，“中国对巴基斯坦的政策没有改变，巴基斯坦和中国在地区问题上一直保持着联系”，他还补充说道，中国支持巴基斯坦的反恐立场。

3. 中国对《厦门宣言》的支持只不过是使峰会取得成功的一种战术策略。中国的长期战略利益一直是把巴基斯坦建设成为一个可以与印度相抗衡的国家，以阻止印度在全球范围内崛起，并且中国的这种策略短时间内不会改变。

金砖国家的过去与现在：揣摩言外之意

Vivan Marwaha*

原文标题： BRIC（S）Then and Now：Reading between the Lines

文章框架： 金砖国家五个成员最近在中国厦门结束了第九次会晤，在这次会晤中它们共同发布了一个篇幅长而内容详细的声明来强调其当前的合作领域（从银行和货币政策到农业和医疗保健），同时还略述了它们未来在信息通信技术、劳动力市场、灾害管理等领域的合作途径；金砖国家试图通过金砖国家新开发银行的建立来改变现状，因为金砖国家新开发银行坚持其对平等主义治理模式的承诺，并允许发展中国家发挥主导作用；随着21世纪世界秩序日益依赖信息通信技术，金砖国家成员共同努力开拓新技术，防止信息通信技术被恐怖分子和其他犯罪分子利用；2017年《金砖国家领导人厦门宣言》的大部分内容都详细阐述了金砖国家之间的合作；很明显，金砖国家寻求在21世纪领导发展中国家，并准备从“规则接受者”过渡到“规则制定者”。

观点摘要：

1.2009年6月，在经济大衰退的阴影下，来自全球增速最快的四大经济体的领导人在俄罗斯叶卡捷林堡举行了会晤，目的是提升应对危机的能力并使自己免受类似危机的影响。当时，由巴西、俄罗斯、印度和中国组成的金砖四国（BRIC）国内生产总值占全球国内生产总值的15%左右。不到10年后，这些国家又把南非加入金砖国家（BRICS）

* Vivan Marwaha，观察家研究基金会研究员。来源：观察家研究基金会（印度智库），2017年9月20日。

的行列，金砖国家国内生产总值占全球国内生产总值的比重为30%以上，金砖国家成员国间也稳步建立了伙伴关系，以便对世界事务施加更大影响。五个金砖国家成员最近在中国厦门结束了第九次会晤，在这次会晤中它们共同发布了一个篇幅长而内容详细的声明来强调其当前的合作领域（从银行和货币政策到农业和医疗保健），同时还略述了它们未来在信息通信技术、劳动力市场、灾害管理等领域的合作途径。在2009年的一份分析报告中，2016年和2017年金砖国家一致通过的声明表现出一个明确的趋势：金砖国家这一最初为了共同应对现行经济环境而成立的新兴经济体组织，现在已经变成了一个更大的机构，它寻求在地缘政治事务中发挥更大优势并向西方主导的国际金融体系发起挑战。

2. 7年后，当金砖国家领导人于2016年10月在果阿会晤时，显然当年在叶卡捷林堡种下的种子已经开花结果。金砖国家新开发银行和金砖国家应急储备安排（在2009年的宣言中都没有提到）已经成为成熟的组织和安排。金砖国家新开发银行拥有1000亿美元的法定资金，成为世界上最大的多边金融机构之一。在开始运营后不久，金砖国家新开发银行就批准了金砖国家可再生能源和可持续发展项目中的贷款。由此可见，该行作为一个工具，加速了金砖国家在前几次会晤中所确定优先事项的发展。通过给予每个金砖国家成员平等的代表权和所有权，金砖国家新开发银行具备一个世界银行所没有的民主性要素。许多人批评世界银行过于受西方国家的控制，以及它对融资项目施加的条件，而且这些项目也并不总是符合发展中国家的最佳利益。金砖国家试图通过金砖国家新开发银行的建立来改变这一现状，因为金砖国家新开发银行坚持其对平等主义治理模式的承诺，并允许发展中国家发挥主导作用。金砖国家新开发银行的初始资本使它在资助发展中国家项目方面具备潜力，并成为世界银行的潜在竞争对手。

3. 2016年《金砖国家领导人果阿宣言》还特别强调了金砖五国之间的其他合作领域，公共卫生领域得到了广泛关注。该宣言重申了金砖国家卫生部部长关于到2020年实现艾滋病毒治疗“90－90－90目标”的承诺，并强调了金砖国家合作促进药物研究和开发，以结束疫情，促进安全有效、质高价优的基本药物的获取，这是对公共卫生领域具有战略性和务实性的关注。世界卫生组织是为数不多的致力于公共卫生的多边机构之一，它因应对 2014 年的埃博拉疫情而广受批评。该组织在帮助非洲国家应对埃博拉方面的失职使发展中国家（特别是金砖国家的成员）明白，它们需要建立自己的机构来改善公共卫生基础设施。尽管金砖国家各成员国与埃博拉疫情相隔绝，但各国领导人对公共卫生的重视显示出他们作为发展中国家领导人的作用，因此也凸显出他们作为一个新的国际秩序领导人的潜力。随着 21 世纪世界秩序日益依赖信息通信技术，金砖国家成员共同努力开拓新技术，以防止信息通信技术被恐怖分子和其他犯罪分子所利用。此外，为了在可持续发展和国际和平与安全的共同目标方面取得进展，该宣言也对扩大在信息通信技术领域的合作给予了相当大的重视。宣言承诺金砖国家成员将共同努力，提升使用信息通信技术的安全性，并加强各国在信息通信技术、能力建设机构领域的技术、执法、研发和创新之间的合作。各国在创造新技术方面的合作表现出了一种发展新技术的渴望，这种渴望源自发展中国家，而不是传统的大西洋大国。

4. 2017 年在中国厦门举行的金砖国家会晤是史无前例的，因为在官方声明中，两个以巴基斯坦为基地的恐怖组织“虔诚军”和“穆罕默德军”被提名。2017 年《金砖国家领导人厦门宣言》比以往更详细地阐述了金砖国家未来合作的细节。信息通信技术方面的合作对五个成员国都很重要。五国声明：“我们将加强金砖国家在物联网、云计算、大数据、数据分析、纳米技术、人工智能、5G 及其创新应用等信息通信技术的联合研发和创新，提升五国信息通信技术基础设施建设和互联互通水平。我们倡导在基础设施安全、数据保护、互联网空间领域制定国际通行的规则，共建和平、安全的网络空间。我们将增加信息通信技术投资，确认有必要进一步提升信息通信技术研发投资，在提供产品和服务方面释放创新活力。我们支持就落实金砖国家信息通信技术发展议程和行动计划积极开展合作。”

5. 随着中国和印度正在迅速城市化，诸如“智慧城市”等项目获得印度总理的关注，金砖国家的声明阐明了这五个国家如何将信息通信技术视为帮助它们实现一系列可持续发展目标的重要工具。《金砖国家领导人厦门宣言》还强调了开放包容的国际贸易体系的重要性。随着印度寻求加强其制造业，巴西和俄罗斯努力实现经济多元化，基于规则的贸易框架对金砖国家各成员国的重要性日益增强。考虑到这一点，金砖国家使用强硬的措辞来强调其反对保护主义，这是它们的东道国领导人习近平主席的一个重要议题，因为西方的反全球化情绪对中国的出口导向型经济构成了直接威胁。2017 年《金砖国家领导人厦门宣言》的大部分内容都以类似的方式详细阐述了金砖国家之间的合作。在评估整个宣言时，很明显，金砖国家已经超越了其作为地缘经济组织的初衷。金砖国家新开发银行和金砖国家应急储备安排使其能够挑战西方金融机构并保持经济稳定。此外，在建立公共卫生基础设施和简化灾害管理反应方面的合作，使金砖国家能够在应对发展中国家重要的问题上发挥带头作用。最后，金砖国家将重点放在信息通信技术、人工智能和 5G 技术等问题上，让它们成为发展中国家（而非西半球发达国家）领先新技术的领导者。

6. 在 2009 年，几乎没有人会预测到巴西、俄罗斯、印度、中国和南非之间能发展大规模的合作关系。现在由高盛首席经济师在 2001 年提出的术语——金砖四国已经成为现实。金砖国家似乎决心不仅要利用其合作来促进其经济增长，而且还要提高其社会福利和生活水平，并在世界事务中发挥更大影响力。这五个国家在提升妇女在科技领域的参与度、打击恐怖主义等领域的合作表明，五国致力于将金砖国家建设成一个严肃的机构。与此同时，这些国家之间很少有共同之处。五国有不同的政治、经济和社会结构，一些国家还面临严重的双边冲突。然而，五国以“金砖国家”这一形式所进行的合作表明，它们希望挑战西方主导的国际金融和地缘政治体系。它们准备把自己的问题放在一边，先一起来填补现有全球治理架构中的权力真空。很明显，金砖五国寻求在 21 世纪领导发展中国家，并准备从“规则接受者”过渡到“规则制定者”。“金砖国家”赋予了它们这样的“权力”。

金砖国家的困境

Marko Juutinen *

原文标题： The BRICS Dilemma

文章框架： 自成立以来，金砖国家极力辩称，在新兴世界秩序中，西方既缺乏制定全球化规则的道德和政治权威，也缺乏对主权国家应如何或不应如何行事的规定；金砖国家致力于现有的多边机构，但这些多边机构将如何运作是至关重要的；然而，作为“华盛顿共识”（由私有化、削减公共支出和面向出口的市场改革组成）的反对方案和替代方案，新兴的“金砖国家共识”没有得到任何支持；金砖国家寻求在国际舞台上促进某种形式的多元化，但与此同时各成员国似乎没有给出任何替代方案。

观点摘要：

1. 自成立以来，金砖国家（巴西、俄罗斯、印度、中国和南非）极力辩称，在新兴世界秩序中，西方既缺乏制定全球化规则的道德和政治权威，也缺乏对主权国家应如何或不应如何行事的规定。此外，作为由三个全球大国（中国、印度和俄罗斯）以及两个地区大国（巴西和南非）组成的组织，金砖国家有潜力成为全球议程的制定者。这种情况引发了对金砖国家和全球化未来的广泛讨论。有些人试图贬低金砖国家的重要性，而有些人则试图夸大它的重要性。问题在于，金砖国家的复杂章程是由各成员国对共同面临问题的思考所总结而成，并且由各国在政治倾向和冲突方面的分歧所推动。简而言之，金砖国家的困境是渴

---

* Marko Juutinen，观察家研究基金会客座研究员。来源：观察家研究基金会（印度智库），2017 年 9 月 25 日。

望改变世界，但其是否具备相关能力又值得质疑。

2. 金砖国家致力于现有的多边机构，但这些多边机构将如何运作是至关重要的。金砖国家的不满主要源于北大西洋国家的影响力，这也是2012年金砖国家启动机构建设项目的一个重要原因。到目前为止，金砖国家已经建立了两个机构：金砖国家新开发银行（NDB）和金砖国家应急储备安排（CRA）。金砖国家新开发银行与世界银行和国际货币基金组织间具有互补性，该行致力于为基础设施项目（包括能源、交通和水资源）提供资金。重要的是，金砖国家的融资与政策改革和传统机构所了解的现实情况脱钩。金砖国家新开发银行的总战略明确表示：国家主权在金砖国家新开发银行与金砖国家各成员国的互动中至关重要。金砖国家新开发银行的任务不包括限制借贷国家的政策、监督管理和机构改革。

3. 然而，作为“华盛顿共识”（由私有化、削减公共支出和面向出口的市场改革组成）的反对方案和替代方案，新兴的“金砖国家共识”没有得到任何支持。与此同时，没有沿用先前的发展理念，金砖国家新开发银行的新发展理念引起广泛的讨论和争辩。金砖国家新开发银行将表明其对发展趋势和实践的独特见解，从而建设性地参与到国际社会事务当中。一方面，作为一个新机构，金砖国家新开发银行可以从多边和双边发展机构、公民社会和学术组织中学到很多经验。另一方面，金砖国家应急储备安排与国际货币基金组织相关联。金砖国家应急储备安排的目标是为全球金融市场的潜在冲击和可能产生的收支平衡问题提供安全保障。当任何一个金砖国家成员要依赖于应急储备安排并且它所需的贷款额超过其借款额度的30%时，该国就必须首先向国际货币基金组织申请结构调整贷款，然后才能得到来自应急储备安排的更多支持，这很可能会让人认为，应急储备安排的运行模式实际上证明了金砖国家认可美国所提倡的经济发展意识形态（导致了20世纪80年代拉丁美洲“失落的十年”以及目前在南欧国家造成的贫困）。然而，这个推论受到质疑，因为金砖国家新开发银行缺乏形成“华盛顿共识”这种意识形态的条件；在国际货币基金组织和世界银行进行投票权结构改革后，金砖国家依靠其现有机构完全有资格去挑战传统共识。

4. 金砖国家一方面寻求在国际舞台上促进某种形式的多元化，但与此同时各成员国似乎没有给出任何替代方案。就金融机构而言，它们进行了传统机构决策权的改革，但没有提供替代的发展政策。事实上，金砖国家新开发银行的官员有着不同的背景，他们中的一些人以其对传统的“华盛顿共识”的支持而闻名，而另一些人则以对这一传统共识的批评为己任。这是金砖国家面临的典型困境。如果金砖国家能够取得一些成就，那么其在结构上就有可能提供一些与世界银行和国际货币基金组织（IMF）不同的观点，而在它们自己有关发展融资的机构中，其亦可不断学习，不断推陈出新。然而所存在的问题仍然是，尽管金砖国家能够接受和促进多元化的讨论，但金砖国家新开发银行并没有与阿尔巴银行（拉丁美洲的金融机构）达成协议，而该银行才是真正建立在经济发展的替代视角上。

探索印俄合作的新动力

Aleksei Zakharov *

原文标题： Exploring New Drivers in India-Russia Cooperation

文章框架： 俄罗斯显然对印度和美国之间迅速增长的亲密关系感到不快，这种亲密主要体现在国防和安全部门；虽然俄罗斯“倾向于巴基斯坦”的立场令印度感到恼火，但从战略角度来看，俄罗斯和中国之间不断演变的政治军事合作让印度更为痛苦；中国支持俄罗斯与西方的对抗并不意味着中俄两国利益的战略性融合；在经济层面上，尽管俄罗斯与中国的关系迅速加强，但俄罗斯应该牢记20世纪90年代的教训。

观点摘要：

1. 俄罗斯显然对印度和美国之间迅速增长的亲密关系感到不快，这种亲密主要体现在国防和安全部门。俄罗斯怀疑，莫迪政府与巴拉克·奥巴马政府之间的亲密关系推动印美两国签署了历史性的《后勤交流备忘录协定》（LEMOA），以及印度承认其是美国的“主要国防伙伴”。纳伦德拉·莫迪和他的政府为印度传统的不结盟和不干涉外交政策带来了重大变化。尽管印度在全球问题上的立场有时不明确，或者根本没有体现出来，但印度的行动胜于雄辩。由于现任政府推行积极的外交政策，印度现在几乎在所有的全球问题上都占有一席之地。印度的国际影响力一直在显著增加。印度成功参与了金砖国家（BRICS）、上海

---

* Aleksei Zakharov，毕业于伏尔加格勒国立大学国际关系专业，伏尔加格勒国立大学美印关系学博士；担任俄罗斯科学院东方学研究所印度研究中心研究员；曾在观察家研究基金会任职。来源：观察家研究基金会（印度智库），2017年10月12日。

合作组织（SCO）和俄罗斯－印度－中国三边倡议（RIC），并与美国公司签署了数笔价值数十亿美元的协议，并同意提供其领土为美国军队使用。然而，现代世界有时也与冷战时期相似，因此你不可能既和“野兔”一起奔跑，又和“猎狗”一起打猎（意指两面讨好，“野兔”和“猎狗”分别代指美国和俄罗斯）。俄罗斯官方对美印之间签署的协定很敏感，因为它们都“瞄准”了俄罗斯在军事和能源领域的利益，而这两个领域是俄罗斯和印度之间强有力的双边合作的基础。从地缘政治角度来看，美印之间军事演习的增加似乎正是印度正在采取的外交政策模式的体现。俄罗斯的逻辑显然是：如果印度正在使其军事合作伙伴多元化，那么为什么俄罗斯要继续“把所有的鸡蛋放在印度的篮子里”？尽管每个国家的“红线”都很容易被理解，但要处理好与朋友的对手之间的关系变得越来越困难。

2. 虽然俄罗斯“倾向于巴基斯坦”的立场令印度感到恼火，但从战略角度来看，俄罗斯和中国之间不断演变的政治军事合作让印度更为痛苦。尽管中国是印度最大的贸易伙伴，但印度仍将中国视为对手，其认为中国试图削弱印度在南亚、东南亚和印度洋地区的地位。过去，当在面对中国的强硬行为时，印度可以依靠俄罗斯的支持。直到冷战的最后时期，中苏关系依然紧张，并且在一些问题上存在分歧——从意识形态分歧与边界争端到中国与巴基斯坦和美国的关系。继苏联领导人米哈伊尔·戈尔巴乔夫（Mikhail Gorbachev）在符拉迪沃斯托克的著名讲话之后，1986 年苏联与中国的关系开始正常化，随后两国消除了双边关系中的障碍。尽管 20 世纪 90 年代中国不是俄罗斯外交政策的重点，但在地缘政治利益方面，其与中国的关系十分重要。在北大西洋公约组织（NATO）开始向东扩张后，这一点变得更加明显。中国十分了解俄罗斯对这一扩张的不满情绪，这一事实成为中俄关系改善的重要原因之一。在俄罗斯的战略利益受到威胁时，中俄关系的改善在乌克兰危机的背景下变得至关重要。

3. 中国支持俄罗斯与西方的对抗并不意味着中俄两国利益的战略性融合。即使俄罗斯和中国在应对全球问题上仍然采取相似的做法，但它们肯定会发现在邻国政策方面难以协调一致。中国政府在该地区的强硬态度是推动印度与美国加强伙伴关系的一个因素，印美合作最终旨在遏制中国。出于安全考虑，印度致力于与美国以及日本和澳大利亚等其他地区国家进行更多的合作。在这方面，除非俄罗斯平衡其在亚洲的战略，否则俄罗斯和印度将继续朝着相反的方向发展。俄罗斯在中印洞朗对峙中的立场，以及其说服中国将源自巴基斯坦的恐怖组织纳入《金砖国家领导人厦门宣言》中的外交努力，都是俄罗斯平衡其外交政策的积极方面。

4. 在经济层面上，尽管俄罗斯与中国的关系迅速加强，但俄罗斯应该牢记20世纪90年代的教训，当时它单方面与西方联系在一起，并最终发现自己在制裁实施后处于弱势地位。除非俄罗斯官员希望再次落入同样的陷阱，否则俄罗斯就应该继续向亚洲方向发展，而这似乎已经发生，俄罗斯实施了“多管齐下”的亚洲政策。这将使俄罗斯除了与欧洲发展经济联系之外，形成了一个真正的替代性选择，或者至少增加了一条发展途径。在这方面，与印度发展伙伴关系并使其成为南亚的主导力量，以及同日本、韩国、东盟国家建立合作关系，对俄罗斯意义重大。印度的另一个担忧是俄罗斯可能加入中国－巴基斯坦经济走廊（CPEC，简称中巴经济走廊）。目前还没有证据表明，俄罗斯将成为该项目的一部分，尽管巴基斯坦和中国媒体经常宣传俄罗斯的参与将“促进中俄关系，并且加强多国合作”。即便如此，正如各种媒体报道所显示的那样，中国和巴基斯坦的“雄心壮志”正在加深印俄关系中的误解和造成紧张局面。

龙与象：中印关系表现出两极特征

Shubh Soni *

原文标题： The Dragon and the Elephant: The India-China Relationship Displays Bipolar Traits

文章框架： 由于中印两国在洞朗地区发生军事对峙，两国关系改善的希望十分渺茫；在召开金砖国家领导人会晤时，两国发现了多个利益融合点。

观点摘要：

1. 由于中印两国在洞朗地区发生军事对峙，两国关系改善的希望十分渺茫。从6月16日到8月28日，人口数量世界第一和第二的两个核大国的军队在洞朗形成对峙局面，尽管中国坚持认为其在中国境内修建道路，但印度认为这种道路建设企图改变地区现状。随着金砖国家领导人会晤的临近，中印双方的压力越来越大（承受更大压力的是中国，因为它担任此次会晤的东道国），因此双方达成了一项解决方案，以维持建设前的现状。

2. 在召开金砖国家领导人会晤时，两国发现了多个利益融合点。与巴西、俄罗斯和南非一样，印度和中国在全球治理倡议和进程改革方面迈出了重要的步伐。例如，五国都强烈反对世界贸易保护主义抬头，并采取了具体措施以改善金砖国家内的贸易状况。金砖国家本币债券市场（LCBM）的发展、金砖国家本币债券基金（LCBMF）、金砖国家电子口岸网络的建立、五国金融市场一体化的深化，都可能会改变金砖国

---

* Shubh Soni，观察家研究基金会项目协调员，支持该组织的业务发展和拓展活动；其研究范围横跨各个领域，包括全球治理、外交政策、发展金融、气候变化和国内政治。来源：观察家研究基金会（印度智库），2017年11月1日。

家之间的合作。中印关系可从两方面看待，一方面两国部队进行了为期两个月的对峙，另一方面双方一致同意改变全球治理的各个方面，这种二分法遵循了两国必须继续把经济和社会结合起来的原则，并在日后解决双边分歧上取得共识。

俄罗斯学者称印度－俄罗斯关系可以效仿印度－美国关系

Shreya Sethuraman*

原文标题： India – Russia Can Follow India – US Example：Russian Scholar

文章框架： 尽管印度和俄罗斯是强大的盟友，双方也努力互相信任，但由于媒体的不友好报道，双方对两国关系的发展可能也存在一些担忧；尽管金砖国家需要了解自己在世界舞台上的影响力，但托皮奇卡诺夫谈道，这种影响力需要以一种更接近欧盟的方式来建立。

观点摘要：

1. 尽管印度和俄罗斯是强大的盟友，双方也努力互相信任，但由于媒体的不友好报道，双方对两国关系的发展可能也存在一些担忧。卡内基莫斯科中心研究员彼得·托皮奇卡诺夫（Petr Topychkanov）认为印度和俄罗斯缺乏对其共同策略的讨论和理解。不过，他还提到尽管没有组成任何军事联盟，但两国已经准备好在核合作领域相互依赖。托皮奇卡诺夫还强调，俄罗斯对改变核增长秩序持积极态度，即使有人担心俄罗斯的作用会受到限制，但该国还是具有解决问题的办法，那就是把重点放在像金砖国家这样的传统机构上。

2. 尽管金砖国家需要了解自己在世界舞台上的影响力，但托皮奇卡诺夫谈道，金砖国家需要以一种更接近欧盟的方式来建立。然而，他担心的一点是，在不确定的时期，在金砖国家等机构缺乏迅速而详细回应的情况下，公众和领导人开始采取投机行为，这可能并不总是会产生

---

* Shreya Sethuraman，观察家研究基金会研究员。来源：观察家研究基金会（印度智库），2017 年 12 月 1 日。

积极影响。这是很重要的，因为有时候，公众舆论会非常有影响力。他在演讲结束时提到了将俄罗斯和印度联系在一起的重要性。在强调印度与美国的关系之前，印度与俄罗斯也可以效仿印美关系的发展，使它们的对话成为现实，并使公众意见更加清晰可见。无论印俄两国与中国和欧洲的关系如何，印度和俄罗斯都将继续保持其战略地位。

从印度的视角看金砖国家内部关于全球治理和国家利益之间的矛盾

Sabyasachi Saha；Sachin Chaturvedi*

原文标题： Competing Imperatives of Global Governance and National Interests within BRICS：An Indian Perspective

文章框架： 本报告重申了印度对金砖国家建设的贡献，表明了印度对利用金砖国家实现其国内经济增长和全球治理这些国家目标的强烈兴趣；印度和四个大型新兴经济体，即巴西、俄罗斯、中国和南非，代表着世界经济重心的转移；不同于特定部门合作中的体制建设和制度方法，金砖国家在全球治理的方法上面临挑战；金砖国家在世界贸易组织中的经验使其对金砖国家普遍存在的国家利益多样性具有深刻理解；虽然在金砖国家中跨领域高技术产业之间的竞争力尚未改变或正在加强，但其正在期待更有意义的接触并且希望在通过多边协定对国际贸易（涉及行业发展、技术转让和环境可持续性）进行管理方面达成更多共识；印度在推动金砖国家建立新的体制机制方面发挥了越来越重要的作用，这些机制反映了21世纪的现实，即发展中国家的崛起；就拥有不同利益的

---

* Sabyasachi Saha，印度发展中国家研究与信息系统研究中心（RIS）助理教授，专职于研究创新经济学、产业政策和国际贸易，还定期对金砖国家进行论述。Sachin Chaturvedi，印度发展中国家研究与信息系统研究中心主任和教授；曾担任耶鲁大学麦克米伦国际与区域研究中心研究员，也是贾瓦哈拉尔·尼赫鲁大学客座教授；致力于研究国际发展合作政策、南南合作、贸易、创新、生物技术发展和全球治理。来源：观察家研究基金会（印度智库），2017年12月20日。

国家达成区域协定而言，一些国家就大型区域贸易协定的达成进行合作，这也推动了在多边论坛中达成共识。

观点摘要：

1. 本报告重申了印度对金砖国家机构建设的贡献，表明了印度对利用金砖国家实现其国内经济增长和全球治理的国家目标的强烈兴趣。然而，本报告指出，金砖国家内部关于全球治理和国家利益之间的多重矛盾导致各成员国收益的不均衡。金砖国家在全球贸易、技术和环境制度方面的合作十分薄弱。本报告探讨了金砖国家成员在世界贸易组织（WTO）选定的贸易问题上的立场，例如农业、非农产品市场准入（NAMA），以确定不同国家的利益。本报告认为《信息技术协定》（ITA）作为世贸组织的多边协定给印度和中国带来了不同的收益。

2. 印度和四个大型新兴经济体，即巴西、俄罗斯、中国和南非，代表着世界经济重心的转移。在世纪之交，这些经济体引发了世界对其经济尤其是对中国经济迅速扩张的担忧。在21世纪头十年的最后几年，经济衰退使全球经济增长速度放缓，但金砖国家显示出强劲的经济韧性。印度已成为全球增长最快的大型经济体。虽然中国经济增长似乎趋于稳定，但巴西、俄罗斯和南非也正面临全球大宗商品价格下跌所带来的经济收缩，同时印度预计将保持较高的经济增长率。在这十年中，金砖国家在部长、官员一级为讨论解决各种各样问题而搭建的合作平台（以年度对话和委员会的形式）日益制度化，最终形成了一年一度的金砖国家领导人会晤机制。金砖国家还鼓励更深入地加强学术研讨活动并加强民众之间的交流。迄今为止，金砖国家机构建设和正式的合作机制在加强金砖国家合作方面发挥了重要作用。除了成立金砖国家新开发银行（NDB）和引入应急储备安排（CRA）外，金砖国家还制定了《金砖国家经济伙伴战略》。印度在提议与其他成员合作建立全球金融的替代性机构以及更好地协调全球宏观经济管理，以在预防和应对未来危机方面发挥了重要作用。金砖国家成功推出了金砖国家新开发银行，并提议设立金砖国家信用评级机构。为了满足未来发展和可持续发展的需要，金砖国家建立了农业研究平台（ARP）。印度为金砖国家建立这类机构提供了想法和支持，以实现以下目标：共同向全球金融架构施加影响；建立基于更平等原则的替代性金融机构；建立关于发展和安全的特定部门协作平台；利用这些平台发挥金砖国家国内经济增长的优势。在这些方面，笔者将讨论金砖国家的三种具体制度建设。

3. 然而，不同于特定部门合作中的体制建设和制度方法，金砖国家在全球治理的方法上面临挑战，迄今为止，金砖国家在全球治理方面主要侧重于重塑全球金融结构，而对全球贸易、技术和环境制度治理方法的协调性和连贯性则关注较少。《金砖国家经济伙伴战略》对一些悬而未决的问题缺乏实质性关注，这些问题涉及多边贸易谈判以及具有多边意义的全球经济治理等其他具体主题，这会导致其成员仅获得部分收益。金砖国家并不完善，甚至在开展更广泛和更全面的全球经济治理合作这一问题上摇摆不定，而这正是金砖国家和南半球国家扩大经济增长空间所迫切需要的。此外，在学术论坛上，相关学者提出了关于金砖国家践行多极化基本理念的意愿和成熟度的问题。金砖国家的崛起也归因于与世界经济的逐步融合、有利的结构转型和生产力发展以及具备充分利用国际化机遇的能力。随着时间的推移，金砖国家在贸易多边主义、管理流动资本等方面发挥了重要的领导作用，从而使这些国家在全球化中看到了机遇。然而，金砖国家的成员国必须为其灵活性创造空间，以克服经济利益不一致的情况。例如，印度面临在市场准入、产能过剩、技术转让、工业发展和部门具体问题等方面采取协调办法的挑战，因为中国的行动正在对印度的国家政策制定产生不利影响。

4. 金砖国家在世界贸易组织中的经验使其对金砖国家普遍存在的国家利益多样性具有深刻理解。首先，印度、巴西与南非三国都是关贸总协定和世贸组织（GATT－WTO）的最初签署国，中国和俄罗斯都是新近加入的国家，这表明它们在时间安排、准备情况、对全球化的看法和偏好方面存在差异。与此同时，尽管加入时间较晚，但由于比较优势、国内能力等各种原因，显而易见的是，中国可以比其他金砖国家成员拥有更多利用外部资源的机会。本报告主要阐述了世界贸易组织内部的谈判问题，这些问题涉及金砖国家经济利益的趋同和分歧。此外，笔者还特别强调了《信息技术协定》（于 1997 年生效），这是一项世界贸易组织的多边协定，据称该协定给印度和中国带来了不同的收益（中国在出口方面的增长比印度多很多倍）。中国、印度和俄罗斯是金砖国家成员中签署了该协定的国家。面对在特定经济表现和内部竞争中获得的不同收益，金砖国家寻求在经济政策和全球治理方式上更具一致性。正是在这种情况下，笔者愿提出印度与金砖国家进行接触和未来合作的可能方向。在本报告中，笔者讨论了与金砖国家在金融领域的机构建设和正式的部门合作机制相关的问题以及关于国际贸易全球治理的方法，以表明迄今为止最大的新兴经济体之间令人印象深刻的对话和合作进程所产生的影响只有在谈判平台（关于全球贸易、技术和环境治理）上转化为更紧密的联系时，才能被感受到。这将对包括印度在内的成员国的经济增长产生积极影响，同时也将防止金砖国家伙伴关系被削弱。尽管中国在制造业方面的表现优于其他发展中国家，但其他金砖国家在制造业的某些领域仍开展着有选择性的竞争。由于高科技构成了制造业出口的主要份额，中国基于其庞大的信息通信技术（ICT）出口，在金砖国家制造业中创造了最大的附加值。

5. 虽然在金砖国家中跨领域高技术产业之间的竞争力尚未改变或正在加强，但其正在期待更有意义的接触并且希望在通过多边协定对国际贸易（涉及行业发展、技术转让和环境可持续性）进行管理方面达成更多共识。在这些方面建立金砖国家联盟，将大力塑造有利于金砖国家经济增长的国际环境。值得注意的是，印度、巴西和南非经常在世界贸易组织中结盟，将其作为更广泛联盟的一部分，以影响正在进行的多哈回合谈判，并为未来的合作创造机会。然而，紧随中国之后的俄罗斯是最近加入世界贸易组织的国家，作为世界贸易组织的成员，其可能会质疑金砖国家成员之间进行合作的实力和历史。笔者介绍了金砖国家机构的三个举措，这些举措体现了伙伴关系的多面性，并表明了印度的利益和贡献。笔者介绍了金砖国家在多边主义方面的做法以及基于国家利益可能出现的分歧。笔者参考世界贸易组织中金砖国家成员之间合作的历史，以获得必要的见解。笔者强调了金砖国家成员工业发展水平的普遍差异，特别是在电子等高价值行业，这在很大程度上可归因于世界贸易组织的《信息技术协定》。笔者讨论金砖国家对《信息技术协定》的回应，以吸取全球治理和国家利益如何相互中和的经验教训，从而导致金砖国家伙伴关系弱化。笔者总结了为什么金砖国家的集体合作伙伴关系应该在应对全球治理挑战的同时还要保护成员国的国家利益。

6. 印度在推动金砖国家建立新的体制机制方面发挥了越来越重要的作用，这些机制反映了21世纪的现实，即发展中国家的崛起。金砖国家巩固了其管理全球金融、资本和投资的方式和结构。此外，在维护集体经济利益的同时，金砖国家已经超越了在组织内部进行贸易往来的狭隘范畴。在这样做的同时，它也避免了对多边主义的支持仅停留在口头上，而没有就谈判形成联盟的具体细节进行讨论。然而，通过集体合作伙伴关系，金砖国家可能会在经济、贸易和投资问题上达成共识，从而促进各经济体的增长。印度积极寻求新的体制机制，即金砖国家新开发银行、金砖国家评级机构以及金砖国家农业研究平台。这些机制的建立传达出一个非常重要的信息，即金砖国家对负责任且引起共鸣的全球秩序做出贡献，同时还应适当重视包容性多边主义。

7. 就拥有不同利益的国家达成区域协定而言，一些国家就大型区域贸易协定的达成进行合作，这也推动了在多边论坛中达成共识，这些国家努力利用法律手段推动多部门贸易以及达成其他协定，并就影响贸易的非贸易问题达成协议。不用说，达成这些协议的目的是使其有利于主要经济体的平衡。这对金砖国家来说是一种考验，其本着合作和共识的精神，表现出愿意就此类问题开展工作。金砖国家成员国是否能够克服各自狭隘的国家利益，并继续通过其他机构做出贡献，这一问题将决定金砖国家在未来的更广泛意义。在世界贸易组织的具体问题上，努力合作的经验为彼此的国内利益和前景提供重要的教训和借鉴意义。前进并不容易。能力和体制往往被强调为金砖国家所拥有的主要优势。然而，面对世界经济中主要的歧视和不协调性，金砖国家各国的能力是不够的。尽管金砖国家内部的贸易主要来自中国的贸易（这通常被认为是其他成员国的挑战），但第三国的市场准入仍是一个重要考虑因素。金砖国家如何解决这些问题，并致力于建立有意义的伙伴关系和联盟，这仍然是一个难题。如前所述，在缺乏具体行动的情况下，金砖国家这一组织可能无法达到自己的预期。如果金砖国家没有对更广泛的全球治理预期做出回应，那么像印度这样的国家也会感到失望，因为印度自身的国家利益也会受到不利影响。

“南亚卫星计划”：巴基斯坦错失良机

Ajey Lele*

原文标题： Satellite for SAARC：Pakistan's Missed Opportunity

文章框架： 巴基斯坦驻印度高级专员阿卜杜勒·巴西特（Abdul Basit）宣布印度和巴基斯坦之间的和平进程被中止；2014 年，总理纳伦德拉·莫迪宣布印度决定开发一颗卫星，在不同的领域惠及所有南亚区域合作联盟成员国，如天气数据交流、灾害管理、远程通信和远程医疗；中国似乎渴望与印度携手合作，共同开发“金砖国家卫星”；巴基斯坦需要意识到，21 世纪的外交不是非此即彼的外交，有时它可能处于矛盾的背景下；美国和俄罗斯通过搁置分歧，在太空领域进行合作，展示了“太空成熟”。

观点摘要：

1. 最近，巴基斯坦驻印度高级专员阿卜杜勒·巴西特（Abdul Basit）宣布印度和巴基斯坦之间的和平进程被中止。多年来，印度－巴基斯坦双边谈判过程更像是一个带有波峰和波谷的正弦曲线，但没有得出任何明确的结论。在过去三十年时间里，巴基斯坦军方领导/三军情报局（ISI）几乎直接或间接地确定民选政府无法将和平谈判转变成一个可持续的过程。令人惊讶的是，在与印度打交道的过程中，巴基斯坦一直如此目光短浅，以至于没有找到任何真诚的姿态来进行建设性的接触。在这方面最新的实例是巴基斯坦决定退出印度提出的促进南亚区域合作联盟（SAARC）国家发展的联合卫星发展建议。

---

* Ajey Lele，印度新德里国防研究与分析研究所高级研究员。来源：印度新德里国防研究与分析研究所（印度智库），2016 年 4 月 19 日。

2. 2014 年，总理纳伦德拉·莫迪宣布印度决定开发一颗卫星，在不同的领域惠及所有南亚区域合作联盟成员国，如天气数据交流、灾害管理、远程通信和远程医疗。有关这一卫星计划的工作已经在印度空间研究组织（ISRO）开始，而且该卫星预计于 2016 年底推出。在对这一项目长时间的犹豫不决之后，巴基斯坦终于决定退出这个“南亚卫星计划”。现在，印度将发射这颗卫星，其不是作为南亚区域合作联盟的一颗卫星，而是一颗南亚的卫星。考虑到印度与巴基斯坦目前关系冷淡，巴基斯坦的决定可能并不完全令人惊讶。关于这个项目的初步讨论是以建设性的方式与巴基斯坦进行的。巴基斯坦随后向印度提供了技术和经济援助，以帮助印度建造卫星。然而，这并没有被印度接受，这可能是巴基斯坦选择退出该计划的一个主要原因。显然，巴基斯坦错过了与印度进行“轨道合作”的机会（尽管两国之间存在“陆地对抗”）。

3. 此外，中国似乎渴望与印度携手合作，共同开发“金砖国家卫星”。金砖国家包括巴西、俄罗斯、印度、中国和南非。在这五个国家中，俄罗斯、印度和中国都是拥有非常成功的太空计划的航天国家。该计划的目的是为金砖国家开发一颗遥感卫星。一年多前，中国和俄罗斯也提出建立基于中国北斗卫星导航系统和俄罗斯的格洛纳斯（GLONASS）卫星导航系统，其目的是使金砖国家和上海合作组织（SCO）成员国都能够进入这一系统。

4. 在双边协定下，印度是俄罗斯格洛纳斯卫星导航系统的用户。印度也有望很快加入上海合作组织。也可以说，莫迪已经表示愿意通过印度区域卫星导航系统（IRNSS）服务邻国。然而，令人遗憾的是，巴基斯坦失去了一个在太空领域参与的机会，而其他许多国家（包括中国）都希望这样做。印度和巴基斯坦之间错综复杂的关系是众所周知的。巴基斯坦需要明白的是，它与印度的关系是该地区稳定的核心，因此它需要致力于处理这些分歧，以确保该地区的稳定。巴基斯坦需要意识到，21 世纪的外交不是非此即彼的外交，有时它可能处于矛盾的背景下。各国需要在新的环境中工作，找出闻所未闻或不可想象的合作领域。莫迪的卫星发射计划就是一次这样的尝试。

5. 今天，美国和俄罗斯通过搁置分歧，在太空领域进行合作，展示了“太空成熟”。尽管俄罗斯和美国在外交关系上有着令人不安的过去（和现在），但两国在外太空领域有合作的历史。它们面对太空技术革命带来的机遇最大程度地利用了其优势。1961 年 4 月 12 日，尤里·阿列克谢耶维奇·加加林（Yuri Gagarin）成为第一位进入太空的人，而且俄罗斯将这一天定为航天日。2016 年 4 月 12 日，在加加林飞行第五十五周年纪念日上，普京通过电视连线与国际空间站（ISS）的美国和俄罗斯宇航员进行了联系。他强调，尽管存在种种分歧，但两国在外太空领域有着紧密合作的意愿。冷战后，随着两国关系的协调，美国和俄罗斯已经开始了在外太空领域合作的时代。1993 年 12 月，美国与其他国家一道，欢迎俄罗斯加入世界上最雄心勃勃的太空计划，即国际空间站。从那时起，这两个国家都为建立这个空间站做出很大贡献。自 2010 年以来，美国一直完全依赖俄罗斯将其宇航员运送到空间站。叙利亚危机和乌克兰/克里米亚危机已导致俄美关系显著恶化。然而，这两个国家都不允许这种负面影响扩散到其在外太空的合作关系中。巴基斯坦需要从美国、俄罗斯和中国学习。空间安全是所有国家面临的一个主要问题，各国不应回避在这个领域的合作。“南亚卫星计划”是巴基斯坦展示其与印度合作热情的机会，但可能其战略考虑阻碍了这一愿景。

印度努力争取联合国安理会席位：这次有所不同吗？

Rajeesh Kumar*

原文标题： India's UNSC Bid：Is It Different This Time?

文章框架： 鉴于过去联合国五大常任理事国（包括英国、中国、法国、俄罗斯和美国）在过去二十年中改革进程中的一致性立场，就印度寻求成为联合国安理会常任理事国而言，有三种可能的情况。

观点摘要：

鉴于过去联合国五大常任理事国（包括英国、中国、法国、俄罗斯和美国）在过去二十年中改革进程中的一致性立场，就印度寻求成为联合国安理会常任理事国而言，有三种可能的情况。首先，印度需要领导改革呼吁，并积极推动其他国家朝这个方向发展。其潜在实力、显著的经济增长、迅速增长的国防能力、作为核武器大国的地位，以及对联合国维和行动的贡献都赋予了它承担这种责任的权力和特权。然而，鉴于印度与联合国的合作，再加上近年来其对多边主义日益冷淡的态度，这种发展不大可能。除了领导人和官员的言论外，目前还不清楚联合国安理会常任理事国的席位是否会优先考虑印度。印度的许多政策制定者对印度在失去其合法性的机构寻求更大的空间抱有疑虑。在这种情况下，认为印度将承担修补联合国漏洞的责任是不现实的。其次，推动联合国安理会改革，而不改变目前的否决权现状。由于没有否决权的席位几乎与在议会中没有地位一样，因此印度做出这样举动的可能性更

---

* Rajeesh Kumar，印度新德里国防研究与分析研究所助理研究员。来源：印度新德里国防研究与分析研究所（印度智库），2016 年 12 月 8 日。

小。最后，一个可能的场景是，印度要接受这样一个事实，即鉴于目前的进程和势头，联合国安理会改革将永远不会发生，以寻求替代方案来推动新兴大国的议程。考虑到这种替代方案的“命运”，例如金砖国家及其不确定的未来，这种选择也将是一场巨大的赌博。金砖国家的成立是作为以西方为主的全球治理架构的一个政治和经济替代品，从而在这些机构中推动一个新兴的权力议程。尽管如此，这种不作为引发了对新兴大国主导多边机构或推动当前全球治理体系改革能力的质疑。

环孟加拉湾多领域经济技术合作倡议成立20年之际：希望和忧虑并存

Sampa Kundu*

原文标题： BIMSTEC at 20：Hopes and Apprehensions

文章框架： 2016年10月，印度在果阿峰会期间举行了金砖国家（巴西、俄罗斯、印度、中国和南非）领导人同"环孟加拉湾多领域经济技术合作倡议"成员国领导人对话会；印度已经清楚地表明它对环孟加拉湾多领域经济技术合作倡议重新燃起兴趣。

观点摘要：

1. 最近，印度总理纳伦德拉·莫迪（Narendra Modi）在环孟加拉湾多领域经济技术合作倡议（BIMSTEC）成立20周年的致辞中称，该次区域组织是实现印度首要的外交优先政策即"邻国优先"和"东向行动政策"的"天然平台"。2016年10月，印度在果阿峰会期间举行了金砖国家（巴西、俄罗斯、印度、中国和南非）领导人同"环孟加拉湾多领域经济技术合作倡议"成员国领导人对话会。这被视为印度方面的一个务实举措，展示了其发挥地区领导人作用的潜力，体现了其将"东向"政策转变为"东向行动"政策的愿景。金砖国家-环孟加拉湾多领域经济技术合作倡议峰会通过邀请其成员国参加由世界五个主要新兴经济体组成的更大的平台（金砖国家），使环孟加拉湾多领域经济技术合作倡议获得了应有的重视。

2. 印度已经清楚地表明它对环孟加拉湾多领域经济技术合作倡议

---

* Sampa Kundu，印度新德里国防研究与分析研究所研究助理。来源：印度新德里国防研究与分析研究所（印度智库），2017年6月20日。

重新燃起兴趣。印度已经是在四个重点领域发挥领导作用的国家，即交通和通信、环境和灾害管理、旅游、反恐和跨国犯罪。尽管环孟加拉湾多领域经济技术合作倡议的领导人在果阿峰会上谈到了许多问题，但最突出的是关于在该地区打击恐怖主义的公开讨论。

是一个耶路撒冷还是多个耶路撒冷？

P. R. Kumaraswamy *

原文标题： Is it Jerusalem or Jerusalems?

文章框架： 近十年来，印度在支持巴勒斯坦建国的同时，也明确提到了东耶路撒冷是巴勒斯坦的首都，而最近印度的立场有所转变。

观点摘要：

近十年来，印度在支持巴勒斯坦建国的同时，也明确提到了东耶路撒冷是巴勒斯坦的首都。如果国际社会和联合国不承认西耶路撒冷是以色列的首都，那么它们同样不承认东耶路撒冷是巴勒斯坦的首都。然而，政治因素导致许多国家接受并支持阿拉伯－伊斯兰国家关于耶路撒冷问题的立场。这体现在金砖国家（BRICS）和印度－巴西－南非对话论坛（IBSA）等多边论坛中。就连印度总理纳伦德拉·莫迪（Narendra Modi）也坚持这种立场。然而，在巴勒斯坦总统马哈茂德·阿巴斯于2017年5月访问印度期间，一个重大的转变引人注目。莫迪重申了印度对巴勒斯坦的支持，但也谨慎避免直接提及任何关于东耶路撒冷的信息。这一转变表明，印度认识到耶路撒冷相关事务的复杂性以及有关各方达成和解的需要。就在几周前，印度改变了先前的立场，并对联合国教科文组织（UNESCO）否认任何犹太人与东耶路撒冷具有联系的决议投了弃权票。事实上，在包括莫迪在内的金砖国家领导人于2017年9月在厦门发表的声明中，没有提到任何有关东耶路撒冷的信息。

---

* P. R. Kumaraswamy，尼赫鲁大学研究中东项目的教授。来源：印度新德里国防研究与分析研究所（印度智库），2017年12月15日。

环孟加拉湾多领域经济技术合作倡议：印度的“邻国优先”政策和“东向行动”政策会在哪里“相逢”

G. Padmaja*

原文标题： BIMSTEC：Where India's "Neighbourhood First" and "Act East" Meet

文章框架： 环孟加拉湾多领域经济技术合作倡议于 1997 年成立；2016 年 10 月 16 日，环孟加拉湾多领域经济技术合作倡议成员国领导人在印度果阿与金砖国家领导人进行对话并发布了成果文件。

观点摘要：

1. 环孟加拉湾多领域经济技术合作倡议（BIMSTEC）成立于 1997 年，其成员包括孟加拉国、不丹、印度、缅甸、尼泊尔、斯里兰卡和泰国。2017 年 8 月 11 日，第 15 届环孟加拉湾多领域经济技术合作倡议部长级会议在加德满都举行。印度外交部部长苏什玛·斯瓦拉杰（Sushma Swaraj）在会议上说，“对印度来说，环孟加拉湾多领域经济技术合作倡议是实施我们关键外交政策重点（即‘邻国优先’政策和‘东向行动’政策）的自然选择……”这些政策是由莫迪领导的政府在 2014 年 5 月宣布的。孟加拉国、不丹、尼泊尔和斯里兰卡都是印度的近邻，“邻国优先”政策主要在这些国家进行推进。泰国和缅甸是东南亚国家联盟（ASEAN）的成员，该组织是印度“东向行动”政策的核心。环孟加拉湾多领域经济技术合作倡议把南亚和东南亚连接起来，同时该倡

---

* G. Padmaja，印度国家海事基金会（NMF）维萨卡帕特南分会区域主任。来源：国家海事基金会（印度智库），2017 年 10 月 6 日。

议的大多数成员国都处于孟加拉湾的沿海地区。鉴于这一重要意义，2016 年 10 月印度邀请环孟加拉湾多领域经济技术合作倡议的领导人在金砖国家果阿峰会期间与金砖国家领导人进行对话。

2. 2016 年 10 月 16 日，环孟加拉湾多领域经济技术合作倡议成员国的领导人在印度果阿与金砖国家领导人进行对话并发布了成果文件。这次会议是在驻扎在查谟 - 克什米尔邦乌里市附近的印度步兵营遭遇武装分子恐怖袭击的背景下举行的。之后定于 2016 年 11 月在巴基斯坦举行的第 19 届南亚区域合作联盟（SAARC）峰会被推迟举行。印度认为，该地区不断增加的跨境恐怖主义袭击，以及一个国家对成员国内部事务日益增加的干涉对 2016 年 11 月在巴基斯坦成功举行第 19 届南亚区域合作联盟峰会造成不利影响。正是在这种情况下，印度才试图把重点放在环孟加拉湾多领域经济技术合作倡议上，因为南亚区域合作联盟的发展陷入了困境。然而，本报告认为环孟加拉湾多领域经济技术合作倡议不受南亚区域合作联盟支配且该倡议具有重要意义。事实上，印度在金砖国家领导人会晤期间举行了环孟加拉湾多领域经济技术合作倡议成员国与金砖国家领导人对话，印度试图向金砖国家（尤其是中国）传达这样的信息，即孟加拉湾处于印度的影响力范围之内。成果文件中阐明的一些问题是，恐怖主义仍然是该区域和平与稳定最重要的威胁；需要实施《巴黎气候变化协定》，因为它影响到孟加拉湾地区人民的生计；通过联合演习加强灾害管理方面的合作；需要着重关注多种形式的实体连接（空中、铁路、公路和水路）；研究实施环孟加拉湾多领域经济技术合作倡议框架下“机动车辆协议”的可行性；深化农业部门合作，促进粮食安全；需要推动渔业的可持续发展，因为孟加拉湾地区拥有超过世界上 30% 的渔业；挖掘蓝色经济的巨大潜力；探索深化水产业、水文、海底矿产勘查、沿海航运、生态旅游和海洋可再生能源领域进行合作的途径，以促进区域可持续发展。

印度国家应用经济研究所国家投资潜力指数

Anil K. Sharma*

原文标题： The NCAER State Investment Potential Index

文章框架： 随着包括中国、俄罗斯、巴西和南非在内的主要新兴市场经济的放缓，印度作为世界上主要的经济体，具有成为世界上增长最快经济体的潜力。

观点摘要：

过去十年，新兴市场经济体一直是全球经济增长的支柱。随着包括中国、俄罗斯、巴西和南非在内的主要新兴市场经济的放缓，印度作为世界上主要的经济体，具有成为世界上增长最快经济体的潜力。2016年，印度有望以约7.5%的速度增长，且正在摆脱其金砖国家（BRICS）竞争对手的阴影。就市场规模而言，在世界经济论坛2015～2016年全球竞争力指数中，印度在全球排名中位列第三，位于中国和美国之后。

---

* Anil K. Sharma，国家应用经济研究所秘书兼业务主管和高级研究员。来源：国家应用经济研究所（印度智库），2016年3月15日。

中国走向多边主义的选择性

D. S. Rajan *

原文标题： China's Selective Approach towards Multilateralism

文章框架： 在解决领土问题时，如关于岛屿主权的争端问题，中华人民共和国（PRC）反对在全球多边关系中扮演任何角色，取而代之的是它与其他竞争国家之间进行直接对话；在不涉及领土主权的问题上追求其战略利益，中国积极寻求促进多边主义；其目的是进行多边外交，以引导区域经济发展，同时中华人民共和国似乎也看到了它在邻近地区和其他地区可能获得战略影响力；“多边主义”已成为习近平主席领导下的中华人民共和国的外交手段，以追求国家在领土主权以外的其他领域的战略利益；中国在对亚洲基础设施投资银行的建设中取得了成功，其在国际上获得合法性。

观点摘要：

1. 在解决领土问题时，如关于岛屿主权的争端问题，中华人民共和国（PRC）反对在全球多边关系中扮演任何角色，取而代之的是它与其他竞争国家之间进行直接对话。中华人民共和国坚定地反映这一立场，即东盟外长会议不能成为讨论中国海域争端问题的平台，以及在菲律宾授意下成立的海牙仲裁庭，对此类问题没有司法权。同样重要的是，中华人民共和国对其海域争端问题采取“双轨思路”，该方法提供“以和平方式通过友好协商和谈判，解决该国问题”，还规定“中国与东盟国家共同维护和平稳定”。完成这一设想，就特别需要通过中华人

* D. S. Rajan，印度金奈中国研究中心特聘研究员。来源：南亚分析集团（印度智库），2016 年 2 月 29 日。

民共和国与东盟国家共同努力实施已签署的《南海各方行为宣言》，基于“共识”，加快实施在该海域谈判的“行为准则”（2015 年 11 月 21 日中国国务院总理李克强在吉隆坡参加中国 – 东盟峰会时提出）。显然，“双轨思路”暗示了中国的新意愿，其允许东盟在解决中国海域争端问题方面发挥作用，换句话说，中国对一种必要的多边主义的接纳是为了找到解决问题的方法。

2. 另外，在不涉及领土主权的问题上追求其战略利益，中国积极寻求促进多边主义。其目的是进行多边外交，以引导区域经济发展，同时中华人民共和国似乎也看到了它在邻近地区和其他地区可能获得战略影响力。在这点上，其动机可能基于三个方面：去除现有的他国对“中国威胁”的担忧、反击美国势力以及建立一个新的中国主导的地区安全秩序。中国采取的多边行动的例子包括其向亚洲基础设施投资银行（AIIB）的注资、金砖国家（BRICS）框架下的合作项目、参与二十国集团（G20）机制、邀请亚太经合组织（APEC）和东盟成员（ASEAN）外交部部长参加上海合作组织（SCO）及中非合作论坛，最后还包括推出“一带一路”倡议。出于自身的战略原因，美国和日本都没有参与亚洲基础设施投资银行，以及印度对参与中华人民共和国主导的“一带一路”倡议持保留态度。

3. “多边主义”已成为习近平主席领导下的中华人民共和国的外交手段，以追求国家在领土主权以外的其他领域的战略利益。现在，中国外交政策的声明旨在采取“重大的多边外交行动，在全球政治经济形势面临新挑战的时代，给予新调整与新发展”。中国认为，诸如创建亚洲基础设施投资银行、推出“一带一路”倡议以及参与金砖国家这样的多边行动，旨在为全球和区域经济发展提供帮助。然而，公正地看，似乎在本质上还存在一些出于战略考虑的其他激励因素。这些因素包括中国需要通过其参与多边机构来消除该地区对所谓的“中国威胁”的疑虑、抵消美国在该地区的影响力，并构建以中国为中心的新的区域安全架构。在这种情况下，中华人民共和国真正的目标是在周边地区和其他各地区通过多边行动传播其战略影响力，而其他地区的国家对此存在担忧似乎是无可非议的。

4. 中国在对亚洲基础设施投资银行的建设中取得了成功，其在国际上获得合法性。而美国和日本没有参加亚洲基础设施投资银行，迄今为止，该银行有 57 个成员，美国的盟友如德国、英国和法国都是该组织的成员。印度也参与了亚洲基础设施投资银行。预计在该银行运作的前五年或六年，其每年将有 100 亿～150 亿美元的借贷能力，亚洲基础设施投资银行具有稳步改造全球金融架构的潜力。此外，它还致力于与金砖国家新开发银行进行合作。该银行将支持中国的“一带一路”倡议，以致力于中国与欧洲互联互通。可以预见的是，亚洲基础设施投资银行可以为发展中国家打开一条新的资金渠道，迄今为止，中国一直依赖西方主导的国际货币基金组织（IMF）、世界银行以及日本发挥杰出作用的亚洲开发银行（ADB）。

不要对二十国集团抱太大希望

Hamsini Hariharan*

原文标题： Don't Hold Your Breath for the G20

文章框架： 二十国集团杭州峰会的成果；对二十国集团的质疑；二十国集团的问题。

观点摘要：

1. 近几个月来，中国媒体将二十国集团杭州峰会比作全球治理上的里程碑事件。媒体报道称，峰会议程包括全球税收、创新、增长、投资、气候变化、贸易壁垒甚至反腐败等问题。二十国集团能够在这些问题上达成多少协议？

2. 相关机构对二十国集团在过去六年中实际取得的成就提出了质疑。二十国集团是2008年金融危机后的主要协调机构，并制定了停滞政策。在2010年首尔峰会上，新兴国家在国际货币基金组织执行委员组成中配额的重新平衡，达6%。2011年和2012年峰会被欧元区危机掩盖。在戛纳峰会上，有人建议，国际货币基金组织应为整个欧洲而不是一个国家提供额外的融资。日本的融资额为600亿美元，“金砖国家”各成员国紧随其后，美国依然保持不参与态度。2013年，二十国集团首次出现政治纷争，特别是在叙利亚内战和使用化学武器方面。2014年布里斯班峰会期间，各国领导人承诺到2018年将国内生产总值提高2%。

3. 但是，大多数国家为了履行承诺，与其国家政策脱轨。2015年议程重申，各国需要履行以往的承诺。因此，将其议程扩大至国际金融

---

* Hamsini Hariharan，塔克沙希拉研究所研究学者。来源：塔克沙希拉研究所（印度智库），2016年9月12日。

改革范围之外，也意味着二十国集团对任何事情都不再有影响力。有人反对说，二十国集团是一个审议机构，而不是一个决策机构。但是，审议的目的是在某种程度上推动决策。二十国集团具有互补性的特点：它与其他主要的国际机构一起合作。国际机构的改革是一项艰巨的任务，二十国集团承担的其他任务（与其他多个国际机构的议程相当）所取得的成果微乎其微。

4. 二十国集团的主要问题是无法处理其成员之间的强权政治。因此集团要求，如果几个成员达成对特定问题的共识，并在某一问题上占有多数反对票时，该问题就将被推迟审议。二十国集团内的议程设置通常使发展中国家和发达国家相互抵触。作为全球增长动力的中国和美国，两个全球超级大国，都力图主宰二十国集团议程。这使得个别国家为自己不断寻求特殊协议。这种不和谐是二十国集团难以成功的原因之一。

5. 二十国集团对走廊外交十分重要。但二十国集团对走廊外交的重要性不能被视为成功。二十国集团的主要问题是，为了审议有效，它将最重要的政权考虑其中，这是一个很极端的想法。但是，这个想法还不足以与国家战略相匹配，且会被国家利益所围绕。

俄罗斯外交部部长谢尔盖·拉夫罗夫于2017年12月11日在新德里维韦卡南达国际基金会发表了首次纪念卡达金的演讲*

原文标题： H. E. Mr. Sergey V. Lavrov, Minister for Foreign Affairs, the Russian Federation, Delivers the First Kadakin Memorial Lecture at the Vivekananda International Foundation, New Delhi, 11 December 2017

文章框架： 印度与俄罗斯之间特殊的战略伙伴关系意味着其在国际舞台上需要进行密切和长期的协调。

观点摘要：

印度与俄罗斯之间特殊的战略伙伴关系意味着两国在国际舞台上需要进行密切和长期的协调。印度重视其与俄罗斯在全球问题上的互动。印度独立和负责任的外交政策一直是促进全球和地区安全与稳定的重要因素。印度希望它的这一传统将得到保护和加强。在联合国和其他多边论坛中，印度和俄罗斯一直提倡遵循《联合国宪章》和国际法的规定和原则，包括领土完整、国家独立和主权平等，尊重文化和世界文明的多元化，以及人民有权决定自己的政治、社会、经济和文化发展模式。印度和俄罗斯与许多志同道合的“朋友”一起，努力推动国际社会更加公正和民主，增强发展中国家在联合国、国际货币基金组织和世界银行等多边机构中的作用并以各种形式继续巩固和推动必要的改革。2017年12月11日举行了第15次中印俄（RIC）三边倡议外交部部长会议，中印俄三边倡议于20世纪90年代末成立，金砖国家也在这个时期诞生。金砖国家在二十国集团中发挥了非常重要的作用，特别是在国际货

---

* 来源：维韦卡南达国际基金会（印度智库），2017年12月11日。

币金融体系改革问题上，二十国集团的其他几位成员与金砖国家各国进行了协调。印度作为一名正式成员加入上海合作组织大大增强了该组织的政治潜力，尤其是印度具备稳定中亚和南亚局势、解决阿富汗和周边地区危机的能力。

俄罗斯–印度能源合作：贸易、联合项目和新领域

Vasily Shikin；Amit Bhandari*

原文标题： Russia-India Energy Cooperation：Trade，Joint Projects，and New Areas

文章框架： 核合作也是一个有共同利益的潜在领域；金砖国家新开发银行等多边金融机构可以提升长期能源项目的投资吸引力；在印度，可再生能源市场正处于真正的繁荣时期，而在俄罗斯，这个市场甚至还没有形成。

观点摘要：

1. 核合作也是一个有共同利益的潜在领域。与中国不同，俄罗斯支持印度努力成为核供应国集团成员。印度的核设备供应商将把目标锁定在距离印度本土更近的国家，例如斯里兰卡和缅甸，这些供应商将在这些国家与俄罗斯国家原子能公司（Rosatom）展开竞争，而不是与正准备进军国际市场的中国企业展开竞争。鉴于印度在发展海外项目方面缺乏经验，以及其与俄罗斯进行核合作的悠久历史，俄罗斯很可能会希望参与第三国的联合项目。然而，考虑到印度加入核供应国集团的决定应以协商一致为基础，印度企业不太可能在短期内进入国际市场。

2. 金砖国家新开发银行等多边金融机构可以提升长期能源项目的投资吸引力。金砖国家新开发银行成立的目的是为能源和基础设施项目融资。未来，金砖国家新开发银行的投资可能会扩大到包括电力、石油

---

* Vasily Shikin，历史学博士，俄罗斯国际事务委员会（RIAC）专家。Amit Bhandari，印度全球关系委员会能源与环境项目研究员。来源：印度全球关系委员会（印度智库），2017 年 10 月 12 日。

和天然气运输基础设施的建设和现代化方面，这些领域对社会发展具有重要意义。

3. 在印度，可再生能源（RES）市场正处于真正的繁荣时期，而在俄罗斯，这个市场甚至还没有形成。俄罗斯联邦政府已设定目标，将可再生能源在能源平衡中的比重提高至4.5%（目前约为1%），并已采取措施鼓励使用绿色能源。为了实现这一目标，政府采取了一揽子激励措施。

修补与缅甸的关系是必要的

Gopalaswami Parthasarathy *

原文标题： Mending Fences with Myanmar a Must

文章框架： 印度正在采取措施，以应对南亚区域合作联盟未能促进经济一体化，发展交通和能源走廊，推动合作来对抗恐怖主义这一事实；南亚区域合作联盟实现其全部潜力的主要障碍是巴基斯坦；巴基斯坦必须了解其努力否认印度与其西部地区的联系（虽然破坏了印度与东部邻国的经济合作）只会导致拉瓦尔品第被日益边缘化。

观点摘要：

1. 印度在获得阿富汗、孟加拉国、不丹、斯里兰卡和马尔代夫的支持方面表现得令人钦佩，其拒绝参加即将在巴基斯坦举行的南亚区域合作联盟（SAARC）峰会。近几个月来，已经有一些迹象表明，印度正在采取措施以应对南亚区域合作联盟未能促进经济一体化，发展交通和能源走廊，推动合作来对抗恐怖主义这一事实。

2. 南亚区域合作联盟实现其全部潜力的主要障碍是巴基斯坦。巴基斯坦仅仅是利用这个平台削弱印度在南亚的影响力，同时积极寻求中国的认可。由于印度在推动与其东盟合作伙伴以及与南亚区域合作联盟成员国尼泊尔、不丹和孟加拉国在经济和反恐合作上有丰富的经验，所以其备受鼓舞。然而，“环孟加拉湾多领域经济技术合作倡议”（BIM-

---

* Gopalaswami Parthasarathy，印度政策研究中心客座教授，新德里战略与国际研究中心高级研究员；1992～1995 年担任印度驻缅甸大使，1995～1998 年担任印度驻澳大利亚高级专员，1998～2000 年担任印度驻巴基斯坦高级专员；研究领域包括印度周边地区的发展，以及经济一体化、能源、国家安全和恐怖主义等问题。来源：新德里政策研究中心（印度智库），2016 年 10 月 5 日。

STEC）受到太少关注，其汇集了南亚区域合作联盟国家印度、尼泊尔、不丹、孟加拉国、斯里兰卡，以及东盟成员国缅甸和泰国。考虑到这一点，印度从过去巴西和俄罗斯举行的金砖国家首脑会议上获得灵感，来自拉丁美洲和上海合作组织的伙伴国家被邀请参加这一会议。此外，印度已邀请六名“环孟加拉湾多领域经济技术合作倡议”领导人与俄罗斯、中国、巴西和南非领导人在果阿峰会上进行会晤。这阻碍了巴基斯坦破坏其与东部地区的外交往来，并使“环孟加拉湾多领域经济技术合作倡议”得到进一步扩展。在印度洋西部，发展印度－斯里兰卡－马尔代夫－塞舌尔走廊可以加强这一努力。

3. 印度应该制定一个政策，遏制巴基斯坦，并通过与印度－伊朗－阿富汗建立合作伙伴关系来补充这一努力。巴基斯坦必须了解其努力否认印度与其西部地区的联系（虽然破坏了印度与东部邻国的经济合作）只会导致巴基斯坦被日益边缘化。在果阿邦举办的金砖国家峰会，也将向中国传递一个信息，即印度愿意在区域论坛上与之合作。在南亚区域论坛上边缘化巴基斯坦，应该是印度促进区域经济合作政策的显著特征。南亚区域合作联盟大学和南亚区域合作联盟秘书处等机构可以继续发展下去，而南亚合作的其他方面将被转移到新的组织中。

印度和中国必须相互保持克制，以避免发生重大危机

Srinath Raghavan*

原文标题： India and China Must Show Mutual Restraint to Avoid a Major Crisis

文章框架： 印度与中国关系的重大转变；中印关系的主要摩擦不是来自双边争端，而是来自更广泛的问题。

观点摘要：

1. 在第一次访问印度两年后，中国国家主席习近平将于本周晚些时候在果阿会见印度总理纳伦德拉·莫迪。当两国领导人准备在金砖国家领导人峰会期间会晤时，他们应该反思印中关系近期的发展轨迹。在习近平2014年9月访问之前，两国观察人士预计，这些政治上强有力和果断的领导人将为双边关系注入活力。但这些希望已经破灭。在巴基斯坦恐怖主义以及印度加入核供应国集团（NSG）方面，两国政府已明显相持不下。此外，从拟议的通过巴基斯坦的经济走廊到海上安全等一系列问题上，它们存在分歧。这些短期的发展表明印度与中国关系的重大转变。

2. 中印关系的主要摩擦不是来自双边争端，而是来自更广泛的问题。为了遏制这种关系的恶化，两国需要达成一系列以相互制约为前提的谅解备忘录。首先，双方必须避免采取削弱对方日益改善的国际形象的措施。印度支持中国主导的倡议，如亚洲基础设施投资银行（AIIB，简称亚投行）和金砖国家新开发银行，而中国也不能阻止印度加入一

* Srinath Raghavan，新德里政策研究中心高级研究员。来源：新德里政策研究中心（印度智库），2016年10月12日。

些论坛（如核供应国集团）的意愿。其次，在承认中国与巴基斯坦以及印度与美国和日本关系的重要性时，双方可以就关注对方的关键敏感问题达成一致。印度必须向中国表明，巴基斯坦继续采取恐怖主义手段威胁地区和平，这比以往任何时候都更加危险。而中国必须明白，如果中国想要维持一个大国的地位，那么它必须像其他大国一样行事——遏制其初级盟友的侵略本能。最后，双方必须同意恢复特别代表机制，即使解决边界争端看起来难以捉摸。

外科手术式的打击后，巴基斯坦为误读付出了代价

Gopalaswami Parthasarathy *

原文标题：Post-surgical Strikes，Pak Pays the Price for Misreading

文章框架：很显然，巴基斯坦的军事和文职机构严重误读了总理莫迪在上任头两年里与巴基斯坦当选领导人的关系。

观点摘要：

很显然，巴基斯坦的军事和文职机构严重误读了总理莫迪在上任头两年里与巴基斯坦当选领导人的关系。莫迪对巴基斯坦总理谢里夫（Nawaz Sharif）的热情，是为了向全世界发出一个信号：莫迪准备与巴基斯坦领导人一起努力，寻求亲密的伙伴关系。他与谢里夫在德里、乌法和拉合尔会面，被伊斯兰堡和拉瓦尔品第“误读”，其中伊斯兰堡是政治领导的基础，陆军总参谋长拉希勒·沙里夫（Raheel Sharif）曾经通过拉瓦尔品第控制了巴基斯坦的国家安全和外交政策。事实上，莫迪在独立日发表演讲不是一个孤立的事件，而是重新划定印巴关系整体的一部分，当印度邀请参与到“环孟加拉湾多部门技术经济合作倡议”（BIMSTEC）中的印度6个邻国代表参加果阿举办的金砖国家峰会时，这一事实更加明显。这样做有效地避免了巴基斯坦对南亚区域合作联盟的破坏。

---

* Gopalaswami Parthasarathy，印度政策研究中心客座教授，新德里战略与国际研究中心高级研究员；1992～1995年担任印度驻缅甸大使，1995～1998年担任印度驻澳大利亚高级专员，1998～2000年担任印度驻巴基斯坦高级专员；研究领域包括印度周边地区的发展，以及经济一体化、能源、国家安全和恐怖主义等问题。来源：新德里政策研究中心（印度智库），2016年11月5日。

谨防从洞朗对峙中得出错误教训

Srinath Raghavan*

原文标题： Beware of the Wrong Lessons from Doklam

文章框架： 在解决中印洞朗对峙方面，印度政府在两方面做得很好；中国的警告确实迫使印度认真对待这一局势，并致力于通过外交努力解决双方冲突。

观点摘要：

1. 在解决中印洞朗对峙方面，印度政府在两方面做得很好：一是同意进行一项有序的撤军计划；二是拒绝双方就中国在洞朗地区修建道路问题方面达成谅解发表任何评论。相比之下，媒体中的许多评论却相当乐观，它们把洞朗对峙的结果视作印度政府有能力与中国进行对抗的证明。还有人说，中国之所以让步，是因为它的“口头警告”没有奏效，因为中国在洞朗地区的军事地位较弱，而且还有其更广泛的政治考虑（尤其是那一时期即将举行金砖国家领导人厦门会晤）。让大多数人“深信不疑”的结论则是，坚定的决心和强硬的外交手段可以防止印度与中国军事对峙的升级。这一连串的推理不仅值得怀疑，而且还存在潜在问题。因为这些“教训”很可能会最终导致未来中印危机更加难以解决。从洞朗对峙中我们应该看到，印度和中国应对此类情况的能力正在不断下降。

2. 中国愿意就洞朗对峙问题寻求解决方案的原因是什么？是因为中国的威胁没有奏效吗？如果从印度没有单方面将其军队撤出该地区来考虑的话，那么这仿佛能说得通。但这也是一种误导性的说法，因为中

---

* Srinath Raghavan，新德里政策研究中心高级研究员。来源：新德里政策研究中心（印度智库），2017 年 9 月 4 日。

国的警告确实迫使印度认真对待这一局势，并致力于通过外交努力解决冲突。中国对印度是否参加金砖国家领导人厦门会晤的担忧则更加强烈。如果印度总理纳伦德拉·莫迪（Narendra Modi）拒绝出席金砖国家领导人厦门会晤，中国就会失去尊严（因为中国既是东道主，也是该组织的主要参与者）。在印度对洞朗对峙结局的评论中，明显缺乏的是对中国立场的根本考虑。毕竟中国会就在洞朗地区修建公路所得利益与中印军事对峙的扩大化之间进行权衡。而事实却是，洞朗地区并不是中国的重大战略利益所在，它并没有重要到可以让中国与印度进行军事对决，从而断绝与不丹的联系。如果真要说有什么不同的话，那就是洞朗地区对印度来说具有更大的战略意义，这就是为什么印度如此热衷于阻止中国的行动。换句话说，这场对峙中最重要的是中印两国之间的利益平衡。

中国成为海湾地区的主要贸易伙伴：海湾阿拉伯国家合作委员会的发展机遇和可能的限制

Timothy Niblock *

原文标题： China's Emergence as the Gulf's Leading Trade Partner: Developing Opportunities and Possible Constraints for the Gulf Cooperation Council

文章框架： 中国与海湾阿拉伯国家合作委员会成员之间日益加深的经济交往；发展经济关系的前景需要考虑到政治和战略因素以及纯粹的经济因素；笔者将概述海湾国家对外经济关系发生转变的性质、意义和程度；中国必须避免20世纪30年代德国和日本犯下的错误，必须寻求一个全球角色，而非直面现有的权力结构，将中国融入全球力量和影响力体系中；中国的政策寻求建立可替代的协调与合作网络，在这一网络中，中国可以发挥突出作用（如果不占主导地位）；金砖国家从来都不是一个经济增长率很高的国家的集合；上海合作组织的安全关切日益融入金砖国家的关切之中；除了在金砖国家内部创建促进合作和发展的机构外，中国政府还创建自己的机构和项目，为其在新生的网络中心地带（东亚、中亚和东南亚）建立合作关系打下坚实基础。

---

* Timothy Niblock，埃克塞特大学中东研究教授。来源：丹麦国际研究所（丹麦智库），2017年11月15日。

观点摘要：

1. 本报告探讨了中国与海湾阿拉伯国家合作委员会成员之间日益加深的经济交往。海湾阿拉伯国家合作委员会（GCC）促使全球贸易所发生的转变及其可能产生的影响，需要在更广泛的海湾、中东和阿拉伯地区的背景下加以理解。更广泛的环境是中国作为一个拥有全球经济利益的全球大国必不可少的要素。鉴于它与任何一个国家或经济集团的经济和政治关系，需要考虑到这种关系的发展将如何影响其他区域关系以及它的全球战略。因此，中国对整个海湾地区（包括伊朗和伊拉克以及海湾阿拉伯国家合作委员会）表示关切，并奉行一项旨在与所有海湾国家保持密切和友好关系的政策。海湾阿拉伯国家合作委员会很重要，伊朗和伊拉克也很重要。它们也向中国供应大量石油。中国在阿拉伯世界其他地区的经济关系，以及与土耳其和以色列之间的关系也很重要。

2. 此外，发展经济关系的前景需要考虑到政治和战略因素以及纯粹的经济因素。也许是经济利益把海湾阿拉伯国家合作委员会和中国联系到了一起，但这导致了更紧密的政治关系以及越来越多的战略参与。在未来，这种关系的政治和战略层面可能会对经济关系的发展产生越来越大的影响。因此，海湾阿拉伯国家合作委员会与中国的关系需要在一个框架内进行评估，中国在更大范围内的政策将被考虑在内，而政治和战略因素构成分析的一部分。本报告认为，海湾阿拉伯国家合作委员会可以利用与中国不断发展的关系，在全球经济和政治秩序中获得更重要的地位。然而，海湾阿拉伯国家合作委员会是否有意愿或打算这样做还尚不清楚，但目前的迹象表明它可能不会这样做。

3. 笔者将概述海湾国家对外经济关系发生转变的性质、意义和程度，并强调这一转变可能是一种长期趋势，而不是一种短期和偶然的发展。然后，笔者将研究海湾国家从政治和战略趋势中获益的途径。在这一方面，最重要的是在亚洲大陆发展起来的通信网络（公路、铁路、管道、电信等）。这些都与一系列机构联系在一起（不仅涉及基础设施和金融合作，而且还涉及政治和战略协作），这些机构构成了全球政治一个独特且日益重要的支柱。这些机构的参与将使海湾国家能够加强它们在全球的作用，并可能通过这些机构使海湾国家为自身的安全需要承担责任。

4. 由于全球经济实力的变化（其中包括海湾贸易）在很大程度上来源于中国，因此，把注意力放在中国经济角色与全球秩序的更广泛重组方面似乎是恰当的。在这一方面，重点将是中国正在发展的新的基础设施、经济和政治互联网络（以欧亚大陆为重点）。“一带一路”倡议对这一点至关重要，但它只是整个发展领域的一部分。后者包括一系列面向战略和政治合作的机构和框架。然而，值得注意的是，中国在亚洲地区增加互联互通的计划并不是唯一的计划。印度也提出了重大计划，而且这些计划对发展中国家的秩序来说很重要。这将再次涉及新的机构和合作框架。俄罗斯在发展网络方面也发挥了很大作用。中国在中东和中亚地区的基础设施和通信计划需要在中国的总体全球战略框架内加以理解。在某种程度上，人们担心中国是否可以与美国保持可行的关系，他们认为中国的利益（经济和政治利益）将受到与唯一现有超级大国进行对抗的损害。据说，中国必须避免 20 世纪 30 年代德国和日本犯下的错误，必须寻求一个全球角色，而非直面现有的权力结构，以融入全球力量和影响力体系中。这一体系不仅包括美国及其盟友，还包括机构网络（国际货币基金组织、联合国和世界银行等），一些大国通过这些机构影响和控制全球发展。

5. 在另一个层面上，中国的政策寻求建立可替代的协调与合作网络，在这一网络中，中国可以发挥突出作用（如果不占主导地位）。其中，金砖国家（巴西、俄罗斯、印度、中国和南非）和上海合作组织（将中国和俄罗斯与中亚国家联合起来，现在印度和巴基斯坦也加入其中）具有重要意义。在这些机构中，每一个机构都有广泛的政府间、社会和机构间委员会及论坛，它们交换信息，寻求在全球问题上建立共同立场，提出加强经济交流的措施，并计划和执行旨在改革全球财务管理的战略。例如，就金砖国家而言，不仅每年举行首脑会议，而且还会召开财政部部长、贸易部部长、卫生部部长、科学和技术部部长以及农业部部长的定期会议。各国建立了金融论坛（把金砖国家主要发展银行行长召集在一起）、经济和贸易问题联络小组、商业论坛（政府）和商业协会（私营企业）、汇集五个国家知名学者的学术论坛、农业专家工作小组，以及负责安全的高级代表小组（交换有关网络安全、反恐、交通安全和区域危机的信息和观点）。

6. 在西方世界，金砖国家（和上海合作组织）的宣传相对较少，或许是因为一些国家（特别是巴西、俄罗斯和南非）不能再保持经济高增长率。然而，金砖国家于 2009 年成立，最初只有四个国家，但该组织从来都不是一个经济增长率很高的国家的集合。从一开始及在随后几年里，它的活动和目标越来越多地集中在政治和经济方面。我们在年度首脑会议最终声明的细节中发现了一个表明这些年来协调范围如何扩大的迹象。2009 年在叶卡捷林堡（俄罗斯）举办第一次金砖国家峰会之后，最终的声明只涵盖了不到 2 页内容。2015 年在俄罗斯乌法举行第七次金砖国家峰会后，发表的声明共 43 页。

7. 值得注意的是，2015 年金砖国家和上海合作组织年度峰会是连续举行的，而且强调了两者的重叠之处。因此，上海合作组织的安全关切日益融入金砖国家的关切之中。中国在这两个机构中的作用至关重要，而且由于它们的存在，中国变得更加强大。事实上，中国国内生产总值占金砖国家国内生产总值（GDP）总和的一半以上。2013 年，五个国家的国内生产总值分别为：中国为 8. 25 万亿美元、巴西为 2. 43 万亿美元、俄罗斯和印度均为 1. 95 万亿美元、南非为 273 亿美元。这五个国家人口占全球人口的 43%，2013 年经济总量占全球经济总量的 21%，自 2008 年以来，增加值占全球经济增加值的一半以上。

8. 此外，除了在金砖国家内部创建促进合作和发展的机构（金砖国家新开发银行和金砖国家应急储备安排）外，中国政府创建自己的机构和项目，为在其新生的网络中心地带（东亚、中亚和东南亚）建立合作关系打下坚实基础。这里说的一个关键机构是亚洲基础设施投资银行，主要的项目是“一带一路”倡议，由“丝绸之路经济带”和“21 世纪海上丝绸之路”构成。通过对基础设施进行大量投资，“一带一路”倡议寻求通过陆上和海上路线使中国与欧亚地区进行互动，并使其融入整个欧亚地区。“一带一路”倡议是中国全球战略的一个重要组成部分，对海湾地区可能具有特殊意义。“一带一路”倡议不仅包括修建必要的公路、铁路、管道、电信、港口设施等，还包括建立必要的工业和金融基础设施，以促进中亚国家的有效发展。这样的发展不仅需要中亚经济体成为中国的有效区域伙伴，而且还需要确保该地区的长期政治稳定。不稳定的政权以及政治或宗教极端主义的滋生会威胁中国的向西发展，也可能会造成中国国内的民族紧张局势，对中国的政治协调产生负面影响。这种逻辑既适用于中东地区，也适用于中亚地区。

非洲走核武器道路?

Peter Fabricius *

原文标题: Africa Going Nuclear?

文章框架: 现在，南非是非洲大陆唯一拥有核电站的国家；俄罗斯目前是世界上最大的核能出口国；安东·赫洛普科夫不相信俄罗斯和中国将考虑在南非合作建设核反应堆。

观点摘要:

1. 现在，南非是非洲大陆唯一拥有核电站的国家，其中拥有两座核反应堆的库博格（Koeberg）核电站位于开普敦附近，其总发电量约1860兆瓦。南非还有存在高度争议的计划，即建造6~8个反应堆/单位，为国家电网增加9600兆瓦的电力。根据莫斯科能源与安全研究中心主任安东·赫洛普科夫（Anton Khlopkov）的说法，其他11个非洲国家也起草了有关易裂变材料的计划。这11个国家包括阿尔及利亚、埃及、加纳、肯尼亚、摩洛哥、纳米比亚、尼日利亚、塞内加尔、坦桑尼亚、突尼斯和乌干达，数量占全球45个国家的四分之一，都正在积极考虑实施核电计划。上周，安全研究所（ISS）在比勒陀利亚举行了非洲核电研讨会，安东·赫洛普科夫在会上指出在日本福岛核电灾难之前，实施核电计划的国家比例已经开始下降。

2. 俄罗斯目前是世界上最大的核能出口国，安东·赫洛普科夫表示，目前俄罗斯正在建造的核电站总发电量占全世界的25%。2015年

---

* Peter Fabricius，南非安全研究所顾问。来源：南非安全研究所（南非智库），2016年5月11日。

俄罗斯国家原子能公司（Rosatom）的出口销售额为64亿美元（包括核燃料和乏燃料后处理）。到2030年，该公司的外国订单价值达1100亿美元。安东·赫洛普科夫表示，没有任何资料表明，俄罗斯国家原子能公司已经与南非就建造南非的反应堆“达成交易”，许多南非人对此表示怀疑。事实上，他认为南非政府可能会分配合同，例如与法国的阿海珐集团签订合同，在某一地点共同建造两座新的反应堆。

3. 而令人惊讶的是，安东·赫洛普科夫不相信，俄罗斯和中国将考虑在南非合作建设核反应堆，尽管这三个国家都是金砖国家的成员国，金砖国家还包括巴西和印度。他表示，正如人们所预料的那样，金砖国家的核供应商即俄罗斯和中国将成为竞争对手，不会彼此分享核能的联合战略愿景，也不会因为担心专利技术泄露而建立合资企业。尽管安东·赫洛普科夫表示对俄罗斯国家原子能公司继续参与埃及的项目有信心，但他承认，埃及的这个项目还说明非洲的核电计划面临安全威胁。他表示，2015年，一架俄罗斯旅游飞机在西奈沙漠上空被一个名为“伊斯兰国”组织轰炸，这一事件可能会导致该项目推迟。

金砖国家之外的生活？ 南非未来的外交政策利益

Jakkie Cilliers *

原文标题： Life Beyond BRICS? South Africa's Future Foreign Policy Interests

文章框架： 非洲应该仍然是南非外交和经济政策的重点，但其不应排斥重要的贸易和投资伙伴；雅各布·祖马的上任对南非的外交政策产生了深远影响；金砖国家成员国这一身份将巩固南非与新一代全球大国的关系；2010 年 8 月，南非与中国建立了正式的双边关系；金砖国家将越来越重视国家主权的重要性，以及国家强大、发展的重要性；南非与金砖国家的关系在祖马的外交政策中具有重要的意义；南非与美国的接触超越了其与欧洲和金砖国家的接触；南非与金砖国家的贸易关系主要来自与中国的贸易关系；目前，南非正积极利用中国的金融资源来扭转去工业化的趋势；金砖国家的成员有着截然不同的治理体系，其未来发展情况目前还不确定；中国赞同金砖国家与其他发展中国家进行合作的理念，这将不可避免地弱化南非在这个高级俱乐部中的成员资格；展望未来，南非的外交政策重点应在一些方面变得明确。

观点摘要：

1. 南非总统雅各布·祖马（Jacob Zuma）的任期即将结束。本报

---

* Jakkie Cilliers，南非安全研究所创始人，现任南非安全研究所董事会主席以及非洲期货和创新项目负责人，还在比勒陀利亚大学人文学系政治科学部以及人权研究中心担任杰出教授。来源：南非安全研究所（南非智库），2017 年 6 月 8 日。

告考察了南非目前的外交、经济和其他关系，并列出了一系列可以帮助指导下任总统的广泛优先事项。值得注意的是，非洲应该仍然是南非外交和经济政策的重点，但其不应排斥重要的贸易和投资伙伴。

2. 祖马“毫不客气”地取代塔博·姆贝基（Thabo Mbeki）成为南非总统，对南非的外交政策产生了深远影响，并改变了很多事情的发展方向，尤其是南非对于七国集团（G7）的追求，及其所谓的对非洲的参与和对金砖四国（BRIC，巴西、俄罗斯、印度和中国）的支持。与姆贝基总统所提紧密合作的外交政策不同，在祖马总统领导下，更名后的南非国际关系与合作部（DIRCO）被赋予更强的灵活性，以寻求南南团结，并延续其在非洲的广泛优先地位。除了对中国和俄罗斯的兴趣外，祖马似乎只提供了有限的方向。

3. 在经历了近一个世纪以来最严重的全球经济衰退之后，祖马领导的政府希望找到新的经济增长点。2007～2008 年爆发的金融危机通常被认为是自 20 世纪 30 年代大萧条以来最严重的一次危机，其影响持续了许多年。南非追求的新经济增长显然不会来自西方，尤其是受到严重打击的西方，而姆贝基之前在很大程度上信任西方。只有中国和印度仍是大宗商品出口国，并为在西方经济衰退时依赖全球经济周期的国家提供了经济增长机会。此外，一个转向中国、俄罗斯和巴西等国家的战略，也为祖马提供了制定与姆贝基不同路线的机会。金砖国家成员国这一身份将巩固南非与新一代全球大国的关系，远远超出其单独与每个国家建立双边关系的潜力。

4. 2010 年 8 月，祖马对中国进行了首次国事访问，两国宣布建立全面战略伙伴关系，并签署了《中华人民共和国和南非共和国关于建立全面战略伙伴关系的北京宣言》，将之前的战略伙伴关系提升为正式的双边关系。宣言强调了两国在国际事务上的共识，并加强了双边关系和相互作用。随后，两国就 2010 年的中国－南非合作成立了部际联合工作组（尽管在 2013 年 3 月，习近平主席访问南非时才得到批准），祖马为此任命了 5 位内阁部长。目前还不清楚是哪些事态发展促使当初的金砖四国决定邀请南非参加其 2011 年在中国三亚举行的第三次会晤，但南非的加入立足于四国协商一致的基础，这是祖马取得的一个外交壮举。

中国曾努力游说想要加入南非主导的“印度－巴西－南非对话论坛”（IBSA），但是印度和巴西都不想引进联合国安理会常任理事国，且中国在一些问题上与印度的意见相左，并且当时中国与巴西的关系也仍然有限。通过邀请南非加入金砖四国，中国也成功地消除了“印度－巴西－南非对话论坛”的潜在影响，该论坛加强了印度对获得联合国安全理事会常任理事国席位的要求。在这三个合作伙伴各自专注于紧迫的国内事务以及金砖国家在全球叙事中占据主导地位的同时，“印度－巴西－南非对话论坛”也在很大程度上被搁置一旁。

5. 除了在二十国集团中具有成员资格外，南非成为金砖国家成员是祖马政府最重要的外交政策成就。此举巩固了南非在大联盟中的地位，但也使该国与其他全球领先的替代俱乐部擦肩而过。然而，这是为改革全球权力关系，以及提升南非作为发达和发展中国家间桥梁所发挥的作用而付出的代价。到 2014 年祖马的第二任期开始时，南非对金砖国家的看法已经演变成更多的意识形态和政治内容。在南非非洲人国民大会（ANC）内部的祖马阵营中，金砖国家提供了一个保护其免受西方新自由主义和自由市场主导框架影响的机会。在这个框架中，金融审慎的观念妨碍了一个国家采取更加广泛的国内政策的能力。

鉴于这个世界以前是以个人权利、自由贸易、民主等要求为基础的，金砖国家将越来越重视国家主权的重要性，以及国家强大、发展的重要性。南非是全球舞台上的一个小参与者，但在非洲是一个区域领导者，它在推动自身利益的同时，也在不同程度上寻求前进。为了支持金砖国家的发展，南非开展了一项广泛的社会和文化倡议，旨在改变人们的思维和方向，以与中国人、俄罗斯人以及较小程度上与印度人和巴西人建立人际交往关系。

6. 南非与金砖国家的关系在祖马的外交政策中具有重要的意义。尽管西方与非洲的关系历史悠久，但西方特征在南非目前的外交政策叙事中表现出的程度有限。然而在 2015 年，欧盟对南非贸易额几乎是南非对华贸易的 2 倍，虽然只占欧盟贸易总额的 1.3%。这种关系在可预见的未来不太可能改变，尽管英国（南非的一个重要贸易伙伴）决定在 2019 年退出欧盟。南非对欧盟的出口以初级产品（贵金属）和运输设备（来自南非的汽车工业）为主。进口产品主要由机械和其他制成品构成。南非和欧盟在 1999 年签署了一份贸易、发展和合作协议，并于 2004 年生效。南非是欧盟 10 大战略伙伴之一，有 2000 多家欧洲公司活跃在南非。欧洲外国直接投资占南非外国直接投资的 77%。

7. 南非与美国的交往超越了其与欧洲和金砖国家的交往，《非洲增长与机遇法案》（AGOA，美国国会于 2000 年通过，旨在促进美国和非洲的贸易关系）的有效期被美国前总统巴拉克·奥巴马延长至 2025 年。与其他优惠贸易安排相比，《非洲增长与机遇法案》是一种单边贸易让步，允许撒哈拉以南非洲最不发达国家和发展中国家在美国获得额外的市场准入。美国这样做是为了换取广泛的条件，例如尊重和促进法治、尊重人权和工人权利，以及坚持民主和以市场为基础的经济原则。《非洲增长与机遇法案》还规定，应该消除美国贸易和投资方面的障碍。作为一个中等偏上收入国家，南非参与《非洲增长与机遇法案》的目的是扩展其在区域中的价值链，这使南非得以扩大其对美国的汽车、化工和农产品出口。

8. 南非与金砖国家的贸易关系首先来自与中国的贸易关系，其次来自与印度的贸易关系。在非洲，南非是中国最大的贸易伙伴，接着是安哥拉、尼日利亚、埃及和阿尔及利亚。由于大部分非洲国家出口到中国的多数产品是石油，接着是铁矿石和铜产品，因此石油价格下跌、中国经济再平衡和全球经济增长放缓，严重损害了非洲对华出口的价值。尽管自 2015 年以来中国与非洲和南非的贸易额迅速下降，但在 2015 年南非和中国的业务达到了 2620 亿兰特。尽管南非经济持续低增长主要是由自身造成的，但中国无疑帮助南非抵消了全球经济放缓所产生的一些影响。

中国与南非贸易的快速增长也促进了南非去工业化的有效性，降低了成千上万个制造业就业岗位的流失率。另外，中国和南非在非洲进行商业化竞争。相比之下，与俄罗斯和巴西的经济关系有限。在最近应对其与中国贸易关系不平衡的努力中，南非抓住了金砖国家新开发银行提供的机遇。该银行成立的部分原因是回应现有全球金融机构（如世界银行和国际货币基金组织）改革步伐缓慢，以更好地反映当前的政治和经济现实。

9. 尽管南非与欧洲、北美和日本有着强大的贸易关系，但南非的“西方”合作伙伴逐渐失去了对历届南非非洲人国民大会（ANC）政府的吸引力。目前，南非正积极利用中国的金融资源来扭转去工业化的趋势。因此，近年来，中国对南非的资本投资有所增加，尽管基数很低。加强对南非工业化的支持，推动向中国出口更多附加值产品以及中国在南非当地进行选矿，一直是两国讨论的首要议题。在中非合作论坛（FOCAC）会议议程上也有同样的议题。在南非与欧盟和美国等西方贸易伙伴的接触中，除了寻求更大的平衡之外，南非下任总统将不可避免地要考虑扩大南非的作用，超越聚焦于金砖国家的单一外交政策。可以肯定的是，金砖国家已经成为一个全球“干扰者”，它改变了发达国家与不发达国家之间的“鸿沟”，在全球金融体系中带来了更大的灵活性，并为更大的权力平衡以及最终稳定提供了机会。但需要指出的是，中国已经在前进。

10. 在接下来的 5～10 年里，中国的外交政策将集中在“一带一路”倡议方面，该倡议旨在重振中国通过中亚到达欧洲的“古丝绸之路”。引用南非标准银行经济学家杰雷米·史蒂文斯（Jeremy Stevens）的话来说，“这是一个由第一世界基础设施网络提供的先进制造业和创新区域生产链，中国在这个中心……处理一些中国最直接的宏观经济挑战，例如通过将生产设施迁移至其他地方来解决产能过剩问题；通过寻找可供选择的地区来缓解国内投资增长放缓；通过确保内陆省份是中转枢纽来缩小地区经济差距”。

当然，金砖国家并不是一个贸易集团，金砖国家之间的贸易额不到全球贸易总额的 5%，或者在 6.50 万亿美元的贸易总额中约占 3000 亿美元。金砖国家的成员有着截然不同的治理体系，其未来发展情况目前还不确定。虽然印度和巴西最初的领导层在这个组织成立时都是“左倾”派，但纳伦德拉·莫迪（2014 年当选）和米歇尔·特梅尔（Michel Temer，2016 年当选）都来自保守派或中间派（印度人民党和巴西民主运动党）。

11. 中国赞同金砖国家与其他发展中国家进行合作的理念，这将不可避免地弱化南非在这个高级俱乐部中的成员资格。这种潜在弱化的原因不难理解。预计，南非对金砖国家联合经济体的贡献将从 2010 年的 3% 下降到 2030 年的 2% 和 2050 年的 1%。在金砖国家中，各经济体的相对份额也在变化，据预测，中国经济总量的份额到 2030 年将从 51% 增加到 65%，但到 2050 年将略降至 63%。预计到 2050 年，印度在金砖国家经济总量中的份额会从 2010 年的 13% 增长到 2050 年的 27%。展望未来，将金砖国家与全球最重要的两个意识形态集团即七国集团和欧盟（代表西方）进行比较，然后再与非洲进行比较，可能是适当的。因此，就这三个集团人口占全球人口的百分比而言：西方国家和金砖国家人口在全球人口中的占比在预测范围内持续下降，而非洲人口则预计在 2050 年前增长约 25%。然而，金砖国家与西方国家之间的人口差距继续加大，到 2030 年将从目前的 20 亿人口涨至约 22.75 亿人。非洲在全球人口中的占比将从目前的 16% 增加到 2050 年的 25%。尽管人口规模只是叙事的一个方面，但这三个集团的经济规模与此截然不同。2010 ~ 2050 年，七国集团/欧盟在世界经济中的规模从 58% 下降到 33%，而金砖国家在世界经济中的规模从 18% 上升到 39%。40 年来，非洲在全球经济中的规模从 3% 上升到 5%。作为硬实力的衡量标准，人们可以预计从 2030 年起金砖国家的国防支出将与西方持平。由于非洲将继续出口大量商品，其未来与印度的关系将越来越重要。印度的经济增长最终可能会引发投资热潮，惠及许多非洲经济体。2000 ~ 2010 年，印度国内生产总值平均增长率为 7.2%，2015 年为 7.5%，高于其他所有金砖国家成员国。预计到 2022 年印度的人口规模将超过中国，两年后其工人阶级（15 岁至 64 岁）规模也将超过中国。

12. 展望未来，南非外交政策重点应明确：外交政策如何促进经济增长、就业和减少国内不平等，并促进与所有重要贸易和投资伙伴（不仅是金砖国家）的良好关系以及推动基于规则的制度。为了促进经济增长，南非应积极寻求非洲区域一体化，并把发展区域价值链作为其最重要的外交政策优先事项。非洲仍应该是南非外交和经济政策的重点，因为其安全取决于南部非洲的稳定和发展。南非加入金砖国家的举措是明智和务实的，该组织涵盖不断变化的地缘政治和经济现实，但其未来还不确定，因此现在是南非开始考虑金砖国家以外组织的时候了。一方面，除非南非下任总统和内阁能够大幅提高经济增长率，重拾对国际主义的认识，否则其将不太可能按照目前的发展轨迹继续与金砖国家保持联系。即便如此，通过了解其他决定权力的指标（如人口规模、军费开支和国际交往），也可以看出南非将失去部分实力。另一方面，南非与印度的未来贸易前景可能会“突飞猛进”。

南非非洲人国民大会的外交政策“回到未来”？

Peter Fabricius*

原文标题： Back to the Future for ANC Foreign Policy?

文章框架： 南非非洲人国民大会所发布政策文件的前言指出，世界正在发生巨大变化，扮演南南合作捍卫者和拥护者角色的金砖国家也面临问题；作为南非非洲人国民大会在金砖国家中的盟友，中国尽管在意识形态上与南非非洲人国民大会一样，对全球“新自由主义”秩序持怀疑态度，但其已经很好地适应了这一新秩序，并试图对其进行改变。

观点摘要：

1. 南非非洲人国民大会（ANC）国际关系委员会主席（也是南非环境事务部部长）埃德娜·莫莱瓦（Edna Molewa）在政策会议上介绍了该党起草的国际关系文件草案。该文件在 2017 年 12 月的全国选举会议上通过。南非非洲人国民大会所发布政策文件的前言指出，世界正在发生巨大变化，扮演南南合作捍卫者和拥护者角色的金砖国家（巴西、俄罗斯、印度、中国和南非）也面临问题。在巴西，保守党已经取代了工人党，而另一个保守党派印度人民党（BJP）也取代了南非非洲人国民大会的历史盟友印度国民大会党（INC），成为印度执政党。

2. 南非非洲人国民大会在金砖国家（BRICS）中的盟友中国，尽管在意识形态上与南非非洲人国民大会一样，对全球“新自由主义”秩序持怀疑态度，但其已经很好地适应了这一秩序，并试图对其进行改

---

* Peter Fabricius，南非安全研究所顾问。来源：南非安全研究所（南非智库），2017 年 6 月 15 日。

变。在唐纳德·特朗普（Donald Trump）当选美国总统之后，中国甚至成为全球化的领导者。与此同时，分析人士还指出，另一个金砖国家成员国俄罗斯在其总统弗拉基米尔·普京（Vladimir Putin）领导下的政府，正如南非非洲人国民大会在其政策文件中所哀叹的那样，是一个保守的右翼政府。

南非国际事务研究所－乐施会圆桌会议：可持续发展和金砖国家新开发银行*

原文标题： SAIIA Oxfam Roundtable：Sustainable Development and the BRICS' New Development Bank

文章框架： 银行可持续发展观的演变是一个包容性的过程，要认真考虑到非洲大陆的需求，包括征求公民对发展融资政策和优先事项问题的意见。

观点摘要：

金砖国家2014年在福塔莱萨举行的峰会上启动了金砖国家新开发银行，这是一个新的国际发展金融机构。该行的目的是："为金砖国家和其他新兴经济体以及发展中国家的基础设施和可持续发展项目调动资源，补充多边和区域金融机构为全球增长与发展所做的努力。"然而，到目前为止，金砖国家作为一个实体没有在可持续发展以及与后千禧年世界发展目标相关的可持续发展目标上确定一个共同立场，或者说其没有明确这个概念的定义。重要的是，银行可持续发展观的演变是一个包容性的过程，要认真考虑到非洲大陆的需求，包括征求公民对发展融资政策和优先事项问题的意见。这种包容性将立即把金砖国家新开发银行与其更传统的竞争对手区分开。

* 来源：南非国际事务研究所（南非智库），2016年3月2日。

莫迪的非洲之旅

Elizabeth Sidiropoulos *

原文标题： Modi's African Safari

文章框架： 印度总理纳伦德拉·莫迪在第三届印度 - 非洲论坛峰会（第一次包括所有非洲国家的峰会）上宣布了一系列措施；从 2014 年当选以来，莫迪的外交政策本质上具有地缘经济特性；两次访问的结果表明莫迪政府在提升印度世界地位方面的主要优先事项：联合国安全理事会的改革；所谓的印度在核空间的“合法化”；由于金砖国家的议程和工作小组进入了印度 - 巴西 - 南非对话论坛工作组开展的工作领域，因此，至少在政治层面，印度 - 巴西 - 南非对话论坛“退居二线”。

观点摘要：

1. 近九个月前，第三届印度 - 非洲论坛峰会（第一次包括所有非洲国家的峰会）在印度举行。印度总理纳伦德拉·莫迪宣布了一系列措施，包括在未来五年扩大对非洲国家的信贷额度，达到 100 亿美元，提供额外的 6 亿美元无偿援助，并承诺在非洲和印度培养更多的非洲维和人员。莫迪第一次访问非洲大陆，首先是 7 月 7 日对莫桑比克的访问，7 月 8 日和 9 日访问南非，然后访问坦桑尼亚和肯尼亚。2015 年，他访问了两个印度洋群岛即毛里求斯和塞舌尔，这两个国家与印度有着长期的经贸关系。随着印度重新参与印度洋事务，这一关系的重要性被放大。

---

* Elizabeth Sidiropoulos，南非国际事务研究所首席执行官。来源：南非国际事务研究所（南非智库），2016 年 7 月 4 日。

2. 从2014年当选以来，莫迪的外交政策本质上具有地缘经济特性，由于其经济规则以及与中国和俄罗斯共享的地缘战略位置。莫迪的对外扩展重点是提高印度在全球的地位，并推动其经济地位，这得益于印度最近经济的快速增长。

3. 印度外交部部长苏诗玛·斯瓦拉杰（Sushma Swaraj）于2015年5月访问南非，参加第九届南非-印度联合部长级委员会。最近，印度总统普拉纳布·慕克吉（Pranab Mukherjee）对加纳、科特迪瓦和纳米比亚进行了首次访问。两次访问的结果表明莫迪政府在提升印度世界地位方面的主要优先事项：联合国安全理事会的改革，所谓的印度在核空间的“合法化”。在2015年5月印度和南非发布的公报中，两国外长表示，他们支持彼此获得联合国安理会常任理事国席位。在上个月慕克吉访问期间，他提出支持印度获得联合国安理会常任理事国席位。两国都致力于看到联合国安理会更多地反映当前的权力现实。南非的正式立场即非洲联盟的“埃祖尔韦尼共识”，旨在为非洲寻求拥有否决权的两个常任理事国席位。这限制了非洲与其他国家进行必要妥协以寻求合作的能力。印度的一些人认为，共识是改革的障碍；从这个角度来看，其应该是谈判的起点，而不是用来僵化谈判立场。如果联合国改革谈判取得进展，非洲就将不得不重新审视长达11年之久的共识。南非在这方面的领导作用将是非常重要的。

就南非而言，调整非洲对其在非洲大陆作用的看法正当其时

Maxi Schoeman；Asnake Kefale；Chris Alden *

原文标题： It's Time South Africa Tuned into Africa's Views about Its Role on the Continent

文章框架： 南非称其在金砖国家和二十国集团中代表非洲大陆，但是非洲大陆的其他国家似乎没有从中得到什么利益；受访者普遍认为，南非并没有利用这些平台为非洲各国创造机会，相反，南非总是将其本国的经济利益放在首位。

观点摘要：

南非从多个层面将自己塑造成为连接非洲大陆和外部世界的“桥梁”。由于南非是金砖国家成员之一，也是二十国集团成员，因此它还将自己视作非洲的代言人。南非已经承诺其将为非洲联盟（简称非盟）雄心勃勃的发展计划——《2063 年议程》贡献力量。但南非之外的非洲国家对南非有着怎样的看法呢？它们是否认同南非自认为的其在非洲大陆的作用和影响力呢？在最近一轮对非盟高级别官员和政策观察员的采访中，调查人员发现了一个令人惊讶的现象。受访者对南非的看法在很大程度上与南非的自我宣传相抵触。调查人员发现的更深层次的一个问题是，非洲大陆其他国家对南非缺乏信任。南非称其在金砖国家和二十国集团中代表非洲大陆，但是非洲大陆的其他国家似乎没有从中得到

---

* Maxi Schoeman，比勒陀利亚大学人文学院国际关系教授、副院长。Asnake Kefale，亚的斯亚贝巴大学政治学与国际关系助理教授。Chris Alden，伦敦政治经济学院国际关系教授，南非国际事务研究所外交政策项目研究员。来源：南非国际事务研究所（南非智库），2017 年 1 月 25 日。

任何利益。受访者普遍认为，南非并没有利用这些平台为非洲各国创造机会，相反，南非总是将其本国的经济利益放在首位。据受访者称，在雅各布·祖马担任南非总统时期，南非更加明显地关注其本国利益。此外，调查还发现，南非在非盟中的行为和其在联合国安理会中的行为是矛盾的。几位受访者指出，2011 年，南非反对对利比亚实施干预，支持非洲采取的解决危机措施。而在联合国安理会上，南非赞成联合国安理会 1973 号决议，该决议授权北约对利比亚进行干预。这导致卡扎菲政权被推翻，随后利比亚国家崩溃，萨赫勒地区陷入了长期的动乱和不稳定状态当中。

祖马领导下的南非外交政策：建立更强大的战略伙伴关系

Luanda Mpungose *

原文标题：South Africa's Foreign Policy under Zuma：Towards Greater Strategic Partnerships

文章框架：2019年南非大选将成为民主的关键时刻，因为南非期待祖马卸任后的未来发展；祖马担任总统期间，或许最显著的成就是南非于2011年加入金砖国家（由巴西、俄罗斯、印度、中国和南非组成）；加强与中国的关系；与金砖国家类似，南非作为二十国集团中唯一的非洲国家，也在推动非洲的议程。

观点摘要：

1. 2019年南非大选将成为民主的关键时刻，因为南非期待祖马卸任后的未来发展。同样重要的是，祖马的总统任期对南非国际地位的影响。这篇文章将反映南非总统祖马领导下的南非外交政策——在其任期内，探讨他任期内的方向、主要成就和不足之处。在祖马政府领导下，南非的外交政策在多大程度上回应了国内和非洲的需求？从历史上看，曼德拉政府将种族经历隔离时期的南非重新纳入国际社会，同时恢复南非在联合国（UN）和南部非洲发展共同体（SADC）等机构中的正面形象。纳尔逊·曼德拉的继任者塔博·姆贝基主要关注非洲的发展，他的"非洲复兴"哲学强调"非洲人解决非洲问题"并鼓励非洲统一。他是非洲联盟、泛非议会（PAP）、非洲发展新伙伴关系（NEPAD）和

---

* Luanda Mpungose，南非国际事务研究所非洲管理和外交方案项目负责人。来源：南非国际事务研究所（南非智库），2018年2月22日。

非洲同行审议机制（APRM）等非洲主要机构和框架的创始人之一。

2. 在祖马担任总统期间，或许最显著的成就是南非于2011年加入金砖国家（由巴西、俄罗斯、印度、中国和南非组成），并加强南非与中国的关系，继续呼吁世界贸易组织和联合国安理会（UNSC）等全球多边机构建立更具代表性和公平性的治理结构。然而，在国内方面，祖马政府公然违背了南非对人权和“乌班图”理念（Ubuntu，大意是“人道待人”），这一理念体现在宪法中并体现在曼德拉的领导下。在2012年8月的马利卡纳大屠杀事件中，警方向南非白金矿区的矿工开枪，这表明南非对人权的承诺没有予以重视。种族关系研究所的数据统计，自2010年以来，南非的抗议活动增加了96%，其中包括对所提供服务的抗议活动。2012年8月警方开枪击毙34名马利卡纳矿区的矿工，这是该国人权记录上的污点。

3. 加强与中国的关系。2018年是南非与中华人民共和国建交20周年。虽然在姆贝基统治下的南非与中国的关系似乎有点疏远，但与中国发展关系仍被优先考虑，一个关键的发展包括建立双边国家委员会且于2004年6月召开双边国家委员会第二次会议并建立战略伙伴关系。

4. 加入金砖国家。2011年，南非加入金砖国家（BRICS）是祖马政府取得的一项重大成就，这使南非有可能推进其国家利益、发展基础设施、促进区域一体化，并为其在南南合作中的利益提供实质内容。然而，由于南非经济水平相对较低，经济增长缓慢，与“新朋友”相比，这一成员国的加入招致了媒体和经济学家的“冷嘲热讽”。尼日利亚制造业协会即将离任的主席约翰·阿卢亚（John Aluya）表示，考虑到非洲最大的经济体尼日利亚也有兴趣加入金砖国家，南非与中国的友谊在祖马的领导下得到了提升。2017年7月，祖马在二十国集团（G20）峰会期间举行的金砖国家领导人非正式会议上表示，“与包容精神相一致，任何国家与非洲的伙伴关系都必须有利于整个非洲大陆，并采取一种全面的方式推动关系发展”。2013年，南非在德班峰会上呼吁金砖国家新开发银行为非洲基础设施建设融资。2017年，金砖国家新开发银行非洲区域中心成立，目的是为可持续基础设施发展项目提供资金，特别是在南非地区。南非邀请非洲区域经济共同体（RECs）成员国作为观察员出席 2013 年的德班峰会，并且金砖国家领导人与该组织的成员国领导人进行了对话。随后的金砖国家峰会也采用了这种方法。南非国际关系与合作部（DIRCO）官员表示，“金砖国家拥有如此多的大国，南非已在分歧和通过峰会决议方面担任调解国和影响者的角色”。这进一步凸显了南非在该组织内的相关性和地位。

5. 与在金砖国家中发挥的作用类似，南非作为二十国集团中唯一的非洲国家，也在推动非洲的议程。2017 年 7 月，祖马在二十国集团汉堡峰会后发表的一份声明中表示：“尽管在某些问题上存在分歧，但峰会成功地讨论并同意了对南非和非洲大陆有利的各种发展议程，包括启动二十国集团非洲伙伴关系倡议。”该伙伴关系将包括发展项目，如二十国集团农村青年就业倡议，重点关注非洲。祖马受到众多丑闻的困扰，这些丑闻影响了南非的全球形象和金融声誉。从区域角度来看，在祖马的领导下，南非从一个在非洲大陆主要影响力的战略和智力奠基者演变成一个与新兴大国结盟的既得利益者。鉴于非洲议程是姆贝基的优先事项，所以祖马在任时倾向于通过二十国集团、金砖国家和中非合作论坛等多边平台推动非洲的利益。他呼吁对现有的全球金融机构和基础设施发展进行改革，尽管其他非洲国家批评南非正在扩大自己的利益。祖马的政治遗产也将与金砖国家的成果相关，并且会深化与中国的关系。南非加入金砖国家有利于把南非“摆在”讨论全球议程的谈判桌上。对南非来说，在西里尔·拉马福萨的执政下，该国成功地进一步实现了其外交政策目标，新总统需要进行许多方法上的创新。首先，作为促进国家地位和形象的基础，行政当局需要明确界定标准和价值观，例如人权，这是其外交政策的中心支柱。其次，在实现大陆发展的愿景中，有必要通过资助和执行《非洲民主、选举和治理宪章》（ACDEG）制定的措施来完善非洲的机构，以改善非洲大陆和南非的治理状况，从而恢复全球信心。最后，采取更加务实的方式，与中国以外的其他全球行为体以商业为目的建立多样化关系，并满足国内需求。

促进南非与金砖国家的经济关系

Cyril Prinsloo*

原文标题： Boosting South Africa's Economic Relations with the BRICS

文章框架： 在过去20年里，南非为促进经济增长和解决国内的失业、不平等和贫困三重经济挑战做出协调一致的努力；南非与金砖四国贸易额显著增长，使其出口市场多元化，其贸易额超越其欧洲（欧盟）和美国等传统合作伙伴；随着金砖国家在全球进口市场中增加其份额，经济合作伙伴的多样化对南非的重要性与日俱增；如果没有强调合作伙伴之间的显著差异，那么对南非与金砖四国之间贸易关系的分析将是不完整的；尽管金砖国家经济关系面临挑战，但南非应主张在该组织内部加强经济合作。

观点摘要：

1. 在过去20年里，南非为促进经济增长和解决国内的失业、不平等和贫困三重经济挑战做出协调一致的努力。促进贸易、投资和工业化是这一战略的关键部分。在此期间，南非与金砖四国（巴西、俄罗斯、印度和中国）的经济关系显著增强，特别是考虑到自2000年以来这些国家经历了惊人的贸易增长。这一关系对南非来说并不仅仅是正面的，因为在贸易关系中仍然存在重大的结构性挑战。南非应寻求以金砖国家目前已建立好的政治平台为基础，促进与成员国之间建立更好的经济关系，这将有助于解决紧迫的国内社会经济挑战。

2. 南非与金砖四国的贸易总额从2001年的31亿美元增加到2016

---

* Cyril Prinsloo，南非国际事务研究所经济外交项目研究员。来源：全球对话研究所（南非智库），2017年6月23日。

年的289亿美元，低于其2013年390亿美元的最高值。尽管出口量在2013年之后经历了短暂下降，但最新的贸易数据再次显示，南非对这些合作伙伴的出口量增加，特别是由出口到中国的原材料、制成品和化学品所驱动。这主要是由于来自中国的需求增加，中国2017年1月的全球进口量较2016年同期增长了25.2%，且商品价格回升，根据南非总统雅各布·祖马（Jacob Zuma）在其最新国情咨文中所言，这促使矿业产出回升。南非与金砖四国贸易额显著增长，使其出口市场多元化，不限于其欧洲（欧盟）和美国等传统合作伙伴。这在后全球金融危机时期尤为重要，这些传统合作伙伴的复苏缓慢导致需求下降，而且，随着美国似乎采取贸易保护主义立场，与金砖国家的贸易关系仍将处于重要位置。

3. 随着金砖国家在全球进口市场中增加其份额，经济合作伙伴的多样化对南非的重要性与日俱增。2015年金砖国家进口了全球15.2%的商品，而2001年仅为6.7%。中国占据这一市场的最大份额，从2001年的3.9%增长到2015年的10.2%，印度的份额从0.8%增长到2.4%，俄罗斯从0.7%增长到1.1%，巴西从0.9%增长到1%，南非从0.4%增长到0.5%。此外，南非从金砖四国（尤其是中国）进口的主要是制成品、机械和运输设备以及其他制成品。相比之下，原材料和矿物燃料占南非对金砖四国出口产品的主导地位（2016年占其出口总额的71.3%），制成品仅占其出口总额的21.3%。就南非而言，大宗商品出口的主导地位一直存在很大问题。南非日益关注工业化，以推动经济增长，并通过不再出口初级商品来减轻大宗商品价格暴跌的影响。巴西和俄罗斯等其他主要大宗商品出口国也面临类似的挑战。同样明显的是，南非对商品的需求波动剧烈，这对可预测性和持续增长产生了负面影响。

4. 此外，如果没有强调合作伙伴之间的显著差异，那么对南非与金砖国家之间贸易关系的分析将是不完整的。2016年，在南非与金砖国家的总贸易额中，中国占70.4%，印度占21.6%，巴西占6.2%，俄罗斯占1.9%。从中可以看出，南非与金砖四国的贸易趋势受到中国需求的严重影响，自2011年以来，中国的需求一直在波动。加上上述突出的结构性问题，南非一直在与金砖四国保持巨额贸易逆差（除少数例外情况）。向中国出口主要大宗商品（而非附加值更高的制成品）推动了这一贸易逆差，并削弱了南非的工业化努力。南非与金砖四国之间的直接投资数据显示，四国的投资仍然很少，巴西和俄罗斯的投资没有记录，因为它们的投资规模“微不足道”。与南非的传统经济伙伴欧盟和美国相比，金砖四国对南非的投资特别少。金砖国家内部投资的扩大将支持金砖国家成员之间更紧密的经济联系，为金砖国家成员之间更紧密的商业关系和金砖国家内部价值链的增长“打开大门”，并最终推动南非实现更大的工业化。在金砖国家的合作伙伴中，不仅仅是南非在应对这些贸易问题。考虑到金砖国家的地理、经济和文化差异，物流、与贸易有关的规定、信息以及语言仍然是加强贸易和投资联系的关键因素。此外，许多企业注意到，私营部门之间的联系和合作没有与政府间的政治对话和签署的协议同步。这就提出了一个问题，即金砖国家内部政治讨论的价值，以及南非和其他合作伙伴是否在优化它们的伙伴关系，以促进经济合作。

5. 尽管上文提到的金砖国家经济关系面临挑战，但南非应主张在该组织内部加强经济合作。首先，虽然金融合作（特别是与金砖国家新开发银行和拟议中的金砖国家信用评级机构的金融合作）很可能在2017 年金砖国家峰会（在中国举办）的讨论中占据主导地位，但金砖国家成员之间的贸易和投资不应被忽视。南非在 2018 年成为金砖国家峰会的下一个主办国时，将更有机会制定金砖国家议程中的经济优先事项。南非可能再次遵循 2013 年采用的方法，鼓励其他非洲国家参与，从而使金砖国家关注在该地区的商业机会，并努力支持区域价值链（可以连接到全球价值链）的发展。其次，南非可以努力确保在该组织内已经达成的协议和做出的承诺得以执行。2016 年，金砖国家贸易部部长会议提出了一系列措施促进贸易和投资，包括促进中小企业的发展，解决非关税措施，促进在贸易便利化措施领域（如标准和单一窗口）的更多合作，促进服务贸易、知识产权合作以及在电子商务相关问题上的合作。同样，2015 年乌法峰会通过的《金砖国家经济伙伴战略》聚焦于一系列旨在促进贸易和投资关系的经济合作领域。确保这些承诺的执行仍然至关重要。最后，由于大量合作协议、谅解备忘录、路线图和计划很难确定金砖国家之间协定的实施程度，因此，建立监测机制以记录承诺并确保执行将是有用的。最终，南非与金砖四国的经济关系带来了喜忧参半的结果。然而，该组织的内在潜力是很大的，而且南非可以做出更多努力，在经济合作方面达成共识和政治承诺，并使南非商界参与到这些努力当中。

金砖国家战略：迈向2018年约翰内斯堡峰会

Sanusha Naidu *

原文标题： BRICS Strategy: Towards the 2018 Johannesburg Summit

文章框架： 5个月后，南非将主办第十届金砖国家峰会；西里尔·拉马福萨在他所认为的调整该国病态经济的关键时刻表现出了灵活性；拉马福萨在达沃斯的温文尔雅也与其重新调整南非外交政策标准中的基本立场有关；西里尔·拉马福萨的“金砖国家”战略将建立在达沃斯世界经济论坛的基础上，并扩展魅力攻势，使金砖国家成为该国经济增长、就业和投资途径中不可磨灭的一部分。

观点摘要：

1.5个月后，南非将主办第十届金砖国家峰会。这是自该组织成为正式的国家间平台后的一个重大成就。就比勒陀利亚（现已更名为茨瓦内，南非首都）而言，此次峰会的到来是一个绝佳时机。南非主持和举办峰会的重要性为其提供了一个战略性时刻，使其可以利用其东道国地位在全球发展和战略治理方面推动关键体制机制建设。同时，此次峰会也为南非政府提供了确定和推行一系列符合国家政治和经济利益目标的机会，而这些目标将解决贫穷、不平等和失业三重挑战。正是在这样的背景下，在西里尔·拉马福萨（Cyril Ramaphosa）政府领导下的南非金砖国家机制轮值主席国身份需要被理解。

2. 在过去几周里，西里尔·拉马福萨是南非非洲人国民大会（ANC）主席，而现在，他是南非共和国的总统，西里尔·拉马福萨在

---

* Sanusha Naidu，全球对话研究所高级研究员。来源：全球对话研究所（南非智库），2018年2月18日。

他所认为的调整该国病态经济的关键时刻表现出了灵活性。在达沃斯举行的世界经济论坛上，拉马福萨寻求一份将南非重塑为投资目的地的议程。他表明，他的责任是改造该国像人质一样被洗劫一空的国有企业。他认为，国有企业和国内外的投资者是经济的驱动力，可以帮助重建这个国家的社会经济基础，以使穷人和被边缘化的人群有机会追求他们的基本人权。他在达沃斯传达的信息是明确的——南非仍对商业开放，但其政策将具备确定性和稳定性。

3. 拉马福萨在达沃斯的温文尔雅也与其重新调整南非外交政策标准中的基本立场有关。一段时间以来，南非的外交政策一直与它的方向和愿景不一致。这不是在说南非国际关系与合作部（DIRCO）的官僚主义已经盖过了其成就；其在影响该国外交政策支柱方面做出了重大承诺。但是，当其不清楚谁以及在哪儿执行外交政策目标时，其工作就变得更加困难了。现在需要的是南非外交议程上的明确性和连贯性。

4. 那么，西里尔·拉马福萨的“金砖国家”战略是什么？该战略将建立在达沃斯世界经济论坛的基础上，并扩展魅力攻势，使金砖国家成为该国经济增长、就业和投资途径中不可磨灭的一部分。虽然拉马福萨总统痴迷于重塑国内愿景，并很清楚地意识到他在履行其承诺（发展可以创造就业的经济）方面将得到何种评价，这位新当选的共和国总统也敏锐地意识到，他需要让金砖国家为该国的发展计划和社会经济优先事项做贡献。这意味着将改变南非与金砖国家之间的贸易关系，增加投资足迹，并确保南非投资者同样能够进入金砖国家市场。拉马福萨总统在 7 月会将自己介绍给金砖国家领导人，并表达了其旨在促进再平衡的不结盟愿景的舞台已经准备就绪，而该愿景超越了往常的方法，有着更加务实而协调的策略，以确保南非和金砖国家之间更强的经济联系。

在闭门会议背后*

原文标题： Behind Closed Doors

文章框架： 金砖国家（由巴西、俄罗斯、印度、中国和南非组成）成立的金砖国家新开发银行可以先提供贷款，而不必制定确保透明度和尊重资助项目环境和社会标准的政策，这与多边金融机构采用的最佳做法相冲突；金砖国家新开发银行的标准仍然是“模糊”的，这增加了项目参与国和相关企业遭受物质损失的风险。

观点摘要：

1. 金砖国家（由巴西、俄罗斯、印度、中国和南非组成）成立的金砖国家新开发银行可以先提供贷款，而不必制定确保透明度和尊重资助项目环境和社会标准的政策，这与多边金融机构采用的最佳做法相冲突。有关贷款的决定于4月13日和14日在美国举行的金砖国家新开发银行董事会闭门会议上做出。根据金砖国家新开发银行（NDB）副行长，巴西人保罗·诺盖拉·巴蒂斯塔·朱尼尔的声明，金砖国家新开发银行首批贷款项目将侧重于可再生能源、水源供应、农业灌溉和环境卫生方面。而这些贷款项目将由如巴西开发银行这样的国家级开发银行或主权基金负责执行。

2. 一般来说，多边开发银行在贷款批准前的几个月会公布有关项目的信息。据专家介绍，金砖国家新开发银行在开始运营之前没有任何民间社会机构参与环境和社会标准以及透明度规则的制定，这在开发机

---

* 来源：人权研究会（巴西智库），2016年4月25日。

构中是前所未有的。人权研究会商业与人权项目律师 Caio Borges 表示，甚至由中国主导的亚洲基础设施投资银行在开始运营前也通过咨询公众意见批准了其环境和社会政策。他解释称，金砖国家新开发银行的标准仍然是“模糊”的，这增加了项目参与国和相关企业遭受物质损失的风险。他补充说，“这就是为什么我们坚持要求民间团体参与到标准制定当中”。

金砖国家可持续发展指数*

原文标题： BRICS Sustainability Index

文章框架： 为了缩小基础设施投资需求差距并实现可持续增长，金砖国家新开发银行（NDB）制定了发展融资框架，将基础设施和可持续发展作为其任务的核心；学术界和非政府组织可以在帮助金砖国家新开发银行确保项目可持续发展方面发挥作用并提出建议；随着可持续发展国际框架的完善，当前国际社会关注的焦点正在转向如何促进更可持续的增长；尽管实施这些国家的自愿减排计划需要花费数年时间，但这些自愿减排计划可能产生的一个影响是国家将把投资重点转向更可持续项目，其中包括更可持续基础设施项目；截至 2016 年底，所有金砖国家成员国共有 7 个价值超过 15 亿美元的贷款项目获得批准；三个关键特征将金砖国家新开发银行与现有多边开发银行区分开来——“南南合作”、权力分配的公平性与可持续发展；将可持续发展与激励措施联系在一起会鼓励政府不再将可持续发展实践视为政治手段或风险，而将其视为最终能带来更好发展成果的实践。

观点摘要：

1\. 为了缩小基础设施投资需求差距并实现可持续增长，金砖国家新开发银行（NDB）制定了发展融资框架，将基础设施和可持续发展作为其任务的核心。除了指出可持续发展将与特定类型的基础设施项目（即“绿色”或可再生能源项目）融资挂钩之外，金砖国家新开发银行在如何确保这些项目可持续发展方面的政策一直不太明晰。解决这些问

* 来源：人权研究会（巴西智库），2017 年 8 月 4 日。

题将是至关重要的，因为金砖国家新开发银行准备制定其五年战略，并在2017年底前将其投资总额翻一番。

2. 学术界和非政府组织可以在这一过程中发挥作用，它们提出了以下建议。首先，定义“可持续基础设施”并制定有关金砖国家新开发银行所资助项目的风险管理与结果监测的核心标准。其次，将这些标准整合到一个指标框架（可以进一步发展为针对特定部门项目的综合指标框架）内，以评估金砖国家新开发银行项目的实际可持续性，无论是在流程方面还是在实际成果方面。再次，建立监督金砖国家新开发银行贷款的民间社会伙伴关系框架，并确保在整个项目生命周期中运用这些预先商定的标准。最后，围绕项目生命周期建立一整套机制（如明确差别利率和金砖国家新开发银行贷款偿还条件，加强国家能力建设，加强对可持续项目前期准备的管理），以鼓励尊重环境和当地社区的项目发展。

3. 2015年，可持续发展国际框架开始形成。以联合国第三次发展筹资问题国际会议达成《亚的斯亚贝巴行动议程》为基础，随后在9月正式通过可持续发展目标，这一年，《联合国气候变化框架公约》第21次缔约方大会的举办标志着可持续发展框架的发展达到高潮，近190个国家（这些国家的温室气体排放量占全球温室气体排放量的98%以上）参与了此次会议，并同意制定全球气候变化战略。每个国家都提交了一份自愿减排计划，阐明如何将其经济增长模式转向低碳增长模式。签署国已同意在2018年更新其可持续发展目标，并且从2020年开始，《巴黎气候变化协定》将设定更高的目标。随着可持续发展国际框架的完善，当前国际社会关注的焦点正在转向如何促进更可持续的增长。

4. 尽管实施这些国家的自愿减排计划需要花费数年时间，但这些自愿减排计划可能产生的一个影响是国家将把投资重点转向更可持续的项目，其中包括更可持续基础设施项目。鉴于《巴黎气候变化协定》的规定，许多国家可能会加大对可持续基础设施的投资，这种基础设施被大致定义为“具有社会包容性、低碳和具有气候适应能力”。鉴于国际基础设施项目所需的投资规模巨大，所以为可持续基础设施项目创造合适的投资环境至关重要。从2015年到2030年，全球对新基础设施的需求额可能超过90万亿美元，2015年的总需求额为50万亿美元。

5. 2016年5月，在国际货币基金组织和世界银行在美国举行春季会议期间，由巴西、俄罗斯、印度、中国和南非成立的金砖国家新开发银行（世界最新的多边机构之一）董事会通过了首批贷款项目的决议。第一批贷款为8.11亿美元，这批贷款将支持金砖国家的可再生能源项目，包括印度和中国的两个太阳能项目以及俄罗斯的水电大坝项目。金砖国家新开发银行为巴西可再生能源项目（如太阳能和风力发电）批准了最高价值3亿美元的信贷额度。截至2016年底，所有金砖国家成员国共有7个价值超过15亿美元的贷款项目获得了批准。

6. 根据金达·罗伊乔杜里（Supriya Roychoudhury）和卡琳·科斯塔·奎兹（Karin Costa Vazquez）的说法，三个关键特征将金砖国家新开发银行与现有多边开发银行区分开来："南南合作"、权力分配的公平性与可持续发展。南方国家为南方发展创建开发银行既是独特的也是有必要的。金砖国家新开发银行的设立是为了满足全球南方国家的特定发展需求，即基础设施发展需求。根据自己作为北方国家援助接受者的经验，金砖国家成员国政府热衷于确保它们提供的发展资金不受政治条件限制，并且无拖延地到位。此外，每个金砖国家成员国政府都认缴了金砖国家新开发银行初始资本的五分之一，这意味着五国在决策时拥有平等的发言权。这一点与世界银行和国际货币基金组织决策权偏重于某一特定国家不同。

7. 笔者认为，这也许就是金砖国家新开发银行最显著的特征，即对可持续发展原则的承诺和摆脱"一切照旧"的做法。将可持续发展与激励措施联系在一起会鼓励政府不再将可持续发展实践视为政治手段或风险，而将其视为最终能带来更好发展成果的实践。这将是目前国际金融体系对环境和社会标准认知的一种重大转变。

拉丁美洲经济环境改善，18 个季度后进入有利区带*

原文标题： Latin American Economic Climate Improves and Enters Favorable Zone after 18 Quarters

文章框架： 2018 年 1 月，拉丁美洲的经济景气指数（ECI – LA）18 个季度以来首次转正；这种经济上的发展是由更高的现状指数（ISA）驱动的；金砖国家（成员包括巴西、俄罗斯、印度、中国和南非）的平衡值从 7 点提高到 16.6 点，主要由印度的表现驱动。

观点摘要：

1. 2018 年 1 月，拉丁美洲的经济景气指数（ECI – LA）18 个季度以来首次转正。该经济景气指数由德国经济研究所（IFO）和巴西热图利奥・巴尔加斯商学院联合发布，该指标现在将开始反映有关该区域经济的正面和负面评估比例之间的平衡。

2. 这种经济上的发展是由更高的现状指数（ISA）驱动的，现状指数描绘了一个疲弱的经济环境，但跃升了 12 点，从 2017 年 10 月的 –43.8 点到 2018 年 1 月的 –31.8 点。同期，预期指标（IE）下调了 16.6 点。41.3 点的平衡值（各指标上升与下调相抵后）仍然显示出未来六个月的乐观前景。

3. 巴西经济研究所（IBRE）的经济学家丽雅・瓦尔斯（Lia Valls）说，“这一结果对拉丁美洲来说是积极的，但是由世界其他地区（特别是发达经济体）走向统一的扩张周期造成的”。在全球背景下，消费者预期指数（ICE）自 2016 年 1 月一直呈上升趋势。2018 年 1 月，全球

---

* 来源：瓦加斯基金会商学院（巴西智库），2018 年 2 月 23 日。

消费者预期指数达到26.1点，与2017年10月相比，目前的状况和预期指标都有所改善。主要发达经济体表现出较好的正平衡，除了英国之外（该国仍处在赤字范围之内）。

4. 金砖国家（成员包括巴西、俄罗斯、印度、中国和南非）的平衡值从7点提高到16.6点，主要由印度的表现驱动。印度的消费者预期指数从13.8点跃升到43.9点，上升了30.1点。金砖国家的其他成员（除了南非）在经济环境方面都有所改善，并已进入了经济向好周期。第二个表现好的国家是中国，其平衡值为7.7点。

后　记

本系列专题报告能得以付梓，全有赖于许多老师、同事和朋友的襄助与关心。在此特鸣谢如下。

感谢景峰同志带领的工作团队，他们以顽强的事业心和责任心，完成了所有前期翻译和初步译校工作。

感谢本书系的顾问陆忠伟先生、编委会主任丁奎淞和各位编委，正因为这些前辈、领导和朋友的厚爱和期望，我们才能在困境中坚持走下去。

感谢社会科学文献出版社的祝得彬、刘学谦和王春梅诸位编辑，在他们的鼓励和支持下，该书才得以在短时间内面世，也正是他们严谨的工作作风，才保证了本书系的国家级水平，在此谨向他们高质量的专业水准和孜孜敬业精神致敬。

王灵桂

2018 年 4 月 11 日卯时

图书在版编目(CIP)数据

金砖国家：为推动全球化而努力 / 王灵桂主编. --
北京:社会科学文献出版社，2018.7
（国家全球战略智库系列专题报告. 国外智库论中国
与世界. 三）
ISBN 978-7-5201-2977-0

Ⅰ.①金… Ⅱ.①王… Ⅲ.①世界经济-经济发展-
研究 Ⅳ.①F113.4

中国版本图书馆 CIP 数据核字（2018）第 141878 号

·国家全球战略智库系列专题报告·
金砖国家：为推动全球化而努力
——国外智库论中国与世界(之三)

主　　编 / 王灵桂

出 版 人 / 谢寿光
项目统筹 / 祝得彬
责任编辑 / 刘学谦　王春梅

出　　版 / 社会科学文献出版社·当代世界出版分社(010) 59367004
地址：北京市北三环中路甲 29 号院华龙大厦　邮编：100029
网址：www.ssap.com.cn
发　　行 / 市场营销中心（010）59367081　59367018
印　　装 / 三河市尚艺印装有限公司

规　　格 / 开　本：787mm × 1092mm　1/16
印　张：19.75　字　数：302 千字
版　　次 / 2018 年 7 月第 1 版　2018 年 7 月第 1 次印刷
书　　号 / ISBN 978-7-5201-2977-0
定　　价 / 98.00 元

本书如有印装质量问题，请与读者服务中心（010-59367028）联系